영화 속 인문학
시네마 오디세이아

일러두기

- 국립국어원의 표준어규정과 외래어표기법을 따랐으나 일부 인명, 지명은 실제 발음과 학계에서 널리 쓰이는 방법을 사용했다.
- 외래어의 경우 괄호 안에 간단한 의미를 적었다.
- 이 책에서 인용한 해외 저서는 영어로 소개하나, 한국어로 번역된 경우는 한국어 서지사항만 각주로 표기했다.
- 이 연구에 도움을 준 고려대학교와 미국 UCLA 한국학연구소의 도움에 감사드린다.
- 이 저서는 2024년 고려대학교 공공정책대학 교내지원연구비의 지원을 받은 연구이다.

영화 속 인문학
시네마 오디세이아

초판인쇄일 | 2025년 3월 20일
초판발행일 | 2025년 3월 30일
지은이 | 김윤태
펴낸곳 | 간디서원
펴낸이 | 최청수
주　소 | (03440) 서울시 은평구 가좌로 335, 2층
전　화 | 02)3477-7008
팩　스 | 02)3477-7066
등　록 | 제2022-000014호
E_mail | gandhib@naver.com
ISBN | 978-89-97533-59-6 (03100)

ⓒ 김윤태, 2025

＊잘못된 책은 바꾸어 드립니다.

영화 속 인문학
시네마 오디세이아

김윤태

간디서원

차례

감사의 글   8

서문_ 영화와 인문학의 만남   12

1부_ 우리 시대의 질문

  1. 탐욕과 자본주의: 왜 우리는 돈을 사랑하는가?   33
      베르너 헤어조크, 〈아귀레〉(1972)
      라이너 베르너 파스빈더, 〈롤라〉(1981)
      올리버 스톤, 〈월스트리트〉(1987)

  2. 계급과 불평등: 왜 사장님의 가족은 너무 착한가?   55
     왜 을의 전쟁이 벌어지는가?
      봉준호, 〈기생충〉(2019)
      마이클 무어, 〈화씨 11/9: 트럼프의 시대〉(2018)
      황동혁, 〈오징어 게임〉(2021)

  3. 폭력과 죽음 충동: 왜 인류는 서로 죽여야 하는가?   75
      스탠리 큐브릭, 〈닥터 스트레인지러브〉(1964)

2부_ 무엇을 알 수 있는가?

4. 날고기를 먹는 사람들: 원시와 문명을 구분할 수 있는가?   95
로버트 플래허티, 〈북극의 나눅〉(1922)

5. 사회의 심층 논리와 구조주의: 눈에 보이는 것을 믿지 마라   111
존 포드, 〈수색자〉(1979)
마이클 치미노, 〈디어 헌터〉(1978)
박찬욱, 〈동조자〉(2024)

6. 신화와 페미니즘: 숨겨진 구조를 찾아라   121
게리 마셜, 〈프리티 우먼〉(1990)
리들리 스콧, 〈에이리언〉(1979)
김도영, 〈82년생 김지영〉(2019)

7. 가상현실과 포스트모더니즘: 133
꿈속의 세계와 현실의 세계를 어떻게 구분하겠나?
릴리 워쇼스키, 라나 워쇼스키, 〈매트릭스〉(1999)
쿠엔틴 타란티노, 〈킬빌〉(2003)

3부_ 권력은 어떻게 인간을 통제하는가?

8. 지식과 권력: 인간은 어떻게 자발적 노예가 되었나? **151**
밀로시 포만, 〈뻐꾸기 둥지 위로 날아간 새〉(1975)
벨라 타르, 〈사탄 탱고〉(1994)

9. 억압된 본능: 내 삶의 빛, 내 은밀한 몸의 불 **163**
스탠리 큐브릭, 〈롤리타〉(1962)
헤닝 칼슨, 〈내 슬픈 창녀들의 추억〉(2011)

10. 범죄와 낙인: 선악의 기준은 어디에 있는가? **177**
프랜시스 포드 코폴라, 〈대부〉(1972)
허명행, 〈범죄도시 4〉(2024)

4부_ 인류의 미래는 어디로 가는가?

11. 우주 개발과 SF 영화: 인류는 화성으로 이주해야 하나? **191**
조르주 멜리에스, 〈달나라 여행〉(1902)
조지 루카스, 〈스타워즈〉(1977)
제임스 카메론, 〈아바타〉(2009)

12. 코로나 이후 사회: 전염병 위기와 각자도생 **207**
스티븐 소더버그, 〈컨테이젼〉(2011)

13. 지구가 끓고 있다: 모두가 경고했다. 그러나 누구도 듣지 않았다 **221**
피셔 스티븐스, 〈비포 더 플러드〉(2016)
딘 대블린, 〈지오스톰〉(2017)

14. 고독과 자유: 누가 솔로의 시대를 두려워하는가? 235
왕가위, 〈화양연화〉(2000)
홍성은, 〈혼자 사는 사람들〉(2021)

5부_ 왜 나는 자유롭지 못한가?

15. 억압과 통제: 책이 사라진 세상, 알고리즘이 통제하는 세상 249
프랑수와 트뤼포, 〈화씨 451〉(1966)
제프 올로우스키, 〈소셜 딜레마〉(2020)

16. 권위와 복종: 인간은 왜 권력에 쉽게 복종하는가? 265
에롤 모리스, 〈포그 오브 워〉(2003)
에롤 모리스, 〈S.O.P〉(2008)

6부_ 어떻게 살 것인가?

17. 저항과 비판: 혁명가여, 카메라를 들어라 279
장뤽 고다르, 〈네 멋대로 해라〉(1960)
장뤽 고다르, 〈경멸〉(1963)

18. 유토피아와 디스토피아: 포기하지 말자. 세상을 바꾸자 293
봉준호, 〈설국 열차〉(2013)
엄태화, 〈콘크리트 유토피아〉(2023)
조지 밀러, 〈매드 맥스: 퓨리오사〉(2024)

에필로그_ 영화의 가능성 313

주 330

감사의 글

이 글을 쓰던 2022~2023년에 나는 미국 캘리포니아대학 로스앤젤레스 캠퍼스(UCLA)에서 연구년을 보냈다. UCLA 파웰 도서관과 찰스 영 대학원도서관, 필름 텔레비전 아카이브, 로스앤젤레스 공공도서관, 아카데미 영화 뮤지엄, 할리우드 헤리티지 뮤지엄, 할리우드 공공도서관 등 영화에 관한 유용한 정보가 많았다.

1990년대 학생 시절 예술 영화를 볼 수 있었던 영국 케임브리지의 아트시네마와 영국영화연구소(BFI)를 잊을 수 없다. 특히 런던의 국립필름극장(NFT)에서 많은 고전 영화를 보는 기회를 누렸다. 현대예술연구소(ICA) 연구소도 큰 도움이 되었다.

이 책의 대부분 내용은 새롭게 쓴 글이다. 이 책의 일부는 내가 2022~2023년 네이버 프리미엄콘텐츠 '모두를 위한 사회과학'에서 '영화 속 사회학'이라는 제목으로 쓴 에세이를 확대하여 재구성했다. 베르너 헤어조크와 왕가위에 관한 글은 〈프레시안〉에 게재한 글을 보완했다. 봉준호에 관한 글은 〈시사저널〉의 칼럼으로 게재한 내용을 토대로 작성했다. 이 책이 시도하는 에세이 형식은 학술논문보다 형식에 얽매이지 않아 선입견을 무너뜨리는 자유로운 성격을 중시했다.

그래도 이 책의 많은 내용은 학술적 연구를 활용했다. 내가 고려대학교에서 강의하는 '현대 사회학 이론'과 '사회 변동'의 주요 내용과 사례에서 인용했다. 수업에 열심히 참여하고 발표와 토론에서 흥미로운 의견을 개진한 학생들에게 고마운 마음을 전한다. 이 책의 편집을 도와준 고려대 대학원의 강은진, 박명숙, 박정승, 송현정, 장우혁, 장원창, 최라온 등 대학원 학생들에게도 감사드린다.

나는 뉴욕, 런던, 파리, 베를린, 바르셀로나, 도쿄, 베이징, 홍콩, 하노이, 싱가포르, 쿠알라룸프르, 사웅파울로, 아바나 등 세계 각지 학술대회, 토론회 이외에도 국회, 정부, 대학, 시민단체 방문과 인터뷰를 통해 다양한 정보와 지식을 얻었다. 좋은 의견을 교환한 학자, 공무원, 정치인, 기업인, 사회운동가 등 여러분들에게도 감사드린다. 레스토랑, 카페, 그리고 공항에서 우연히 만난 사람들에게도 유용한 정보를 얻곤 했다.

이 책을 쓰는 동안 독창적이고 탁월한 학자들의 저서와 주장에서 도움을 받았다. 언스트 겔너, 미셸 푸코, 테오도어 아도르노, 위르겐 하버마스, 앤서니 기든스, 울리히 벡, 피에르 부르디외, 지그문트 바우만의 사회이론과 사회학적 분석은 이 책에 큰 영향을 미쳤다. 무엇보다도 문화 연구의 방향을 전환한 발터 벤야민, 클로드 레비스트로스, 자크 라캉, 롤랑 바르트의 저서도 영감을 주었다. 브로니슬라브 말리노프스키, 프란츠 보아스, 하워드 베커, 스티브 테일러, 이안 모리스 등 다양한 고고학, 인류학, 사회심리학 연구에서도 많은 정보를 얻었다. 이들의 깊이 있는 연구가 없었다면 이 책은 영화 감상문에 그쳤을 것이다.

영화에 관한 다양한 책도 많은 도움을 주었다. 옥스퍼드대학 출판부의 『옥스퍼드 세계 영화사』(제프리 노웰스미스 편집)와 『옥스퍼드 세계 영화연구』(존 힐 등 편집), 로버트 앨런의 『영화의 역사』에 담긴 다양한 정보는 매우 유용했다. 장뤽 고다르의 『영화의 고고학』도 흥미로운 관점으로 이 책에 도움을 주었다. 영화를 연구하는 많은 학술 저서와 영화 감독의 자서전, 영화 평론가의 글에서도 다양한 관점을 배웠다. 즐거운 독서는 큰 행운이었다.

이 책의 일부 원고를 읽고 유용한 정보를 소개해준 송시형 교수, 이용희 박사 등 학자들에게 감사드린다. 대학 시절부터 오랜 세월 동안 영화 또는 사회에 관해 함께 대화를 나눈 김갑식, 김광신, 김좌우태, 김홍남, 김희남, 민귀식, 박성옥, 박종규, 신혜선, 오광혁, 양호선, 유승호, 이동원, 이필주, 정연규, 정준모, 정희태, 표언구, 황일민 등 친구들에게도 감사의 마음을 전한다.

어떤 영화를 보느냐와 마찬가지로 영화는 정말 누구와 함께 보느냐도 중요하다. 나는 혼자 영화를 보기보다 다른 사람과 함께 보기를 즐긴다. 영화를 보고 난 후 나와 즐거운 대화를 나누었던 '라르고' 친구들에게도 감사의 마음을 전한다. 광화문의 시네큐브와 신촌의 아트하우스모모, 강남의 코엑스몰과 압구정동의 영화관을 예약해준 친구에게도 감사의 마음을 전한다. 언제나 날카로운 지성과 세련된 감각은 나를 즐겁게 했다.

이 연구를 수행하는 동안 도움을 준 고려대학교와 미국 UCLA 한국학연구소에 감사드린다. 이 책은 2024년 고려대학교 공공정책대학 특성화 연구비의 지원을 받았다. 고려대학교 인문대학과 공공정책대학에서 함께 대화를 나누던 동료 교수들에게 감사의 인사를 전하고 싶다. 이 책을 편집하고 훌륭하게 만든 간디서원 편집부 여러분에게 감사드린다. 부디 이 책이 영화가 최고의 대중예술이라고 믿는 사람들에게 작은 도움이 되기를 바란다.

서문

영화와 인문학의 만남

1992년 9월 가을이었다. 프랑스 파리의 생미셸 거리는 아름다웠다. 센강 좌안에는 부드러운 바람이 불었다. 지옥 같은 감옥에서 벗어나 자유의 몸이 된 후 한 해가 지났다. 어디에도 얽매이지 않고 정처 없이 배회하기 좋은 날씨이었다. 나는 파리 바스티유광장, 콩코드광장을 지나 도심 거리 곳곳에 가득한 마라, 당통 등 혁명가들의 동상을 보면서(놀랍게도 어디에도 로베스피에르 동상은 없다), 역사적 격동의 순간을 눈앞에 그려보았다.

바로 몇 해 전 동유럽에서 혁명이 일어났지만, 서유럽에는 낡은 동상들이 말없이 서 있었다. 누가 그런 변화를 예측할 수 있었나? 늦은 오후 해가 저물면서 나는 수도사가 된 기분으로 생미셸 지역의 작은 광장을 지나가다가 한 조각상을 발견했다. 소르본대학 바로 앞이었다. 900년이 넘는 대학 앞에 앉아 있는 인물은 오귀스트 콩트^{Auguste Comte}였다. 사회학의 창시자였던 그는 묵묵히 사색에 빠져 있었다. 19세기 말 혁명이 휩쓸고 지나간 프랑스에서 그는 세계를 다른 눈으로 바라보았다.

오귀스트 콩트는 에콜 폴리테크닉에서 과학을 공부했지만, 프랑스혁명 이후 사회의 격변에 관심이 많았다. 왜 사회에 혼란과 무질서의 격랑이 일어날까? 어떻게 사회를 질서와 진보로 이끌 수 있을까? 콩트는 신의 섭리나 헤겔이 말한 자유와 같은 형이상학 대신 오로지 사실의 발견을 통해 세상을 바라보고자 했다. 그는 귀족 출신 사회주의자였던 생시몽의 영향을 받아 산업화가 사회에 미친 영향에 관한 연구에 열중했고, 사회의 비교를 통해 법칙을 발견하려고 했다.

과학자답게 실험과 관찰을 중시하는 콩트는 실증주의(positivism)로 인간 사회를 보는 새로운 눈을 제시했다. 그 후 실증주의를 지지하든 반대하든 그의 생각은 인간을 보는 눈을 바꾸어놓았다. 세상은 새로운 시대로 달려가고 있었다.

영화의 시대, 사회학의 시대

1895년 프랑스의 뤼미에르Lumière 형제가 만든 50초 길이 영화 '열차의 도착'이 세상에 등장했다. 파리의 오페라하우스 근처 카페에 모여든 사람들은 기차가 자신을 덮칠 듯 달려와 깜짝 놀랐다. 그렇게 영화가 탄생했다.

같은 해 프랑스 보르도대학에서 세계 최초로 사회학을 가르치던 에밀 뒤르켐Émile Durkheim이 『사회학적 방법의 규칙』을 출간했다.[1] 콩트의 실증주의를 따라 사회를 과학적 방법으로 연구하는 학문이 새롭게 제시되었다. 자본주의의 비밀을 과학적으로 분석한 『자본론』을 쓴 칼 마르크스Karl Marx가 세상을 떠난 지 12년이 지난 해이다.

프랑스에서 처음 등장한 영화는 역사적으로 과학기술의 획기적 발전과 함께 등장했다. 19세기 말은 세계 역사상 최대 격변기였다. 증기기관, 철도, 기차, 자동차 등 새로운 기술 혁신으로 자본주의가 비약적으로 발전했다. 록펠러, 카네기, 멜론 등 역사상 최고 부자들이 잇달아 탄생했다. 당대 '석유왕'으로 불리던 스탠더드 오일의 존 데이비드슨 록펠러의 재산은 오늘날 아마존의 제프 베이조스와 테슬라의 일론 머스크를 능가한다.

자본주의 산업화와 함께 농촌의 인구가 대거 도시 공장으로 이동하고 노동자계급이 급증했다. 기계를 통한 대량생산으로 물질적으로 풍요로운 생활을 누릴 수 있었다. 수천 년 넘게 거의 변화가 없던 국내총생산은 1900년부터 수직선처럼 급상승했다. 교육 수준이 높아지고 다양한 중산층 일자리가 생겨나면서 노동의 분업이 고도로 발전했다. 마치 '빅뱅' 이후 우주가 무한히 팽창하고 엔트로피가 증가하는 것처럼 세상은 더욱 복잡해졌다.

자본주의가 발전할수록 계급 갈등이 격화되고 혁명의 소용돌이가 그치지 않았다. 부자와 가난한 사람의 격차가 커지고, 증오와 분노가 하늘에 치솟았다. 유럽 제국주의가 팽창하면서 아메리카에 이어 아시아와 아프리카에 이르기까지 식민지 침략과 살육이 세계 각지에서 발생했다. 이러한 변화 속에 사람들은 혼란스러워했고 우울증과 자살률도 급증했다. 도대체 왜 살아야 하는지, 삶의 의미가 무엇인지, 사회가 어디로 가고 있는지 알 수 없다고 많은 사람이 생각했다.

1896년 세계 최초로 사회학 교수가 되었던 에밀 뒤르켐은 사회학은 '**사회적 사실**(fait social)'을 연구해야 한다고 주장했다. 그는 자살과 같은 사회적 사건을 개인 내면의 심리가 아니라 독립적 실체로 간주했다. 당대에 프랑스에서 유행하던 심리학을 쓰레기통에 처넣어버렸다. 사회학자로서 자부심이 강했던 뒤르켐은 사회가 개인들을 모두 합한 것보다 더 크다고 믿었다. 영국에서 유행하던 공리주의적 경제학은 절대 이해할 수 없는 사회의 구조적 관계가, 인간의 생각과 행동에 영향을 준다고 주장했다.

뒤르켐에 따르면, 인간의 행동은 무작위적인 것이 아니라 '**구조**'에 의해 결정된다. 그래서 뒤르켐은 '구조적 사회학'의 창시자라고 불린다. 그는 사회분업, 자살, 종교를 연구하면서 인간의 사회적 행동이 눈에 보이지 않는 구조적 요인에 의해 영향을 받는다고 주장했다.

오늘날 사회학에서 '구조'란 사람과 사물들의 현상과 달리 심층에 드러나지 않은 상호 관계를 표현한다. 예를 들어 의자와 책상은 나무라는 동일한 재질을 사용했지만 다른 특성을 갖는다. 의자와 책상을 구성하는 나무들의 구조적 관계가 다르기 때문이다.

인간의 사회적 관계도 구조에 의해 이루어진다. 만약 직원이 없다면 사장도 없다. 국민이 없다면 대통령도 없는 것과 마찬가지이다. 구조적 관점은 사람들보다는 '사람들의 관계'에 관심을 가진다. 실제로 모든 인간관계는 '상호성'에 의해 형성된다.

뒤르켐에 따르면, 사회는 단지 상상의 존재가 아니라 우리 인식 외부에 실재하는 실체이다.[2] 그는 모든 사회적 사실이 인과관계를 갖는다고 보았다. 대표적으로 종교와 직업은 모두 사회적 결과이다.

오늘날 대부분 사회학자는 에밀 뒤르켐의 자식들이다. 그가 1897년에 출간한 『자살론』은 자살의 심리적, 경제적 요인보다 사회적 요인을 강조했고, 지금도 여전히 강력한 설득력을 지닌다.[3] 뒤르켐에 따르면 전통 농경사회가 무너지면서 종교와 사회적 규범이 약화되고 개인이 고립될수록 자살할 가능성이 커진다.

뒤르켐은 19세기 말 프랑스의 자살 급증이 사회 규범의 붕괴로 인한 '아노미(anomie)' 때문에 발생했다고 보았다. 영국 철학자이자 경제학자 애덤 스미스Adam Smith가 『국부론』에서 설명한 대로 노동의 분업이 효율성을 증가시켰지만, 전통 사회에서 유지되던 종교 등 공통의 가치가 무너지는 결과를 만들었다고 본 것이다. 아일랜드 시인 윌리엄 버틀러 예이츠William Butler Yeats가 '행복한 목동의 노래'(1889)에서 이렇게 노래했다.

"세상의 업적을 숭배하지 말고,
진리를 맹렬히 추구하지도 말라.
다만 애써서 그대가 얻은 것은
새로운 꿈일 뿐, 자기 마음속을 떠나서는
진리는 없나니……."

종교가 사라진 사회에서 어떻게 살아야 하는가? 누구도 삶의 의미를 말하지 않는다면 왜 살아야 하는가? 개인의 욕망과 이익을 위해 서로 죽이며 살아야 하는가? 도대체 인간이란 무엇인가? 뒤르켐은 제1차 세계대전에서 아들을 잃었다. 그의 소르본대학 제자들도 젊은 나이에 참호에서 희생되었다. 뒤르켐은 고뇌하고 생각했다. 그는 새로운 도덕을 구상했고 젊은이들을 가르치기 위해 생애를 바쳤다.

뒤르켐은 상아탑의 고고한 학자가 아니었다. 30대의 나이에 『사회학적 방법의 규칙』을 쓰며 사회학적 야망을 추구했고, 엄청난 분량의 책을 읽고 서평을 쓰며 학계를 주도했다. 드레퓌스 사건이 터지자 작가 에밀 졸라Émile Zola 등과 함께 정부를 비판하는 목소리를 내기도 했다. 어느 정당에도 가입하지 않았지만, 당대의 진보적 정치인들과 오랜 교분을 유지했다. 마르크스의 주장에 동의하지 않았지만, 노동자의 연대(solidarité)를 주장하고 사회보험을 도입하는 사회주의 운동에 동참했다. 뒤르켐이 보수적 학자라는 오해와는 달리, 그는 현실 참여를 중시하는 공공 지식인이었다. 그는 개인화 대신 사회적 연대의 중요성을 강조했으며, 현대 프랑스 복지국가의 발전에 커다란 영향을 미쳤다.

1902년 뒤르켐이 소르본대학의 교수가 되어 파리에 정착했다. 그는 영화가 본격적으로 태동하던 무렵인 1917년에 세상을 떠났다. 뒤르켐은 더 살았다면 수많은 대중이 영화관에 찾아가는 '사회적 사실'에 주목했을 것이다. 영화 속에 등장하는 인간의 행동과 관객의 반응 역시 구조적 해석이 가능하다. 뒤르켐은 영화에서 아노미의 증가에 맞서 '사회 연대감'을 강화하는 가능성을 발견했을지 모른다. 교육에 관심이 컸던 그는 영화를 교육의 도구로 생각했을 수 있다.

오늘날 유럽에서 교회에 가는 사람은 전체 인구의 약 10퍼센트에 그치지만, 영화관을 찾는 인구는 압도적으로 많다. 매달 또는 매주 영화관에 가는 사람도 많다. 집에서도 영화를 보거나 텔레비전과 인터넷에서도 수많은 영화를 볼 수 있다. 영화는 단지 오락물에 그치지 않고 우리가 세상을 보고 이해하는 방법을 제공한다. 영화를 통해 낭만적 사랑을 느끼고, 불의에 대해 분노하고, 세상을 바꾸는 행동을 곰곰이 생각할 수 있다.

에밀 뒤르켐이 현시대를 자세하게 관찰했다면 영화가 다양한 장르로 분화되는 데 주목하고, 폭력과 섹스가 난무하는 영화를 못마땅하게 생각했을 수 있다. 사회학자로서 뒤르켐은 개인주의보다 '사회

연대성'을 강화하는 시민 교육에 열정을 가졌기 때문이다. 과연 오늘날 영화가 사회를 하나로 만들 수 있을까? 또는 영화가 사회의 분열을 촉진할까?

기술과 문화의 역설

에밀 뒤르켐보다 40년 앞서 태어난 칼 마르크스(Karl Marx)는 24살의 나이인 1842년 독일 쾰른의 〈라이니쉐 차이퉁〉(*Rheinische Zeitung*)의 편집인이 되어 권력 앞에 진실을 말하는 용기를 보여주었다. "연극 비평 같은 글에 공산주의와 사회주의 원칙 같은 것을 슬그머니 집어넣는 것은 부적절할 뿐만 아니라 부도덕하기도 하다. 그러니 공산주의에 대해 논하기를 원한다면, 적절한 방법으로 완벽하게 해주길 바란다." 19세기 마르크스는 '연극 비평' 대신 정치, 계급 갈등, 역사적 분석에 관해 열정적으로 펜을 휘둘렀지만, 우리 시대에 온다면 영화 비평에 관한 글을 열심히 썼을 듯하다.

오늘날 교회와 사찰에 가지 않는 사람은 많겠지만, 영화를 보러 가지 않는 사람은 거의 없다. 영화관을 찾아가거나 인터넷을 검색하며 자신이 좋아하는 영화를 발견하려고 애쓴다. 지하철 퇴근길이나 비행기로 여행을 떠나면서도 영화를 본다. 영화를 통해 세상을 보고, 타인을 이해하고, 삶의 의미를 생각한다. 이제 영화는 우리의 삶에 없어서는 안 될 필수품이 되었다.

시, 소설, 회화, 발레, 오페라, 음악 등 모든 예술 장르 가운데 영화가 가장 인기가 많을 것이다. 영화는 예술 가운데 여러 가지 차원에서 연극과 가장 비슷하다. 그러나 연극 무대의 시간과 공간은 나란히 병존하지만, 영화처럼 결합되어 있지 않다. 영화에서 시간과 공간의 경계는 유동적이다. 현대인은 과학기술의 발전으로 시간과 공간의 동시성을 셀 수 없이 체험한다. 멀리 떨어진 장소에서 동일한 것을 체험할 수 있다는 사실은 세계적 관점을 느끼게 한다.[4] 이런 점에서 영화의 시대는 세계화의 시대와 운명을 같이한다.

20세기 영화의 세계화에서 미국 할리우드의 역할은 결정적이다. 영화는 프랑스에서 탄생했지만, 할리우드에서 완성되었다. 그래서 영화는 미국적이다. 영화는 미국적 사고방식과 라이프스타일을 대표한다.

1차 세계대전으로 유럽 영화는 파괴되었다. 미국의 거대한 자본과 첨단 기술은 할리우드로 몰려들었다. 이민자의 다양한 문화는 미국에 모였고, 이를 기반으로 만들어진 할리우드 영화는 전 세계로 확산되었다. 민족적 특성이 강한 유럽 영화와 달리 할리우드는 다양한 민족들에게 쉽게 접근했다. 2차 세계대전 이후 유럽과 아시아가 거의 파괴되면서 할리우드 영화는 더욱 글로벌 문화 패권을 장악했다. 19세기 문화 수도가 파리였다면 20세기 후반 할리우드가 그 자리를 차지했다.

할리우드 영화는 엄청난 규모의 관객을 불러 모았다. 지금도 그렇다. 책을 읽는 독자와 연극의 청중과 비교할 수 없을 정도로 엄청난 규모의 불특정 대중이 영화를 본다. 영화를 만드는 데는 엄청난 제작비가 들지만, 입장료는 비교적 싼 편이다. 오페라와 발레, 오케스트라 음악회에 비하면 보통 사람들도 큰 부담 없이 관람할 수 있다. 영화는 수많은 사람을 유혹한다. 매표구는 투표소처럼 대중에 의해 운명이 결정된다.

21세기에 들어서서 인터넷으로 영화를 보는 사람이 늘어났지만, 역시 영화는 거대한 스크린이 있는 영화관에서 보아야 제맛이라고 생각하는 사람도 많다. 어디에서 보든지 영화의 쓸모는 매우 다양하다. 보는 이에 따라 영화는 고급 예술이기도 하고, 대중오락이기도 하고, 정치 선전이기도 하다. 텔레비전을 '바보상자'라고 비판하는 지식인들도 영화에 대해서는 비교적 관대하다. 영화는 예술적 성취로 인정받기도 한다. 그러나 영화를 단지 예술 형식으로 본다면 영화의 본질을 제대로 이해할 수 없다.

영화 발전의 주역은 단연 과학이다. 시, 소설, 음악, 무용 등 **예술 형식** 가운데 영화만이 전적으로 기술에 의존한다. 동시에 영화는 돈에 의해 만들어졌다. 영화는 그 어떤 예술보다 막대한 자본이 필요하다. 영화는 기술의 발전과 자본의 논리에 의해 제조된 것이다. 시네마토그래프(Cinématographe)의 상업화는 자본을 끌어들였고 영화사와 금융자본의 통제가 이루어졌다. 영화는 과학주의와 자본주의가 이룩한 '현대성'의 특징을 보여준다. 이런 영화의 특성은 과거의 예술과 근본적으로 다른 목표를 가졌다.

영화는 사진에 크게 의존하기 때문에 객관적 현실을 표현하는 듯한 느낌을 줄 수 있다. 하지만 영화가 역사적 진실로서의 객관을 재현하는 것은 아니다. 사진 기술은 사회의 표층을 충실히 전달하는 능력이 있지만, 표층은 심층과 다를 수 있고 심층을 감출 수도 있다. 영화는 우리가 살고 있는 자본주의 사회구조를 은폐한다. 상품 물신주의, 인간의 소외, 착취 과정을 보여주는 것은 거의 불가능하다. 이런 복잡한 문제를 해결하기 위해서는 파편적 이미지에 예술적 감각과 함께 메시지와 이야기의 구조를 결합시켜야 한다.

대중의 시대와 문화의 전환

20세기 초 칼 마르크스의 철학에 심취했던 독일 철학자 발터 벤야민Walter Benjamin은 현대 도시의 길거리 모습에 주목했다. 다양한 가게의 간판, 벽보, 플래카드, 광고판, 상점의 진열장은 현상학적 시선과 사유의 이미지를 제공한다.5 영화의 놀라운 힘은 다른 어떤 매체와 예술보다 일상생활을 감각적으로 가장 비슷하게 재현한다는 점이다. 영화는 단지 환상을 제공하는 것이 아니라 현실을 색다른 차원으로 재현한다는 점에서 사람들이 세상을 보는 방법을 새롭게 발전시킬 수 있다.

영화의 내용과 형식이 인간의 삶을 가장 생동감 있게 표현한다는 점에서 영화는 다른 어떤 예술보다 사람들에게 큰 영향을 미칠 수 있다. 영화 쇼트의 분할과 몽타주라는 형식적 발전은 현대적인 대도시 생활의 경험과 매우 유사하다. 이런 점에서 영화는 매우 도시적 현상이다. 하지만 영화가 현실과 동일한 것은 아니다. 오히려 현실보다 더 현실적이다.

영화는 대량 생산 사회의 결과이다. 영화는 연극과 달리 수많은 사람이 볼 수 있다. 연극은 배우들이 한정된 장소에서 실시간으로 공연하지만, 영화는 다르다. 벤야민의 말대로, 영화는 무한정으로 '**기술복제**'가 가능하기에 언제 어디서나 볼 수 있다.6 영화관뿐 아니라 도서관과 비행기 좌석에서도 영화에 빠져들 수 있다.

영화가 인기를 얻어 블록버스터가 되면 전 세계를 휩쓸며 수천만 명의 사람들을 동원할 수도 있다. 대중의 인기에 민감한 정치인들도 영화관에 얼굴을 내밀고, 대중의 인기와 담쌓고 사는 학자들도 대중의 반응을 분석하기 위해 영화관을 찾는다. 1950년대 프랑스의 유명한 실존주의 철학자 장폴 사르트르Jean-Paul Sartre가 미국 할리우드에서 만든 서부극을 즐겨보았다는 사실은 유명하다.

기술의 진보는 관객의 규모뿐 아니라 영화의 내용에도 영향을 미친다. 벤야민은 영화를 보는 경험이 특별한 성격을 갖는다고 지적했다. 그는 기술 복제 시대의 예술적 생산물은 대중의 통일적 반응을 유도한다고 주장했다. 회화를 감상하는 행위는 개인적 성격을 가지지만, 영화를 관람하는 행위는 집합적 경험이다.

20세기 미학에서 가장 중요한 공헌을 한 벤야민은 영화를 보는 "개인적 반응들이 집합적 관객의 반응에 의해 미리 결정된다고 보았다." 결과적으로 사람들은 '멍한 상태'에 빠지고, 비판적이고 지적인 능력은 사라진다고 보았다. 이런 생각은 1940년대 미국 로스앤젤레스 할리우드를 방문했던 독일 프랑크푸르트대학 사회학 교수 테오도어의 대중문화에 대한 비판에도 영향을 미쳤다.[7] 마르크스주의자를 신봉했던 테오도어 아도르노Theodor Adorno는 신문, 방송, 영화 등 **문화산업**에 의해 비판적 의식을 잃어버린 미국인들이 자본주의를 수동적으로 지지한다고 보았다.

이런 생각과 달리 1960년대 이후 영국 버밍햄대학의 사회학자 스튜어트 홀Stuart Hall은 대중문화가 반드시 모든 사람에게 동일한 메시지로 수용되는 것은 아니라고 반박했다. 예를 들어 텔레비전의 시청자는 매우 복잡한 과정을 거쳐 대중문화를 해석한다. 이런 관점은 대중문화의 반응이 미리 결정되었다는 생각에 반대했다. 대중문화를 공격하는 '잘못된 일반화'를 수정해야 한다고 보았다.

스튜어트 홀은 연극과 오페라와 같은 고급 예술이 영화와 텔레비전과 같은 대중문화보다 우월하다는 생각을 거부했다. 학교 교실에서 루트비히 베토벤Ludwig van Beethoven의 음악보다 콜 포터Cole Porter의 음악이 열등하다고 말해도 소용이 없다. 홀에 따르면, 포터와 베토벤이 같은 음악을 만든 것은 아니지만, 포터는 최소한 베토벤의 음악에 필적한 음악을 만들려고 한 것은 아니다.[8]

구스타프 말러Gustav Mahler의 음악과 블랙핑크BLACKPINK의 음악도 비교할 수 없다. 결국 '좋은' 고급문화와 '나쁜' 대중문화의 차이보다 대중문화 자체에서 좋음과 나쁨을 구별하는 것이 중요하다. 영화도 마찬가지이다. 그러면 좋은 영화와 나쁜 영화를 어떻게 구분할까?

영화의 '숲 이론'

20세기 후반 최고의 문학 비평가인 롤랑 바르트Roland Barthes는 '저자의 죽음'을 강조했다.[9] 바르트는 작품 대신 **텍스트**(text)라고 불렀다. 텍스트를 저자의 의도나 인생 경험에 한정하려는 시도는 텍스트의 무한한 가능성을 제한하고 문학을 열린 방식으로 탐구하는 것을 방해한다고 보았다. 영화도 마찬가지이다. 어떤 영화감독도 영화를 해석하는 권위를 독점할 수 없다. 그렇다고 우리는 해석 자체를 거부할 필요는 없다. 영화가 있는 한 해석은 존재하기 때문이다.

영화에 대한 **다양한 해석**이 존재한다. 동일한 영화도 사실 우리는 다르게 해석한다. 따라서 해석에 대한 이해가 우리의 과제가 되어야 한다. 해석은 언제나 개인과 집단의 이해관계에 관련이 있으며, 이를 실현하기 위한 행동을 요구한다. 이런 점에서 나는 해석은 미학적 차원을 넘어 **사회적 실천**으로 보아야 한다고 생각한다. 영화는 필연적으로 **권력관계**의 산물이며 이데올로기의 영향을 받기 때문이다. 인간의 체계적 신념은 이데올로기로서 개인뿐 아니라 사회 전체에 영향을 미친다. 영화를 이해하기 위해서는 사회적 현실의 인과관계를 설명하는 사회학 이론의 도움이 필요하다.

과연 우리가 영화를 본다는 행위는 무엇일까? 우리는 '영화를 본다'고 말하지만, '영화를 생각한다'고 말하지 않는다. 하지만 본다는 것은 생각하는 것이기도 하다. 이론은 고대 그리스어 테오리아(theōria)에서 비롯된 영어 씨어리(theory)의 번역어인데, 원래 '보다' 또는 '바라본다'는 뜻을 가진 동시에 '숙고하다' 또는 '사색한다'라는 의미를 가졌다. 아리스토텔레스는 관조적 삶을 인간 행동의 가장 높은 차원이고 최고의 행복이라고 말했다.

"우리 인생길 반 고비에 올바른 길을 잃고서 난 어두운 숲에 처했었네." 이탈리아 시인이자 정치가였던 단테 알리기에리의 〈신곡〉의 첫 문장이다. 어두운 숲 속에서 벗어나기 위해서 무엇이 필요할까? 바로 사색과 관조의 힘이고, 이는 이론으로 체계화된다. **이론**이 매력적인 이유는 이론이 역사와 문화의 맥락에서 인간과 세계를 설명하기 때문이다. 만약 이론이 없다면 태양이 지구를 돌고 있다는 믿음 속에 갇힐 수 있다. 우리가 중력의 힘은 잘 이해하지 못하지만, 지구가 태양을 돌고 있다는 믿음을 가지게 된 것은 이론의 힘이다. 이론이 없다면 우리는 가까운 것만 보는 근시안으로 살아가야 한다. 생각하는 힘이 없다면 세상의 온갖 쓰레기와 같은 정보에 휩쓸려갈 것이다.

이 책은 나무와 함께 숲을 강조한다. 이런 점에서 '**숲 이론**'이라 부를 수 있다. 영화 한 편에 대한 정보 제공을 넘어 '사회 속 영화'를 살펴보고자 한다. 영화를 사회적 맥락에서 보는 것이 영화의 미학을 망치는 거라고 단정할 필요는 없다. 영화를 넓은 조망에서 본다면 우리는 영화라는 나무를 더 잘 이해할 수 있다. 우주의 원리를 알 수 있다면 인간을 더 잘 이해할 수 있는 것과 같다.

이론은 개별적이고 모호한 사실에 개념을 부여하며 명확하게 만든다. 이론을 통해 생각하는 힘은 모든 것을 애매하게 만들고 왜곡하는 주관주의와 비합리주의에 맞서 싸우는 첫 출발이다. 우리는 영화 스크린이 보여주는 환상을 즐기는 한편 이면에 숨겨진 비밀을 폭로해야 한다. 만약 이론이 없다면 우리는 영화의 관객이 아니라 포로가 되는 것이다. 이런 점에서 영화를 잘 이해하기 위해서는 사회학, 정치경제학, 미디어 연구, 문화 연구의 관점이 필요하다.

이 책은 한 가지 거대 이론으로 모든 것을 설명하려고 시도하지 않는다. 복잡한 사회를 설명하기 위해서 '사회학적 다원주의'가 필요하듯이 수많은 영화를 이해하기 위해서도 다양한 이론적 관점이 유용할 수 있다. 더 깊게 영화를 알기 위해서 마르크스주의, 프로이트의 정신분석, 상호작용주의, 구조주의 이론, 자크 라캉Jacques Lacan, 진화 심리학뿐 아니라 막스 베버Max Weber, 게오르그 짐멜Georg Simmel, 프리드리히 니체Friedrich Nietzsche, 미셸 푸코Michel Foucault, 위르겐 하버마스Jürgen Habermas, 피에르 부르디외Pierre Bourdieu 등 철학자와 사회학자의 이론적 논쟁도 이해해야 한다. 다양한 이론적 관점은 영화를 더 풍부하게 이해할 수 있도록 도와줄 것이다. 영화는 우리를 인문학의 숲으로 이끈다.

물론 이 책은 지나치게 추상적인 이데올로기와 거대한 담론은 최소 수준으로 줄이려 했지만, 영화를 이해하기 위해 도움이 될 사회학, 철학, 심리학, 미학, 영화 이론의 핵심 내용도 간략하게 소개했다. 동시에 사회학의 관점에서 영화를 이해하기 위해서 영화 생산자(투자자, 감독, 제작자)의 특성, 미학적 스타일(서사 구조, 내용, 담론, 스토리텔링, 편집), 수용자(관객)의 특성과 반응을 고려했다. 부디 이 책이 영화를 좋아하는 사람들이 흔히 볼 수 있는 영화 평론과는 색다른 관점을 느껴보기를 바란다. 하지만 어쩌면 독자들은 내가 영화에 관한 연구나 강의보다 사회학자로서 영화에 대한 개인적인 사랑을 고백하는 편지처럼 이 책을 읽을지도 모르겠다. 또는 영화를 보는 주관적 감상을 통해 자신을 드러내는 고백록으로 느낄 수 있을 것이다.

영화를 볼 때 사회학은 어떤 쓸모가 있을까? 영화를 만드는 것과 영화를 보는 것은 개인적 행위이자 사회적 행위이다. 인간의 인식 행위 자체가 사회적, 정치적 제약을 받기 때문이다.[10] 이런 점에서 영화를 이해하기 위해서는 사회학 또는 사회이론의 시각과 분석 틀이 유용할 수 있다. 이 책은 사회학의 핵심 주제인 구조와 행위자, 갈등과 합의, 지배와 저항, 권력과 이데올로기를 다루는 내용도 포함한다. 핵무기, 냉전, 베트남 전쟁, 우주 전쟁의 역사와 함께 불평등, 범죄, 고독, 도시, 사랑과 성욕, 전염병, 기후 위기, 공론장의 붕괴 등 다양한 사회문제도 다룬다. 그렇다고 영화가 이론의 독재에 짓눌려야 한다는 것은 아니다. 영화를 해석하는 이론만이 아니라 영화를 표현하는 방식에도 관심을 가져야 한다. 영화는 이미지로 표현된다. 하지만 역설적으로 영화를 보는 것은 보이지 않는 것을 보는 것이다. 영화에서 보이는 것만 보면 재미가 없다. 이미지와 아이디어는 두 개로 분리되는 것이 아니다.

사회학자는 단순하게 사회를 관찰하는 데 그치는 대신 다양한 사회 현상과 사회적 사건에 직접 관여하고 사회를 바꾸기 위해 노력한다. 사회학자들은 언제나 당연하게 생각하는 사회 현상에 다른 관점으로 문제를 제기한다. 우리 사회를 망가뜨리는 것이 무엇인지 이해하기 위해 지적 노력을 기울인다. 오늘날 세계가 고민하는 제국주의, 인종주의, 국가주의, 성차별주의, 환경 파괴의 문제를 그대로 외면하지 않아야 한다. 이런 점에서 사회학은 학자의 전유물이 아니라 보통 사람을 위한 지혜의 무기가 되어야 한다.

사회학은 기본적으로 비판이론이 되어야 하며 새로운 대안을 모색해야 한다. 우리가 화학물질로 범벅된 음식과 미학적으로 형편없는 건축물을 비판하듯, 좋은 영화와 나쁜 영화로 구별할 수 있다. 모든 영화 관람이 만족스러운 문화 행위는 아니다. 블록버스터가 좋은 영화라는 등식은 불가능하다.

영화를 보는 방식들

1970년대 미국 문화 비평가 크리스토퍼 래쉬는 미국인이 '병리적 나르시시즘'에 빠졌다고 주장했다.[11] 이는 일상적 나르시시즘과 쾌락적 이기주의와 다르다. 이는 **나르시시즘 성격 장애**라는 의학적 진단에 가깝다. 로체스터대학 역사학 교수였던 래쉬는 19세기 미국인의 삶에서 중심적 기능을 수행했던 가족이 쇠퇴하면서 극좌파 정치 운동과 영적 컬트(spiritual cult) 운동과 같은 성격 장애의 증상이 나타난다고 보았다.

21세기 오늘날 '셀카', 소셜미디어의 사진, 자기계발 서적의 확산은 새로운 형태의 문화적 나르시시즘 증상으로 볼 수 있다. 많은 사람이 인스타그램에 자신의 사진을 쉬지 않고 올리고, 더 많은 사람이 사진을 바라본다. 우리는 사진을 통해서 자신의 정체성을 만들고, 스스로 확인하고, 타인의 인정을 갈망한다. 구글로 검색하면 '우리'보다 '나'를 사용하는 용어가 더욱 늘어났다. 자존감, 자신감, 자아탄력성은 심리학 용어가 아니라 일상 용어로 이용된다. 오늘날 혼자 밥 먹는 사람과 혼자 여행하는 사람뿐 아니라 혼자 영화 보는 사람도 늘고 있다.

그러나 여전히 영화는 다른 사람의 이야기로 우리의 상상력을 사로잡는다. 호메로스의 〈오디세이아〉가 오랫 동안 사람들의 마음을 사로잡았던 이유는 바로 이야기의 힘이다. 영화를 보는 가장 강력한 동기도 다른 사람의 삶에 관한 관심이다. 만약 우리가 다른 사람의 삶에 관심이 없다면 더 영화를 보지 않을 것이다. 이는 유튜브의 인플루언서와 리얼리티쇼로 대체될 수 없다. 우리는 잘 만들어진 이야기에 마음이 끌리고 멋진 이야기 솜씨에 마음이 홀딱 빠진다. 인간은 이야기를 통해 사유하는 존재이기 때문이다.

영화는 단순한 정보 또는 사실을 보여주는 그 이상을 추구한다. 영화는 세계가 존재하는 이유와 방식을 보여준다. 영화는 문학, 회화, 음악, 무용처럼 미적 감각과 형식을 추구한다. 영화는 예술과 연결되고 과거와 현재를 아우르는 종합적 사고를 제공해야 한다. 자기 폐쇄적 영화 평론은 야구 경기 중계처럼 디테일은 묘사하지만, 영화 자체가 무엇인지, 영화의 규칙은 무엇인지, 어떻게 영화가 사회적 의미를 만드는지 충분한 설명을 제공하지 않는다. 영화에 대한 능동적 열린 사고가 필요하다.

영화의 이해를 위해서는 영화의 기술적 차원뿐 아니라 영화의 철학적, 심리학적, 미학적 관점에 대한 지식이 필요하다. 영화를 보는 정치적, 경제적, 사회학적 관점도 중요하다. 영화의 내용과 형식만 분석하기보다 감독이 세상을 보는 관점, 관객이 열광하는 이유, 영화가 사회의 변화를 어떻게 재현하고 상징적으로 표현하는가에 대한 질문도 중요하다. 영화가 사회 속에서 만들어지기 때문에 사회구조와 다양한 사회집단들의 관계가 영화 속에서 드러나 표현된다. 동시에 영화가 재현하는 문화와 이데올로기는 수많은 관객을 통해 사회를 재구성한다.

영국 미술 평론가이자 소설가인 존 버저John Berger가 제안한 '**보는 방식들**'(ways of seeing)의 관점은 중요한 통찰력을 제공한다. 예술을 단순히 형식적인 입장에서 양식상 변화, 작가와 유파(流派) 사이의 영화 관계로 축소하거나, 예술 또는 미학적 영역이 다른 실제적 영역과 상관없는 특수한 영역이라는 미학적 사고에서 벗어나, 더욱 적극적으로 영화의 영역과 다른 삶의 영역의 복잡한 관계를 자세하게 살펴보아야 한다.[12]

프랑스 시인 아르튀르 랭보Arthur Rimbaud는 시인을 '견자'(보는 자)라고 말했다. 세상을 평범하지 않은 시각으로 본다는 의미이다. 우리는 영화도 다른 관점에서 볼 수 있다. 우리가 기존의 영화 평론에서 덜 강조하거나 간과했던 계급, 민족, 젠더, 그리고 영화를 만드는 자본과 권력에 영향을 주는 정치경제적 관계와 사회적 맥락을 이해한다면 영화의 배경과 영향을 더 폭넓게 이해할 수 있다.

우리가 '인문학적 상상력'을 가지고 영화를 본다면, 영화에 관한 새로운 자극제를 얻게 될 것이고 이미 잘 알려진 영화도 새롭게 볼 수 있을 것이다. 유명한 영화가 별 볼 일 없다고 느낄 수도 있고, 가치를 알아채지 못한 영화가 엄청난 감동을 줄 수도 있다. 반면 우리가 영화를 시간을 죽이는 오락으로만 간주한다면 영화 제작자들은 그런 영화만 만들 것이다.

영화적 상상력은 영화적인 환상과 일상생활의 현실을 넘나들며 세상을 보는 눈을 바꾼다. 미국 영화학자 노먼 덴진^{Norman Denzino}이 말한 대로 현대 사회가 점차 '영화적 사회'(cinematic society)가 될수록 환상과 현실의 분리가 모호해지고 사라진다.[13] 그러나 나는 덴진이 우려하는 대로 일상생활이 영화적 환상에 의해 규정되고, 시민사회의 공적 영역이 붕괴할 것이라고 단정하지는 않는다. 영화적 장치가 우리에게 점점 더 큰 영향을 미치지만, 우리가 그 안에서 구속될 것이라고 볼 수는 없다. 영화를 보고, 비평하고, 토론하는 사람들이 바로 우리 자신이기 때문이다. 이런 점에서 우리는 영화를 이해하고 해석할 수 있는 '문화적 독해력'을 가져야 한다.

호메로스의 〈오디세이아〉처럼 이 책이 독자들을 영화라는 거대한 모험으로 이끌고 나가기 바란다. 그리고 단순한 글 읽기를 넘어 '영화 속 인문학'을 통해 새로운 사유와 상상을 체험해보기 바란다. 영화를 제대로 이해할 수 있다면 우리가 살아가는 사회도 제대로 이해할 수 있을 것이다. 사회를 이해해야 우리 자신도 이해할 수 있다. 그래야 인간다운 삶을 살 수 있다. 이것이 이 책의 주장이다.

1부
우리 시대의 질문

1
탐욕과 자본주의: 왜 우리는 돈을 사랑하는가?

베르너 헤어조크, 〈아귀레〉(1972)

라이너 베르너 파스빈더, 〈롤라〉(1981)

올리버 스톤, 〈월스트리트〉(1987)

필름 누아르가 분위기에 자연스럽게 연결되는 특정한 시기가 있다고 나는 생각한다. 금융 시스템의 불안정과 붕괴가 발생할 때 필름 누아르는 언제나 완벽한 상황을 만난다.

– 베르너 헤어조크, 독일 영화감독

추의 미학

베르너 헤어조크Werner Herzog는 독일 영화감독인데, '미친' 사람이라는 말을 많이 듣는다. 그다음에 '천재'라는 말도 함께 따라붙는다. 헤어조크는 이렇게 말했다. "그들은 나를 미친 사람이라고 말한다. 나는 상관하지 않는다. 유일하게 생각하는 것은, 내 스크린에 무엇이 있느냐의 문제이다."

그의 말이 맞다. 그의 영화는 다른 어떤 감독에서도 발견할 수 없는 그만의 특성이 있다. 그의 영화는 한 가지 운명만 감당하기 위한 것처럼 보인다. 그의 목표는 '독창적 영화'의 창조이다. 헤어조크가 예술 영화의 거장이 된 것은 당연한 결과라고 볼 수 있다.

헤어조크의 독창성은 가히 독보적이다. '이단아', '광란의 몽상가'라고 불릴 만큼 엄청난 논쟁을 불러일으킨다. 영화에서는 독특한 소재를 선택하여 관객을 당황하게 만든다. 유럽의 교육받은 백인 중산층의 취향이 아니라 사회의 실패자, 주변적 인물, 부랑자, 광인을 다룬다. 그는 실제 인물의 이야기를 영상에 담아내지만, 소설이나 역사에서 영감을 얻기도 한다. 그가 소설을 영화로 만든 사례 중 〈보이체크〉가 포함된 것은 그의 독특한 창작 정신을 보여준다.

『보이체크』(Woyzeck)는 19세기 24살의 나이에 요절한 극작가 게오르크 뷔히너Georg Büchner의 희곡이 원작인데, 가난한 하급 군인이 사회적 억압으로 몰락하는 비극을 다루었다. 과거의 연극과 전혀 다른 양식으로 사회의 모순과 파괴를 표현했다. 주인공 보이체크는 실존 인물이었는데, 자신의 연인을 칼로 찔러 죽인다. 그녀는 보이체크를 가난하다고 비웃고 다른 군인을 유혹한다. 보이체크는 정신이상 증세를 보이고 의사의 진단을 받았지만 결국 형장에서 처형된다.

시대를 앞서는 뷔히너의 연극은 나중에 20세기 초 알반 베르크Alban Maria Johannes Berg의 오페라로 만들어지기도 했다. 전복적(顚覆的) 형식과 생생한 대사는 많은 예술가에게 영감을 주었다. 시대를 뛰어넘는 '추의 미학'을 보여주는 동시에 '사회극'의 효시로 평가받기도 한다. 헤어조크의 영화도 뷔히너의 정신과 맞닿아 있다.

독일 영화감독 베르너 헤어조크

영화적 상상력과 스타일

헤어조크의 영화는 주제와 인물뿐 아니라 독특한 스타일로 관객을 사로잡는다. 실재와 허구를 결합하는 시적 영감은 황홀하게 인간과 세계를 꿰뚫어 보는 진리를 표현한다. 그만의 상상력과 스타일은 관객을 스크린의 우주에서 초라하게 명멸하는 인간의 본성과 타락을 관객에게 적나라하게 보여준다.

헤어조크는 인간의 강박적인 충동과 병적인 집착을 집요하게 다루는 한편 인간 내면의 기괴하고 복잡한 심리를 영상의 미학으로 표현한다. 헤어조크의 〈카스퍼 하우저의 신비〉는 18년 동안 정신병원에 갇힌 광인의 이야기이다. 〈스트로스 책〉은 감옥에서 출옥한 남자가 창녀를 만나는 이야기를 다루는데, 인간의 철저한 고독을 다루며 '아메리칸 드림'이 어떻게 몰락하는지 묘사한다. 이러한 주제와 스타일은 해피엔딩과 상투적인 할리우드 문법을 좋아하는 대중적 취향을 가진 관객들을 불편하게 할 수 있지만, 인간과 세계의 이해 불가능함을 여과 없이 드러내며 우리에게 깊은 성찰을 요구한다.

헤어조크의 영화를 향한 열정은 오랜 시간 동안 만들어진 것이다. 그는 뮌헨대학을 중퇴한 후 떠돌이 생활에서 돈을 모아 자비로 첫 영화 〈인생의 기호〉를 만들었다. 그는 어린 시절부터 영화를 연출할 것이라는 예감을 가졌다고 한다.

젊은 헤어조크는 감독이 된 후 엄청난 분량의 영화를 제작했다. 거의 1~2년에 한 편 정도 영화를 제작했다. 그는 멈추지 않았다. 2016년 헤어조크는 74세의 나이에도 불구하고 다큐멘터리 영화 〈사이버 세상에 대한 몽상〉과 〈인투 디 인페르노〉를 발표했다.

헤어조크는 할리우드 스타일의 극영화도 만들었지만, 수많은 실험적 영화와 단편영화를 만들었다. 그는 전 세계를 누비며 남극, 알래스카, 시베리아, 베트남 전쟁, 밀림, 3만 년 전 동굴 벽화, 인터넷, 화산에 이르기까지 다양한 종류의 다큐멘터리 영화를 만들었다(그의 세 번째 아내 레나 헤어조크도 다큐멘터리 사진작가이다).

나도 그의 영화를 처음 보는 순간 매료되어 가능한 모든 영화를 찾아보려고 애썼지만, 그의 창작열을 따라가기 힘들다. 그의 모든 영화를 본 사람은 없을 듯하다.

유럽 식민주의에 대한 성찰

헤어조크의 대표작은 누가 뭐래도 1972년 상영한 〈아귀레, 신의 분노〉이다. 이 영화는 6년 후 프랜시스 포드 코폴라^{Francis Ford Coppola} 감독의 〈지옥의 묵시록〉에 영향을 준 것으로 유명하다. 헤어조크는

19세기 폴란드 출신 영국 작가 조지프 콘래드^Joseph Conrad의 소설 『암흑의 핵심』에서 영감을 얻었다.

소설의 주인공 커츠는 아프리카의 심장 콩고의 밀림에 들어가 흑인 부족에서 신처럼 군림하고 살았다. 커츠는 탐욕스러운 상아 채집가다. 그는 모든 야만인을 말살시켜야 한다고 믿는 인종차별주의자이자 유럽이 세계를 문명화시켜야 한다는 제국주의자였다. 그러나 커츠는 죽음을 앞두고 "무서워라! 무서워라!"라는 말을 통해 자신의 죄악과 영혼의 타락을 고백한다.

헤어조크의 '암흑의 핵심'은 제국주의의 비판을 넘어 인간의 강박관념을 묘사한다. 〈아귀레, 신의 분노〉는 사실주의적 기법으로 이야기를 전개하지만, 극단적인 초현실주의 감각과 교묘하게 결합되어 있다. 영화는 남미에 간 전설적인 에스파냐 원정대의 이야기를 다룬다. 페루 밀림에서 잃어버린 황금 도시를 찾는 정복자들은 욕망을 실현하지 못한 좌절로 절망에 빠진다.

독일 배우 클라우스 킨스키^Klaus Kinski가 아귀레의 역할을 연기한다. 킨스키는 독특한 용모와 개성으로 아귀레의 행적을 스크린으로 옮겨놓으며, 어떻게 탐욕과 광기가 인간을 바꾸는지 그려낸다. 헤어조크의 영화는 단지 한 문명의 몰락만 아니라 어떻게 한 인간이 미쳐가며 파멸하는지 극적으로 보여준다. 전쟁 속에서 광기에 빠져드는 인간을 탁월하게 관찰한 헤어조크의 영화는 〈지옥의 묵시록〉뿐 아니라 그 어떤 영화보다도 탁월하다.

자본주의에 대한 질문

〈아귀레, 신의 분노〉는 중요한 사회학적 질문을 던진다. 자본주의와 물질주의는 인간의 본성에 적합한 것일까? 인간은 원래부터 이기적이고 쉽게 탐욕에 빠지는 존재이었을까? 우리의 상상과 달리, 많은 고고학과 인류학 연구를 보면 선사 시대 인류는 수렵 채집 사회를 이루어 150명 내외 소규모 부족과 함께 긴밀하게 협력하며 살아왔다. 만약 이기적 행위를 한다면 아마도 부족에서 따돌림을 받거나 추방되어 목숨을 잃었을 것이다. 상호협력은 생존을 위한 필수적 요소였다.

하지만 수렵 채집 사회가 모든 물자를 공동소유하는 '원시 공산 사회'였다는 19세기 미국 인류학자 루이스 모건Lewis H. Morgan과 이에 영향을 받은 칼 마르크스와 프리드리히 엥겔스Friedrich Engels의 주장은 명백한 오판이다. 오히려 미국 인류학자 앨런 존슨과 티모시 얼의 연구에 따르면, 수렵 채집인들은 소유를 매우 중요하게 생각한다.[1] 사람이 만든 물건에는 개인 소유자가 있고, 그 사람이 물건의 용도를 결정한다. 수렵 채집 사회에서 재산권은 중요한 요소이다. 하지만 이로 인해 물질적 위계가 정해지는 경우는 매우 드물다.

정치적 위계가 정해지려고 할 때 수렵 채집인의 가장 첫 번째 반응은 '조롱'이다. 캐나다 인류학자 리처드 리에 따르면, 아프리카 쿵산족 사람들은 야망을 드러내는 남자를 반드시 조롱하고 망신을 준다.

"젊은 친구가 사냥에서 동물을 많이 잡으면 어깨에 힘이 들어가서

베르너 헤어초크, 〈아귀레, 신의 분노〉

자기가 추장이나 거물이 된 줄 압니다. 남들을 자기 종이나 하수로 보기 시작하죠. 용납할 수 없는 일입니다. 우리는 잘난 척을 거부합니다. 자만심에 빠지게 되면 언젠가 다른 사람을 죽이게 됩니다. 그래서 우리는 그 사람이 사냥해온 고기를 무가치한 것으로 깎아내리죠. 이런 방법으로 그 사람의 심장을 식히고 고분고분하게 만들어요."[2]

1부 우리 시대의 질문

조롱이 통하지 않으면 강도를 높인다. 집단 따돌림이 시작된다. 인도, 호주의 수렵 채집 사회에서도 동일한 행위가 발견되었다. 대놓고 잘못을 비난하는 방법을 쓰기도 한다. 그래도 자만심에 빠진 사람의 기를 꺾지 못하면, 그 사람만 남기고 모두 떠나버린다. 수렵 채집 사회에서 물질적, 정치적 위계가 없는 이유는 그들이 끊임없이 이동하기 때문이다. 비록 남녀 격차는 존재하지만, 대부분 수렵 채집 사회에서는 평등주의 가치관이 지배적이었다.[3]

정착 생활이 시작되면서 모든 것이 달라졌다. 신석기 혁명 이후 청동기와 철기 시대를 거치면서 농업 생산의 증가와 토지 집중으로 빈부 격차가 커졌다. 전쟁과 노예제는 양면의 칼이었다. 국가의 탄생과 전쟁을 통한 노예 획득으로 계급의 분열이 심화되었다. 토지와 신분은 자식을 통해 세습되었다. 그러자 전쟁을 반대하고 불평등을 줄이려는 종교 운동이 전 세계적으로 일어났다. 기원전 900년부터 200년 사이에 종교가 대거 등장했다. 이 시기를 독일 철학자 칼 야스퍼스 Karl Jaspers는 '축의 시대'라고 불렀다. 많은 종교는 평화를 옹호하고, 자비, 사랑, 인의 미덕을 가르쳤다. 고대 시온 사상에서 가난의 반대는 부유함이 아니라 오만이었다.

무려 2천 년 동안 종교가 세계를 지배하던 시대의 황금률은 한 문장으로—'네가 당하고 싶지 않은 일을 남에게 하지 마라'—정리할 수 있다. 서로 교류가 없던 유라시아 대륙의 네 지역에서 공통의 주장이 등장한 것은 놀라운 일이었다. 부처, 노자, 공자, 플라톤, 예수를 따르는 축의 시대 현자들에게 종교란 단순한 믿음과 신앙이 아니라 모든 존재의 신성한 권리를 존중하는 것이었다.[4] 그러나 이 모든 것이 100여 년 전 산업혁명이 발생하면서 순식간에 무너지기 시작했다.

탐욕과 자본주의 정신

〈아귀레, 신의 분노〉에서 에스파냐 군대가 황금을 찾기 위해 식민지를 정복하는 시기는 유럽이 '현대 사회'로 진입하는 역사를 보여준다. 식민지에서 유럽으로 유입된 막대한 양의 은과 금은 에스파냐와 포르투갈을 거대한 제국으로 만들어 준 동시에 유럽을 상업혁명으로 이끌었다.

신대륙의 발견이 이끈 무역과 상업의 발전은 산업혁명을 촉진했고 나아가 자본주의 경제의 세계적 팽창을 이룩했다. 이러한 현대화 과정은 명백하게 유럽 문명이 주도했다. 금욕주의와 이타주의를 강조하는 중세 기독교 교회의 질서는 서서히 무너졌다.

현대 사회의 핵심적 제도와 동력은 자본주의와 물질주의이다. 많은 학자들은 서유럽에서 출발한 현대화가 과학과 기술의 발전에 의한 것이고, 그 기저에는 이성을 강조하는 17세기 계몽주의 운동이 존재했다고 믿었다. 그러나 현대화 과정이 칼 마르크스의 말대로 자본 운동의 결과인지, 막스 베버의 말대로 합리성의 확대인지 분명하게 결론을 내리기는 힘들다. 사실 현대화 과정은 산업혁명과 세계적 차원의 자본주의 경제가 등장하기 이전부터 시작되었다. 그리고 현대화는 개신교의 합리적 가치가 기업가 정신을 자극하기 전부터 이루어지고 있었다.

자본주의는 막스 베버가 말한 대로 합리적 정신의 지배를 받았다기보다는 일확천금을 노리는 투기와 모험, 그리고 상대를 짓밟고 빼앗는 탐욕의 영향을 더 많이 받았다. 17세기 네덜란드의 튤립 투기 열풍에서 2007~2008년 서브프라임 모기지 사태와 2020년 비트코인 열풍에 이르기까지 인간의 탐욕은 끝이 없다. 이런 탐욕이 자본주의 발전의 원동력이 된 것은 어느 정도 사실이다.

이기심의 정당화

영국 글래스고우대학 철학 교수였던 애덤 스미스는 1776년 출간한 『국부론』에서 기독교의 금욕주의와 달리 인간의 **이기심**이 일정한 조건에서 긍정적 역할을 할 수 있다고 보았다.[5] 전통 사회에서 기독교를 비롯한 대부분 종교는 돈과 물질적 추구를 경계하고 철저하게 이타주의를 강조했다. 중세 유럽에서는 일곱 가지 죄악 가운데 탐욕이 가장 큰 죄였다. 하지만 애덤 스미스는 이런 전통적 사고를 혁명적으로 뒤집었다. 그는 푸줏간 주인이나 양조장 주인이나 빵집 주인의 이기심 때문에 우리가 저녁 식사를 할 수 있다고 설명했다. 이기심이 오히려 국가의 부를 증대하고 사회의 행복을 높일 수 있다고 주장했다. 그래서 오늘날 자유시장을 숭배하는 경제학자들이 애덤 스미스를 '경제학의 아버지'라 부르며 찬양하는 것이다.

그러나 현대 경제학자들은 애덤 스미스의 책 중 일부만 읽고 자신들의 입맛에 맞는 주장만 하고 있다. 애덤 스미스는 『국부론』이 출간되기 17년 전 1759년 『도덕 감정론』에서 타인에 대한 **공감**과 동정심이 있어야만 사회가 유지될 수 있다고 말했다.[6] 그는 원래 도덕 철학자였다. 애덤 스미스는 이기심으로 타인에게 해악을 끼쳐도 좋다고 말한 적은 없다. 애덤 스미스는 기업가들이 돈을 벌려는 이기심으로 인해 결국 더 많이 투자하여 소비자들에게 제품과 서비스를 제공하고, 노동자들에게 일자리를 제공할 것으로 예측했다. 다시 말해 옥시

가습기처럼 나쁜 품질의 제품을 만들거나, 이윤을 위해 노동자를 해고하는 회사는 철저하게 비판한 것이다.

귀족과 지주와 교회가 지배하는 사회에서 인간의 이기심은 무시당하고 천대받지만 기실 지배계급의 도덕은 자신들의 기득권을 지키기 위한 것이다. 돈을 좋아하고 이기심에 따라 상업과 무역과 수공업에 뛰어든다면 누가 농사를 짓고 쥐꼬리 같은 월급을 받고 하인과 집사 노릇을 하겠는가? 자본주의 초기 상공업자들의 이기심은 그 자체로 해방적인 동시에 궁극적으로 국가의 부를 증식시켜 모든 사람에게 혜택을 줄 수 있다고 애덤 스미스는 기대한 것이다.

자본주의 문화의 탄생은 복잡한 주제이다. 20세기 초 독일의 최고 학자들도 정반대의 주장을 제기하며 논쟁을 벌였다. 독일 사회학자 막스 베버는 『프로테스탄티즘과 자본주의 정신』에서 개신교 윤리의 **금욕주의**가 자본주의 정신을 만들었다고 주장했다.[7] 이와 반대로 독일 경제학자이자 사회학자 베르너 좀바르트 Werner Sombart는 인간의 욕망이 낳은 **사치**가 자본주의 탄생의 원동력이었다고 주장했다.

좀바르트의 『사치와 자본주의』는 유럽 사람의 분출된 욕망을 십자군 전쟁 시대로 거슬러 올라갔다.[8] 전쟁을 거치면서 남녀 관계가 바뀌고 열정적 사랑이 등장하면서 해방된 감각적 욕구와 에로티시즘의 욕망이 지배계급의 향락적 생활방식을 확산시켰다. 중세의 공공적 성격을 가진 사치가 개인적 성격으로 전화했다.

음식, 향신료, 의상, 장신구, 주거 등 개인적 사치가 유행병처럼 퍼졌다. 극장, 콘서트홀, 레스토랑, 선술집 등 도시의 새로운 사치 공간이 등장했다. 특히 대도시는 군주, 성직자, 고관대작뿐 아니라 대자본가가 모인 "가장 많은 소비자의 거주지"이었으며, 특히 수도에서 소비가 집중적으로 발전했다.⁹ 다른 상업 도시와 생산 도시는 중소 도시에 그쳤다.

수도에 자리 잡은 궁정 사회의 사치는 도시의 중산층에 퍼졌다. 이 가운데 가장 중요한 사치의 동기는 바로 사랑이다. 18세기 로코코 시대가 등장하면서 육체의 해방과 사랑의 쾌락이 자유연애라는 관념을 만들었다. 억압적 결혼 제도 바깥에 사랑의 전문가라 볼 수 있는 고급창녀, 애인, 매음여성이라고 불리는 새로운 계층의 여성이 출현했다. 상류 계층의 남성은 애인의 환심을 사기 위해 과시 소비에 몰두했다. 이를 '애첩 경제'라 불렀다. 이는 중세의 자급자족 경제를 무너뜨리고 새로운 무역과 생산을 자극했다. 결국 자본주의 경제가 출현했다. 성적 욕망과 향락적 사치가 자본주의를 낳은 것이다.

막스 베버의 금욕주의보다 좀바르트의 '사치 자본주의' 이론은 미국 자본주의의 분석에 적합하다. 미국은 영국에서 건너간 금욕적인 청교도가 세운 국가이지만 1870년대 자본주의 산업화가 시작되면서 신흥 부자는 유럽의 귀족을 모방하며 사치에 몰두했다. 미국 경제학자이자 사회학자 소스타인 베블렌의 『유한 계급론』은 상류 계급이 어떻게 **과시 소비**를 통해 자신들의 부유함을 드러내고 계급적 정체성을 형성했는지 설명했다.¹⁰

20세기 후반 프랑스 사회학자 장 보드리야르Jean Baudrillard의 『소비의 사회』도 생산과 분배보다 소비가 중요해진 현대 사회의 특징을 날카롭게 분석했다.¹¹ 이제 소비는 단순히 사용가치를 구매하는 것이 아니라 상징적 가치를 획득하는 행위로 보아야 한다. 대중매체는 소비를 사회생활의 가장 중요한 요소로 만들었다. 소비의 가장 아름다운 대상은 육체가 되었으며, 여가 활동이야말로 소비의 가장 중요

올리버 스톤, 〈월스트리트〉(1987)

한 영역이 되었다. 이제 우리는 소비 사회에 살고 있다.

왜 더 많이 일해야 하는가?

미국 영화감독 올리버 스톤Oliver Stone의 영화 〈월스트리트〉(1987)에서 고든 게코(마이클 더글러스)는 "탐욕보다 더 좋은 말은 없다. **탐욕은 좋은 것이다. 탐욕이 성취한다**"라고 말했다. 헤어조크의 〈아귀레, 신의 분노〉에서 탐험대가 황금을 찾는 탐욕은 오늘날 자본주의 문화와 잇닿아 있다. 돈을 좇는 아귀레가 욕망의 좌절 속에 미쳐가는 장면은 오늘날 일확천금을 노리다가 주가가 폭락하여 정신을 잃는 현대인과 크게 다르지 않다.

현대 사회가 등장하면서 사람들의 삶에서 가장 혁명적인 변화는 돈에 대한 강력한 욕망이다. 애덤 스미스는 기업가를 완벽한 이기주의자로 보았다. 칼 마르크스는 부르주아지를 이기적 계산이라는 차가운 얼음 같은 존재로 묘사했다. 하지만 둘 다 기업가들이 인간 사회를 자유와 풍요로 이끌 것이라고 낙관했다. 게오르그 짐멜은 『돈의 철학』에서 화폐가 인간을 돈에 종속시키는 한편 전통적 신분에서 해방시키는 이중적 역할을 수행한다고 보았다. 다양한 이유로 기업가들의 무한질주는 정당화되었다.[12]

20세기에 들어서서 기업가들이 돈을 벌기 위해 과감한 투자를 하는 도전 정신을 영국 경제학자 존 메이너드 케인스 John Maynard Keynes는 '**야수적 본능**'이라 불렀다.[13] 대공황을 극복하는 자본주의의 회복력이 바로 자본가들의 모험 정신에서 비롯된다고 보았다.

오스트리아 경제학자 조셉 슘페터 Joseph Schumpeter는 기업가의 기술혁신을 '**창조적 파괴**'라고 불렀다.[14] 기업의 초과이윤도 착취의 결과가 아니라 혁신의 대가로 보았다. 지난 200년 동안 인간의 돈을 벌려는 욕망은 자본주의 경제 위에 만들어진 현대 문명의 중요한 동력이 되었다.

자본주의의 미래에 대한 케인스의 예측은 성공하지 못했다. 케인스는 '손자 세대의 경제적 가능성' 제목의 에세이에서 자본주의가 발전할수록 인간의 노동시간은 줄어들 것으로 보았다.[15] 케임브리지대학 수학과에서 역사상 최고의 점수를 받은 케인스는 생산성이 해마다 상승하면 100년 후에는 주당 15시간, 즉 하루에 3시간 또는 주 2일로 줄어들 것으로 예측했다. 장밋빛 미래를 꿈꾼 것이다. 그러나 경제학의 천재 케인스의 예측은 틀렸다. 그는 인간의 탐욕을 과소평가한 것이다.

100년 전 8시간 노동제가 도입된 이래 노동시간 단축은 이루어지지 않았다. 1990년대 후반 프랑스에서 주당 35시간 노동제가 도입되었지만, 다른 나라에서는 노동시간이 거의 줄지 않았다. 21세기 세계의 공장이 된 중국에서 노동시간은 상상을 초월한다. 한국은 선진국 가운데 가장 노동시간이 긴 국가이다. 2022년 윤석열 정부에서도 주당 69시간까지 노동시간을 늘려야 한다는 주장이 나왔다. 중국처럼 더 많이 일하는 노동자를 만들고 싶은 것일까? 탐욕은 언제나 삶의 질보다 경제적 이익을 중시했다.

자본주의의 두 얼굴

유럽의 부르주아 계급이 돈을 벌기 위해 과감한 투자나 기술 혁신만 주력한 것은 아니다. 잉카 문명을 몰락시킨 에스파냐의 에르난도 코르테스Hernándo Cortés 원정대의 잔인함 못지않게 1600년 설립된 영국 동인도 회사는 아편 밀수와 노예무역을 주도했다. 침략 전쟁도 서슴지 않았다. 유럽 문명은 증기기관차나 철도와 같은 멋진 모습만 가진 것이 아니라 잉카의 학살과 중국을 침략한 아편 전쟁과 같은 추악한 얼굴도 가지고 있다. 자본주의가 전 세계적으로 팽창하면서 많은 나라가 식민지와 종속국으로 전락하고 자연의 파괴와 가혹한 노동조건을 감내해야만 했다.

20세기에 대표적으로 미국 정부는 제3세계 독재 정부와 결탁하여 부정부패를 키우고 민주주의를 억압하기도 했다. 파트리시오 구즈만의 〈칠레 전투〉(1979)는 미국의 지원을 받은 칠레 독재 정부와 민중의 저항을 소개한다. 독재자 아우구스토 피노체트Augusto Pinochet를 흡

라이너 베르너 파스빈더, 〈롤라〉(1981)

혈귀로 풍자한 파블로 라라인의 〈공작〉(2023)도 볼 만하다. 파블로 라라인은 현재 칠레 최고의 영화감독이다.

자본주의의 어두운 얼굴은 어디에서나 발견할 수 있다. 2차 세계대전 이후 수립된 자유주의 체제도 마찬가지이다. 자본주의 경제에서 윤리적 이상주의는 언제나 장식품에 불과했다. 독일 영화감독 라이너 베르너 파스빈더Rainer Werner Maria Fassbinder는 〈롤라〉(1981)에서 1950년대 독일의 전후 부흥사를 묘사한다. 자본주의를 거부하는 윤리적인 건설부 공무원 폰 봄(아르민 뮐러슈탈)이 독일의 소도시 코부르크에 온다. 그는 지역의 부패한 건설회사에 맞서려 한다.

그런데 폰 봄은 창녀 롤라(바르바라 수코바)와 사랑에 빠지고, 그녀가 부패한 건설사 사장의 도움으로 살고 있음을 알게 된다. 곧 그는 롤라와 결혼하고, 회사의 비리는 없던 것이 된다. 이렇게 독일의 경제기적은 지속된다. "그는 **자본주의 원칙** 없이 이 나라를 건설하는 것이 불가능하다는 사실을 깨닫는다." 파스빈더는 이렇게 말했다.

버나드 위키의 영화 〈방문〉(1964)은 스위스의 몰락해가는 소도시 귈렌의 주민들이 돈을 위해 한 사람을 죽이는 일에 공모하는 이야기를 다룬다. 원작은 프리드리히 뒤렌마트Friedrich Dürrenmatt의 희곡 『노부인의 방문』(1956)이다.[16] 칼라 자하나시안(잉그리드 버그먼)은 젊은 시절 애인이었던 서쥬 밀러(앤서니 퀸)에게 배신당하고 창녀가 되었지만, 엄청난 부자와 결혼하면서 막대한 재산을 모았다. 칼라는 45년 전 자신의 임신한 아이를 부인하며 증인을 조작했던 서쥬의 처벌을 요구한다. 칼라는 정의를 실현하는 대가로 도시에 엄청난 돈을 제공하겠다고 제안한다.

마을 주민들은 처음에는 칼라의 제안을 단호하게 거부한다. 하지만 그들은 자신들이 받을 돈을 생각하며 외상으로 물건을 구매한다. 와인, 정장, 구두, 텔레비전, 드레스를 구매하는 욕망에 사로잡힌다. 지역 신문은 폐지된 사형제의 부활을 요구한다. 마을 주민들은 밤중에 기차를 타고 떠나려는 서쥬를 막는다. 시의회는 사형제를 다시 도입하는 특별법을 제정한다.

뒤렌마트의 연극은 고대 그리스 시대 소포클레스의 『오이디푸스 왕』처럼 과거가 현재에 개입하는 서사 구조를 가졌지만, 유머로 가득한 '비극적 코미디'로 만들어졌다. 뒤렌마트는 개인을 소멸시키는 자본주의 사회를 비판한다. 과연 공동체 전체의 경제적 이익을 위해 한 사람을 희생시키는 것은 정당한가? 그는 자본주의 경제의 토대인 공리주의 철학의 전제에 대해 질문을 던진다.

자본주의의 세 가지 모델

산업혁명 이후 자본주의가 항상 변화하지 않는 것은 아니다. 민주주의가 확대되면서 자본주의는 대기업 중심의 독점 자본주의에서 노사가 협력하는 복지 자본주의로 변화했다. 소수의 부유층만 아니라 노동자와 중산층을 포용하는 사회제도가 만들어졌다. 보통선거, 사법부의 독립, 언론의 자유에 이어 공교육, 공공부조, 산재보험, 건강보험, 실업보험, 노령연금 등 사회보험 제도가 도입되었다.

오늘 모든 국가에서 사유재산제가 보편적 특징처럼 보여도 자본주의가 동일한 것은 아니다. 나라별로 정부, 기업, 노동조합의 권력관계에 따라 다양한 제도가 만들어지기 때문이다. 국경을 넘어 자세히 들여다보면, 미국과 영국의 '자유 시장경제', 독일과 스웨덴의 '조정 시장경제', 중국의 '국가자본주의' 등 여러 유형으로 분류할 수 있다.

첫째, 영미권의 자유 시장경제에서는 주식시장이 발전하고 주주 이익의 극대화를 추구한다. 시장 경쟁이 치열하고 기술 혁신이 활발하다. 노동자 해고가 자유롭고 노사 갈등이 심한 편이다. 선진국 가운데 불평등 수준이 가장 높은 편이다.

둘째, 유럽 대륙의 조정 시장경제는 기업, 은행, 노동조합, 정부가 함께 사회제도를 통해 이해관계자들의 장기적 협력을 강조한다. 독일의 사회국가, 공동결정제도, 스웨덴의 보편적 복지국가(인민의 집)와 연대임금제가 대표적이다. 상대적으로 빈곤과 불평등 수준이 낮은 편이다. 영미권과 유럽의 자본주의는 다른 점도 있지만, 자연을 파괴하고 끊임없이 인간의 탐욕을 자극한다는 점에서는 큰 차이가 없다.

셋째, 일본, 한국, 대만, 싱가포르 등 동아시아에서는 국가가 적극적으로 자본주의 발전을 주도했다. 그래서 시장에 개입하는 정부 관료의 힘이 지나치게 강하고, 상대적으로 부정부패가 심각하다. 한국의 경우 박정희 정부의 국가자본주의에서 1990년대 김영삼 정부 이후 자유 시장경제로 이동하는 과정에서 빈곤과 불평등이 커지는 문제에 직면했다. 2016년 박근혜 정부의 국정농단 사태에서 볼 수 있듯이 부정부패와 정경유착의 어두운 유산도 남아 있다. 한국 자본주의가 발전하면서 탐욕은 물질주의, 소비주의, 금권주의를 발전시켰지만, 우리는 아직 다른 대안을 알지 못한다.

70년 동안 공산주의를 실험하다가 몰락한 소련은 중요한 교훈을 준다. 공산주의 이데올로기가 아니라 청바지 때문에 무너진 것일지도 모른다. "그런데 사람은 말이죠, 보통 사람은 역사를 위해 살지 않아요. 그보다는 훨씬 단순하게 살아요. 사랑에 빠지고 결혼하고 아이를 낳고 집을 지으면서 산다고요. 소련이란 나라는 여성용 부츠와 휴지가 부족해서, 오렌지가 없었기 때문에 무너졌다고요. 망할 놈의 그 청바지 때문이에요."[17] 노벨문학상을 수상한 러시아 작가 스베틀라나 알렉시예비치가 만난 러시아 사람의 생생한 육성이다.

개인보다는 집단을, 자유보다는 평등을, 자본보다는 이념을, 화폐보다는 배급 쿠폰에 의해 움직였던 러시아 사람들은 이제 자본주의 냉혹한 얼굴에 직면하고 있다. 소련 공산주의의 붕괴는 비극일까, 희극일까? 돈과 자본주의는 어떻게 인간을 바꿀까? 작가 알렉시예비치가 기록한 구전문학은 공산주의의 파편과 인간의 실존적 슬픔을 이야기로 전한다. 작가는 책 속에 광대한 다큐멘터리 영화를 보여준다.

철학의 영화, 영화의 철학

1960년대 베르너 헤어조크는 돈이 지배하는 상업 영화를 거부하며 예술 영화의 깃발을 따라 몸을 던졌다. 당시 예술 영화는 프랑스의 〈카이에 뒤 시네마〉를 시작으로 프랑수아 트뤼포Francois Truffaut와 장뤽 고다르Jean Luc Godard가 이끄는 '누벨바그'(Nouvelle Vague)가 주도했다. 곧이어 독일에서 '뉴 저먼 시네마'가 뒤를 이었다. 베르너 헤어조크, 빔 벤더스Wim Wenders, 라이너 베르너 파스빈더가 대표적인 영화감독이었다. 이들은 독일 영화의 젊은 바람을 일으켰다. 이 가운데 헤어조크는 예술 영화에 진지한 철학적 메시지와 깊은 역사적 성찰이 담겨야 한다고 믿었다.

헤어조크는 〈아귀레, 신의 분노〉를 통해 자본주의에 대한 비판을 넘어 유럽 식민주의의 잔혹성과 유럽 중심주의의 오만에 대해 날카로운 메시지를 던진다. 이는 2차 세계대전 이후 막스 호르크하이머Max Horkheimer, 테오도어 아도르노, 클로드 레비스트로스Claude Lévi-Strauss, 미셸 푸코, 자크 데리다Jacques Derrida 등 서구의 주요 지식인들이 서구 문명의 오만과 독선에 문제를 제기한 비판 정신을 계승한다.

호르크하이머와 아도르노는 서구 계몽주의의 도구적 합리성이 2차 세계대전, 아우슈비츠, 전체주의를 만들었다고 주장했다.[18] 레비스트로스는 서구 사회가 아시아, 아프리카, 라틴아메리카 사회보다 우월하다는 생각이 오류라고 지적한다.[19] 푸코는 서구의 이성이 권력에 의해 통제되고 있다고 폭로했다.[20] 데리다는 로고스(이성의 원리 또는 진리) 중심의 서구 형이상학 전통을 근본적으로 부정했다.[21]

베르너 헤어조크와 뉴 저먼 시네마의 새로운 영화는 자본주의와 유럽 중심주의가 만든 어두운 역사에 대한 새로운 해석을 시도했다. 1970년대 유럽의 지식인들은 나치즘, 식민주의, 노예제 등 유럽의 어두운 역사에 대해 반성하기 시작했다. 유럽 문명의 위대함 뒤에 가려진 추악한 속성에 대해 근원적 질문을 던진 것이다. 영화 제작에서도 '68혁명' 이후 젊은 감독들은 과거와 단절하려는 의도를 가지고 새로운 영화를 추구했다.

헤어조크는 20세기 후반 오락 영화와 정치 선전의 거대한 파도에 맞서 평생을 바쳤다. 그는 예술 영화의 새로운 지평을 열었다. "나는 심리학과 자기성찰이 20세기의 가장 큰 재앙 중 하나라고 생각한다." 헤어조크는 더 넓은 세상을 보라고 단호하게 말한다. 이는 내가 헤어조크의 영화를 경외감을 가지고 보게 되는 이유이다.

2

계급과 불평등: 왜 사장님의 가족은 너무 착한가?
왜 을의 전쟁이 벌어지는가?

봉준호, 〈기생충〉(2019)

마이클 무어, 〈화씨 11/9: 트럼프의 시대〉(2018)

황동혁, 〈오징어 게임〉(2021)

> 영화가 가난한 자와 부자, 즉 자본주의에 관한 이야기인데, 미국이야말로 자본주의 심장 같은 나라니까 논쟁적이고 뜨거운 반응이 있을 수밖에 없다는 생각이 들었어요.
>
> — 봉준호, 한국 영화감독, 골든글로브 백스테이지 인터뷰

봉준호, 로스앤젤레스에 가다

봉준호는 한국 영화에서 가장 사회학의 통찰력이 번뜩이는 감독이다. 그의 영화는 한 편의 사회학 에세이와 같은 느낌이다. 하지만 두툼하고 수식이 가득한 논문이나 보고서와는 완전히 다르다. 그래서인지 2019년 로스앤젤레스에서 봉준호 감독의 〈기생충〉은 환호와 찬탄을 받으며 미국 아카데미 영화상을 휩쓸었다. 얼핏 보기에 가벼

영화감독 봉준호

운 위트의 영화처럼 보일 수 있지만, 그의 영화는 시대를 향한 묵직한 메시지를 던진다. 과연 우리는 봉준호가 던지는 자본주의 사회에 대한 질문을 이해하는 것일까?

1960년대 이후 수십 년 동안 한국은 고도성장으로 질주하면서 중산층 중심의 무계급 사회를 건설했다는 믿음과 달리, 영화〈기생충〉의 '기택네' 가족처럼 낙오된 사람들이 광범위하게 존재한다. 가정부 '국문광' 가족처럼 사회에서 배제된 삶은 철저히 은폐된다. 그들은 존재하지만 보이지 않는 사람들이다.

영화 속 갑자기 쏟아진 폭우에도 높은 곳의 부잣집은 아무런 문제가 없지만, 가난한 사람들이 사는 집은 엄청난 피해를 겪는다. 부잣집 창문을 부드럽게 두드리던 비는 계단을 따라 흘러가 반지하에 사는 사람들의 집을 파괴한다. 이는 마치 부자와 기업의 세금을 줄여주면 투자와 고용이 늘어난다는 '낙수 효과' 경제학에 대한 풍자처럼 보인다.

〈기생충〉은 기후 위기 속에서 드러나는 재난 불평등의 모순을 보여준다. 서울의 엄청난 폭우 속에 집이 잠겨버린 '반지하' 가족과 '비가 미세먼지를 걷어준 덕에 맑은 날씨가 됐다'라고 기뻐하며 파티를 준비하는 부잣집 가족의 모습을 대조적으로 보여준다. 이 장면은 예언처럼 현실화되었다. 2022년 서울의 집중호우로 실제로 반지하 주택이 큰 피해를 겪었다. 당시 나는 서울시 청년 주거 불평등을 연구하는 과제를 수행했는데, 안타까운 마음이 컸다.

이런 점에서 〈기생충〉을 '클라이 파이'(Cli-Fi: 기후 영화) 장르로 분류하는 사람도 있지만, 사회 불평등을 정면에서 다룬 영화라는 점은 전 세계 모두가 인정한다. 나는 이 영화를 사회학 강의에서 활용하면 좋겠다고 생각하기도 했다. 봉준호 감독이 학부에서 사회학을 전공한 학생인 점을 고려하지 않아도 그렇다.

계급의 격차와 혐오

1980년대가 한국 정치의 극적 변화를 보여주었다면, 1990년대는 사회 변동의 분수령이 되었다. 1992년 이후 불평등을 측정하는 지니계수가 나빠지기 시작했다. 한국 사회의 양극화가 심화되면서 부유층은 강남에서 백화점, 골프장, 룸살롱의 문화를 즐기고, 특목고, 자사고, 조기 유학의 '장벽'으로 그들만의 성을 쌓아 올렸다. 부자들은 가난한 사람과 어울리지 않으며, 부자 동네에서 임대아파트와 행복주택은 혐오 시설이 되었다.

외모, 연애, 결혼, 출산 불평등이 발생했다. 성형외과, 피부과 병원, 뷰티 산업, 네일샵, 호텔을 드나드는 미인대회 수상자는 재벌의 노리개가 되지만, 비정규직 노동자는 결혼도 연애도 포기해야 한다. 강남과 강북, 대기업과 중소기업, 정규직과 비정규직의 구분을 통해 대한민국은 두 개의 계급으로 분열되었다.

불평등의 심화는 한국뿐 아니라 지구적 차원의 문제이다. 지난 30년간 전 세계적으로 전염병처럼 부유층을 위한 감세, 탈규제, 노동 유연화가 확산되었다. 이러한 정책 변화는 경제에 개입하는 정부의 역할을 줄이자는 **자유시장 근본주의**가 이끌었다. 그 결과는 억만장자의 급증, 비정규직 포화상태, 소득과 재산의 극심한 불평등이다. 전 세계 상위 1% 부자 재산이 99%를 합친 재산보다도 많다.

20세기 농지개혁과 고도성장으로 불평등 수준이 낮았던 한국은 21세기에 빠르게 불평등 사회로 재편되었다. 1990년대 초반부터 공장 자동화가 가속화되고 비정규직이 증가하면서 노동시장의 소득 불평등이 커졌다. 최상위 부유층의 소득은 빠르게 증가했는데, 복지 지출은 선진국 가운데 가장 낮은 수준에 불과하다.

결과적으로 오늘날 한국에서 상위 10% 부자는 50%에 가까운 소득과 70% 수준의 재산을 차지한다. 한국은 선진국 가운데 미국과 영국 다음으로 불평등이 심각한 사회가 되었다. 도대체 무엇이 잘못된 것일까? 아니 오히려 잘 된 것일까?

영화 〈기생충〉에서 박 사장이 말하는 '선'은 계급의 경제적 구분이자 '냄새 나는' 문화적 구별이 되었고, 계급의 격차는 혐오로 이어졌다. 불평등이 커지면서 열등한 사람을 무시하는 문화가 광범위하게 퍼졌다. 백화점에서 막말하는 '진상' 고객, 직장에서 폭언을 퍼붓는

봉준호, 〈기생충〉(2019)

상사, 여객기에서 승무원에게 고함을 치는 재벌 3세가 대표적 사례이다. 최근 논란이 된 '갑질' 문화도 계급 혐오의 다른 표현이다.

불평등 사회의 비극

보수 정부와 진보 정부 모두 모든 사람에게 기회의 평등을 제공하고 하층민의 사회 이동의 기회를 늘리자는 주장을 한다. 그러나 대부분 하층민이 중간계급으로 이동할 기회가 차단되어 있고, 부자의 특권과 재산은 교묘하게 세습되고 있다. 노력하면 누구나 부자가 될 수 있고 가난은 개인의 책임이라고 주장하는 사람들이 많을수록 사회문제의 진실은 철저히 가려진다.

〈기생충〉이 보여주듯이 빈곤층에 대한 부정적 인식이 문화적으로 재생산되면서 사회적 단절은 더욱 심화된다. 그러나 봉준호의 영화가 곧 사회문제의 해법을 제시하는 것은 아니다. 미국 아카데미 수상식 즈음에 한 미국 기자가 봉준호 감독에게 질문을 던졌다. "〈기생충〉은 한국에서 사회혁명을 일으키는 작품이라고 봐도 될까요?" 봉준호 감독은 이렇게 대답했다. "(한국은) 오히려 혁명으로부터 거리가 점점 멀어져 가는 것 같다. 혁명의 시대는 지나갔다. 혁명이라는 것은 무언가 부서트릴 대상이 있어야 한다. 그러나 혁명을 통해 부서트려야 할 게 무엇인지 파악하기가 점점 어려운 세상이 되어 가고 있다. 〈기생충〉은 그런 복잡한 상황을 표현하고 있다."[1]

영화 〈기생충〉은 사회 혁명을 제기한 것은 아니지만 불평등이라는 사회문제를 정면으로 제기해 전 세계를 놀라게 했다. 봉준호 감독은 극심한 빈부 격차가 만든 비극을 영화의 문법으로 표현했다. 하지만 박 사장과 기택 가족 사이의 삶이 그토록 다른 이유가 명확하게 드러나지는 않는다. 어쩌면 이 질문은 영화감독이 아니라 사회학자와 경제학자가 답해야 할 것이다.

왜 불평등이 점점 커지는가?

불평등이 사회적 결속과 삶의 질을 낮출 뿐 아니라 개인의 자존감과 역량을 약화하는 것은 분명하다.[2] 하지만 불평등의 원인에 대한 학자들의 견해는 분명하지 않다. 모두 제각각의 목소리를 내기 때문이다. 나도 2017년 『불평등이 문제다』와 2023년 『어쩌다 대한민국은 불평등 공화국이 되었나』 등을 출간하여 백가쟁명에 뛰어들었지만, 여전히 논쟁적인 주제이다. 우리는 누구의 말이 더 설득력이 있는지 따져볼 필요는 있다.

학자들은 불평등의 원인으로 기술의 진보와 경제 세계화를 꼽는다. 자동화와 자유무역이 일자리를 없애고 임금을 낮추고 있다는 지적은 일면 타당하지만, 모든 것을 설명하지는 못한다. 중요한 문제는 경제 독점으로 막대한 이윤을 얻는 대기업과 임금 인상을 위한 단체 교섭 역량이 쪼그라들고 있는 노동조합 사이의 **권력관계의 불균형**이다. 특히 자유무역과 기술의 진보에서 발생한 경제적 성과를 제대로 분배하지 못하는 정부의 조세정책과 사회정책을 더 심각한 원인으로 보아야 한다는 주장이 더 힘을 얻고 있다.

불평등의 원인에 대해서는 다양한 논쟁에도 불구하고 불평등을 줄이기 위해서는 정치가 매우 중요하다는 점은 대부분 동의한다. 특히 정당의 역할이 결정적이다. 집권당이 정부 정책을 바꾸기 때문이다. 그런데 노동자와 약자를 대변했던 진보정당이 집권해도 빈곤과 불평등이 심화되는 현상이 발생했다. 1990년대 이후 미국 민주당, 영국 노동당, 프랑스 사회당, 독일 사민당이 집권해도 그다지 불평등이 줄어들지 않았다. 한국에서도 김대중 정부와 노무현 정부가 집권하는 동안 빈곤과 불평등이 더 증가했다. 도대체 왜 이런 일이 벌어졌을까?

왜 가난한 사람은 부자를 위해 투표하는가?

2019년 프랑스 경제학자 토마 피케티Thomas Piketty 교수의 『자본과 이데올로기』는 이 문제에 주목했다.³ 피케티 교수는 지난 수십 년 동안 유럽과 북미의 유권자 지형과 투표 성향을 분석했다. 1960년대까지는 유럽과 미국에서 '계급 투표'가 이루어졌다. 저학력 저소득층은 진보정당을 지지하지만, 고학력 고소득층은 보수정당을 지지했다.

그런데 1970년대부터 고학력층의 진보정당 지지도가 늘어났다. 변호사 출신인 클린턴, 블레어, 슈뢰더가 집권했던 2000년대 이후에는 확고한 현상이 되었다. 진보정당은 저학력 빈곤층이 아니라 고학력 고소득층의 정당이었다.

어떻게 이런 변화가 일어났을까? 첫째 고학력 인구가 증가하고 다양해졌기 때문이다. 대학 졸업자가 급증하면서 광범한 사무관리직이 등장했고, 변호사, 경영자, 엔지니어 등 상층 전문직도 늘어났다. 둘째, 저학력 제조업 노동자계급이 대거 사라졌다. 기업의 해외 이전과 로봇을 도입하는 자동화로 인해 제조업이 붕괴하면서 숙련노동자가 줄어들었다. 대신 식당 직원, 택배 배달원, 운전사, 청소부 등 다양한 서비스 노동자가 급증했다. 노동조합 조직률이 떨어지고 정당에 미치는 영향력은 거의 사라졌다. 노동자를 다루는 영화는 거의 사라졌다. 탈산업화의 격랑 속에 실업자로 전락한 사람들을 보여주는 영화 〈풀 몬티〉(1997)와 〈빌리 엘리어트〉(2000)가 슬프게도 사람들의 눈길을 끌었다.

새로운 기술적 진보와 함께 진보정당의 기반이 무너지자 정치적 생존을 위해 새로운 지지층을 찾았는데, 그들이 바로 중산층과 전문직이었다. 그들은 대개 고학력 화이트칼라와 변호사, 전문경영인, 기술 개발자 등이었고, 동성애, 낙태, 채식주의 등 문화적 가치에 관심이 많았다.

그 후 진보정당은 임금 인상, 재분배 등 경제와 복지 이슈보다 정체성, 세계화, 다문화주의 등 문화적 이슈를 강조했다. 이 시기에 동성애를 다루는 〈필라델피아〉(1993)와 〈브로크백 마운틴〉(2005)이 큰 관심을 끌었다. 68혁명 학생운동 지도자들이 유럽의 사회민주당과 미국의 민주당에 대거 합류했지만, 이들은 경제적 불평등에 큰 관심을 보이지 않았다.

그러나 전통적 노동자계급은 문화적 진보주의를 수용하지 않았다. 대다수 노동자는 동성애와 낙태에 냉담했고 세계화와 국제 이민도 좋아하지 않았다. 미국 역사학자 토마스 프랭크가 『왜 가난한 사람들은 부자를 위해 투표하는가』에서 설득력 있게 분석했듯이, 1990년대 미국의 노동자들은 동성애와 낙태를 반대하는 공화당에 표를 던졌다.[4]

새로운 비정규직 노동자들과 빈곤층은 정치적으로 지지할 정당이 없어졌다. 하층민들이 정치 과정에서 배제되면서 불평등 문제는 정치적 의제에서 사라졌다. 클린턴과 오바마가 멋진 연설에서는 노동자와 약자를 말하지만, 실제 정책에서는 부자와 대기업의 손을 들어 주었다. 말과 행동이 다른 민주당의 행태에 대해서는 래리 바텔스Larry Bartels 밴더빌트대학 정치학 교수의 『불평등 민주주의』를 읽어보길 바란다.[5]

트럼프주의의 등장과 신자유주의 질서의 몰락

클린턴과 오바마는 대통령 선거에서 승리했지만, 민주당의 전통적 지지자를 잃어버렸다. 특히 오바마는 2007년 월스트리트에서 시작한 세계 금융 위기 직후 전 세계적으로 많은 기대를 모았다. 그러나 그는 월스트리트 금융회사의 요구에 굴복하고 개혁은 지지부진했고 결국 중간선거에서 참패한다. 그 후 다수당이 된 공화당의 반대로 뭐 하나 제대로 성공한 것이 없다.

미국 정치권의 혼란을 틈타 도널드 트럼프는 교묘하게 실업과 빈곤이 불법 이민자와 중국의 수출 때문이라고 선동하고 트위터, 페이스북 등 소셜네트워크서비스를 통해 사람들의 의식을 조종했다. 미국 영화감독 마이클 무어Michael Moore는 2016년 대선에서 힐러리 클린턴이 우세할 것이라는 여론조사 전문가의 예측과 달리 트럼프가 승리할 것이라고 예언한 소수의 사람이었다. 선거 결과는 마이클 무어의 손을 들어주었다.

여러 해 동안 한국사회여론연구소 소장을 경험한 나도 여론조사 결과만 보고 힐러리의 우세를 예측했다. 하지만 선거 결과는 내 분석을 빗나갔다. 2016년 대선에서 전통적으로 민주당을 지지했던 저학력 저소득 백인 노동자들이 이민자, 여성, 동성애자를 비난하는 트럼프 지지로 돌아섰기 때문이다. 이성적, 합리적 판단보다 공포와 혐오를 조장하는 감정적 선동이 더 효과를 발휘했다. 그러니 내 분석이 틀린 것이다. 사람의 감정을 움직이는 영화 제작자 마이클 무어가 미국 유권자의 비이성적 측면을 더 정확하게 간파한 것인지도 모른다.

1990년대 후반부터 민주당의 배신이 계속되는 동안 극우 포퓰리즘 정치 세력이 전통적 노동자와 빈곤층을 깊숙하게 파고 들어갔다. 1930년대 독일의 아돌프 히틀러와 마찬가지로 21세기 도널드 트럼프의 극우 정치는 세계화와 이민을 반대하고 모든 엘리트 기득권 집단을 날카롭게 비판했다. 포퓰리즘(populism), 소셜네트워크서비스, 인공지능 알고리즘을 활용한 '포스트모던 파시즘'(postmodern Fascism)이 등장한 것이다.

도널드 트럼프는 월스트리트에서 수십억의 강연료를 받은 힐러리 클린턴을 '엘리트'라고 비판하고, 은행에 대한 세금을 올리겠다는 공약을 제시하며 가난한 사람들의 지지를 끌어모았다. 한편 트럼프는 히틀러와 비슷하게 외국인 혐오와 이민 반대를 내세우며 최하층에 있는 노동자계급까지 파고들었다. 신자유주의는 신민족주의로 대체되었다. 대니엘 디모로와 모건 펨의 다큐멘터리 영화 〈겟 미 로저 스톤〉(2017)은 정치 컨설턴트 로저 스톤이 이끄는 극우 선거 전략이 어떻게 성공을 거두었는지 잘 보여준다.

브라만 좌파와 민주주의의 후퇴

토마 피케티 교수는 미국과 유럽의 진보정당이 '브라만 좌파'라 불리는 고학력 엘리트를 대표하는 정당으로 변했다고 주장했다. 한국의 '강남 좌파'와 유사한 개념이다. 반면에 우파 정당은 전통적으로 '상인 우파'라 불리는 비즈니스 엘리트를 대변했다. 정치는 모두 엘리트의 지배를 받고, 노동자와 대다수 사람은 정치에서 배제된다. 이로 인해 진보와 보수의 정치적 균열보다 정치에 참여하는 계층과 거부하는 계층의 균열이 더 커졌다.

유권자의 절반 이상이 지지하는 정당이 없다고 말하며, 거의 절반 유권자가 투표에 참여하지 않는다. 이런 정치적 분위기에서 미국의 트럼프 당선, 영국의 브렉시트(Brexit) 국민투표, 프랑스 국민전선(FN), 독일대안당(AfD)의 급속한 부상이 이루어졌다.

미국 역사학자 토마스 프랭크 Thomas Frank는 2016년 트럼프 당선 직전 『민주당의 착각과 오만』(Listen, Liberal, or what ever happened to the party of the people?)이라는 제목의 책을 출간했다.[6] 그는 민주당이 1930년대 루스벨트 행정부 이후 핵심 가치인 평등주의를 스스로 포기하고, 선거 때마다 공화당이 아니라는 이유로 전국 유권자를 민주당의 깃발 아래로 결집할 수 있다고 착각하는 오만한 정당이라고 비판했다. 이 책은 미국 민주당뿐 아니라 오늘날 진보정당이 핵심 가치를 버리고 지지층을 배신하는 현실을 준엄하게 꾸짖는다.

클린턴과 오바마가 집권하는 동안 투자와 고용 확대라는 명분 아래 기업과 부자에 대한 세금을 감면하고 가난한 사람들에게는 자립과 자활 가치를 강조하면서 복지급여를 삭감했다. 대신 누구나 하버드와 예일 대학에서 공부한 자신들처럼 좋은 교육을 받으면 성공할 수 있다는 주장만 제시했다.

그런데 왜 가난한 노동자가 부유한 기업가의 이익을 대변하는 정당을 지지할까? 왜 여성은 남성보다 낮은 임금을 받아도 참고 있을까? 왜 기후 위기가 심각해져도 제대로 대응하지 않는 것일까? 뉴욕대학 심리학과 존 조스트 John Jost 교수는 『체제 정당화의 심리학』에서 그리 놀랄 일이 아니라고 말한다.[7] 그렇게 하지 않는 대가가 개개인에게 너무 크기 때문이다. 사람들은 사회가 바람직하다고 간주하는 방식으로 안정감을 느끼면서 세상을 이해하기 위해 기존 사회 체제

마이클 무어, 〈화씨 11/9: 트럼프의 시대〉(2018)

를 정당화하거나 합리화한다.

하지만 불공정하다고 느끼는 '체제 정당화'가 사회적 약자에게 단기적으로 심리적 진통제가 될 수 있지만, 장기적으로 체제가 공고화되면서 그들의 삶은 악화된다. 한국에서도 가난한 사람들이 세금 인상과 복지 확대를 반대하는 '계급 배반 투표'가 계속될수록 불평등은 더욱 커지고 있다. 투표율이 높아진다고 세상이 달라지는 것은 결코 아니다.

2012년 오바마 대통령이 재선에 성공하면서 젊은 층과 유색 인종의 증가로 민주당의 장기 집권이 가능할 것이라는 인구학적 예측은 2016년 트럼프의 돌풍으로 산산조각이 났다. 마이클 무어가 다큐멘터리 영화 〈화씨 11/9〉(2018)에서 보여주었듯이 많은 노동자와 흑인들은 오바마의 배신에 분노하고 투표장에 나오지 않았다. 그 대신 트럼프는 평생 투표장에 나오지 않았던 저학력 백인 노동자들의 지지까지 끌어모아 대통령에 당선되었다.

프랭크 교수는 저학력 육체노동자들이 왜 민주당에 등을 돌렸으며, 클린턴과 오바마에게 배신당했다고 분개하는지, 민주당 스스로 돌아보라고 일갈한다. 오바마 대통령은 미국 디트로이트 노동자의 변화를 다룬 다큐멘터리 〈아메리칸 팩토리〉(2019)에 잠시 등장했지만, 여전히 트럼프 현상을 제대로 이해하지 못하고 있다.

미국의 정신의학자들은 트럼프가 대통령에 부적합한 나르시시즘, 편집증, 반사회적 인격장애, 사디즘의 특성을 가졌다고 분석했지만,[8] 2024년 대선에서 트럼프가 다시 대통령에 당선되었다. 트럼프는 백인 인종주의, 기독교 근본주의 세력을 등에 업고 마가(MAGA: 미국을 다시 위대하게 만들기) 운동을 통해 미국 공화당을 완전히 장악하고 대선에서 승리했다. 미국 정치가 새로운 단계로 접어들고 있다. 민주주의의 후퇴에 이어 위기가 다가오는 것일까?

계급의 상처

2008년 세계 금융 위기가 할퀴고 간 상처는 아직도 깊다. 클로이 자오의 〈노매드랜드〉(2020)는 네바다주의 실직한 노동자가 어떻게 유목민 공동체에 들어가는지 보여준다. 이 영화는 베네치아 국제영화제와 미국 아카데미 최고상을 휩쓸었다. 가난한 미국인 삶은 영화보다 훨씬 팍팍하다. 미국 전역에 집 없는 노숙자(홈리스)가 가득하다.

 2022년 나는 미국 캘리포니아대학에서 지내는 동안 미국 전역의 홈리스가 37만 명에 달했다는 것을 알게 되었다(2024년 현재 65만 명이 넘는다). 이 가운데 3분의 2가 기후가 따뜻한 서부로 몰려왔다. 영화 산업이 서부로 이동한 것처럼 홈리스도 서부를 향했다. 할리우드의 '명예의 거리'에는 노숙자들이 가득했다.

 노숙자들은 로스앤젤레스 이외에도 샌프란시스코, 샌디애고 등 많은 도시 한복판에 앉아 있다. '일자리를 구합니다. 배가 고파요'라고 적힌 종이를 든 청년들을 볼 때의 기분은 매우 착잡했다. 왜 세계에서 가장 부유한 나라인 미국 사회에서 이런 모순적 모습이 존재할까? 아메리칸 드림의 성지 캘리포니아가 왜 이렇게 되었을까?

 나는 과연 미국인들이 집 없는 노숙자 문제와 총기 사고의 문제를 해결할 수 있을지 의문이 들었다. 미국 정치에서 빈곤, 불평등, 총기 규제를 줄이는 정책이 주변부에 머무르고 있어 미국 행정부가 해결할 의지가 없다는 생각도 들었다.

 트럼프의 극우 포퓰리즘 정치에 신물이 난 미국 중도층이 2020년 대선에서 민주당의 손을 들어주면서 조 바이든 대통령이 당선되었다. 바이든은 클린턴과 오바마 행정부 시절과 달리 부유층 증세, 사회복지 확대, 대학생 학자금 탕감 공약을 내걸고 중산층 회복을 외쳤다. 그러나 물가 상승, 에너지 위기, 아프가니스탄 전쟁의 패배, 우크라이나 전쟁 등으로 지지율이 휘청대더니 중간선거에서 하원 다수당 지위를 빼앗겼다. 급기야 2024년 대선에서 트럼프가 다시 돌아왔다. 트럼프는 경제와 질서를 내세우며 노동자의 지지를 재결집시켰다.

버니 센더스 상원의원은 "민주당이 노동자계급을 배신했기에, 이제 노동자계급이 민주당을 버렸다"고 말했다. 이제 상당수 노동자는 민주당 대신 공화당의 트럼프를 지지한다. 미국은 트럼프의 등장으로 자유무역과 신자유주의 대신 보호주의와 국가주의로 돌아섰다. 부유한 전문직과 중산층 정당이 된 민주당의 앞날에 험난한 시련이 예상된다. 결과적으로 정치 양극화가 심화되면서 경제 불평등을 줄이기 위한 정책은 불투명해지고 있다. 불평등의 악순환이 반복된다. 이는 미국뿐 아니라 한국 정치에서도 거의 비슷한 정치 현상으로 나타나고 있다.

불평등의 미래

〈기생충〉이 2020년 미국 아카데미상을 수상한 직후 축하연에서 이미경 씨제이그룹 부회장은 〈뉴욕 타임스〉 기자에게 이렇게 말했다. "기생충을 처음 봤을 때 저소득층이 고소득층에 기생하고 있다는 생각을 했다. 두 번째로 봤을 땐 저소득층과 고소득층이 서로에게 기생하고 있다는 것을 깨달았다"라고. 이미경은 "서로에게 기생하고 있다는 것은 모든 사람에게 영향을 미치는 것이며, 어떻게 서로를 존중하면서 선을 넘지 않고 존중할 수 있는가가 중요하다"라고 덧붙였다.[9]

〈기생충〉의 감독 봉준호는 서민의 삶을 다룬 소설 『천변풍경』(1938)을 쓴 작가 박태원의 외손자이고, 투자자 이미경은 이병철 삼성그룹 창업자의 손녀라는 사실은 상징적이다. 박태원은 서울 태생으로 경성제일고보와 일본 유학을 거친 지식인이었지만, 당대의 카페 여급과 서울 변두리 서민의 삶을 문학에서 주로 다루었다.

하지만 불행하게도 이미경 부회장의 바람과 달리 현실에서 부자는 가난한 사람을 존중하지 않는다. 영화에서 모두 보여주지 못한 빈곤층의 잔혹한 현실을 재벌의 시각으로만 바라본다면 〈기생충〉의 교훈을 영영 찾지 못할 것이다.

넷플릭스를 통해 세계적 인기를 얻은 황동혁 감독의 〈오징어 게임〉(2021)은 불평등한 현실에서 살아남기 위해 발버둥 치는 인간들의 모습을 담았다. 456명이 알 수 없는 사람에 의해 456억의 상금이 걸린 데스 게임에 초대된다. 〈기생충〉이 상류층과 하류층 사이의 건널 수 없는 선을 보여주었다면, 〈오징어 게임〉은 가난한 사람들이 돈을 위해서 서로 죽고 죽이는 생존 투쟁의 적나라한 모습을 보여준다. 그들은 상대가 죽어야 자신이 살아남는다고 믿는다. 게임의 법칙을 바꾸면 모두 살아남을 수 있지만, 돈을 얻기 위해서 스스로 위험에 뛰어든다. 요행을 바라며 목숨을 건 게임에 뛰어들지만 하나씩 죽어나간다.

〈오징어 게임〉에서 우리는 치열한 생존 투쟁을 오락처럼 바라보는 백인 남성들을 발견한다. 그들은 트럼프 미국 대통령과 뉴욕 월가의 금융 투자자를 연상시킨다. 목숨을 건 게임에 뛰어든 456명의 눈에는 그들이 보이지 않는다. 가난한 사람들은 자신의 운명을 결정하는 사람을 볼 수 없다. 그들은 단지 자신들과 비슷한 가난한 사람들과 죽고 죽이는 게임을 벌이며 돈을 벌려고 할 뿐이다. 누가 그들에게 진실을 말할 것인가? 오늘날 주식, 부동산, 가상화폐 투기를 연상시킨다.

2020년 문재인 대통령은 청와대에서 아카데미 작품상을 받은 봉준호 감독에게 "불평등 해소를 최고의 국정 목표로 삼고 있는데, 반

황동혁, 〈오징어 게임〉(2021)

대도 많고 속 시원히 금방금방 성과가 나타나지 않아 매우 애가 탄다"고 말했다.[10]

2020년 총선에서 민주당이 압승을 거두었지만, 법원에서 실형을 선고받은 부패 정치인들과 카카오뱅크와 미래에셋 사장을 공천한 민주당에 기대할 게 없다고 말하는 사람들도 있었다. 선거 공약에서 구체적 플랜이 보이지 않고 '4대 벤처 강국'과 공허한 경제 공약에 실망한 사람들도 많았다. 민주당의 원내대표는 강남에 가 부자들 앞에서 1주택자 종부세 완화를 외쳤다.

지난 20년 동안 실업과 비정규직 증가로 청년의 삶이 팍팍해질수록 젠더 갈등과 세대 갈등을 조작하는 정치적 속임수는 더욱 기승을 부렸다. 봉준호의 〈기생충〉이 풍자한 대로 사장님 가족은 "너무 착하고" 〈오징어 게임〉처럼 노동자끼리 싸우는 '을의 전쟁'이 계속되고 있다. 영화 같은 현실이 눈 앞에 펼쳐지고 있다. 사회적 약자와 젊은 이의 삶이 고단해지는 이유는 무한경쟁이 살길이라고 목청을 올리는 기업과 이에 손잡고 권력을 휘두르는 정부의 책임인데, 이를 지적하는 정치인이 거의 사라졌다.

총선 1년도 지나지 않아 문재인 정부의 정책 실패로 부동산 가격이 폭등하면서 민주당의 지지율은 폭락했다. 집이 있는 사람은 재산세가 올라 불만이고 집이 없는 사람은 너무 올라 살 수 없어 절망하는 사회가 만들어졌다. 그러자 20대 30대 젊은 세대들이 대거 민주당에 등을 돌렸다. 2021년 서울시장 보궐선거와 2022년 대통령선거와 지방선거에서 민주당은 3연속 참패를 거듭했다.

2022년 윤석열 정부가 부자 감세와 복지 축소로 방향을 틀면서 다시 불평등이 커졌다. 2024년 총선에서는 여당인 국민의힘의 낮은 지지율 덕분에 야당인 민주당이 승리했지만, 조세 정의를 추구한다며 도입한 금융투자소득세와 가상자산 과세를 포기했다. 종합부동산세와 상속세 완화도 밀어붙였다. 최고 부유층의 세금을 면제해준다면 어떻게 '보편기본소득'을 제공할 수 있는지 상세한 설명도 없다. 아무리 생각해도 정치권은 봉준호 감독의 〈기생충〉을 제대로 이해하지 못한 듯하다. 영화는 웃자고 볼 수 있지만, 엄혹한 현실을 단순하게 바라보다가는 크게 당하는 법이다. 지나친 불평등은 반드시 민주주의의 위기라는 큰 대가를 치르는 법이다.

3

폭력과 죽음 충동: 왜 인류는 서로 죽여야 하는가?

스탠리 큐브릭, 〈닥터 스트레인지러브〉(1964)

세상의 어둠이 아무리 짙을지라도 우리는 우리 각자의 빛을 찾아야만 한다.

― 스탠리 큐브릭, 미국 영화감독

영상 미학의 서사시

스탠리 큐브릭Stanley Kubrick 감독은 '완벽주의자'라는 별명을 가졌다. 그는 영화 촬영 중 수십 번 같은 장면을 다시 촬영하도록 요구하기로 유명했다. 자신이 원하는 순간까지 반복하여 동일한 대사를 말해야 하는 배우는 정말 힘들었을 것이다. 그러나 그의 영화는 20세기 최고의 영화로 손꼽을 만하고, 많은 영화감독에게 영감을 준다.

1928년 미국 뉴욕에서 태어난 스탠리 큐브릭은 사진작가를 꿈꾸었으나 점차 영화에 빠져들었다. 그는 몽타주 이론을 개척한 러시아 영화감독 프세볼로트 푸도프킨Vsevolod Pudovkin의 책 『영화 기술과 영화 연기』(1949)를 셀 수 없이 다시 읽었다. 짧은 순간에 다양한 각도의 시선을 제공하는 카메라를 활용한 연출을 터득했다.

미국 영화감독 스탠리 큐브릭

큐브릭은 20대 무명 시절에는 다큐멘터리 영화와 B급 영화를 만들기도 했다. 체스 게임에서 승리한 상금으로 만든 반전 영화 〈공포와 욕망〉은 흥행에 참패했다. 하지만 그의 데뷔작이 전쟁 영화라는 점이 흥미롭다.

첫 번째 실패에도 큐브릭은 다시 도전했다. 그는 다양한 영화를 만들었고 모두 걸작으로 꼽을 만하다. 〈영광의 길〉(1957), 〈스파르타쿠스〉(1960), 〈롤리타〉(1962), 〈닥터 스트레인지러브〉(1964), 〈스페이스 오디세이〉(1968), 〈시계태엽 오렌지〉(1971), 〈배리 린든〉(1975), 〈샤이닝〉(1980), 〈풀 메탈 자켓〉(1987), 〈아이즈 와이드 셧〉(1999) 등 어느 영화 하나도 감탄 없이 볼 수 없다.

이 가운데 〈스페이스 오디세이〉는 탁월한 영상 미학을 보여주는 서사시이다. 아카데미 시각효과상을 받았다. 사진작가 출신인 큐브릭의 장인 솜씨를 느낄 수 있다. 영화를 좋아하는 사람이라면 〈스페이스 오디세이〉는 절대로 텔레비전이나 노트북으로 보지 말고 음향

시설이 좋은 대형 화면에서 보아야 한다는 말을 셀 수 없이 많이 들었을 것이다. 큐브릭은 지금도 영화를 배우는 학생들에 가장 영향력 있는 거장이다. 나 역시 가장 좋아하는 감독으로 스탠리 큐브릭을 꼽는다.

큐브릭이 만든 영화 대부분은 문학 작품과 관련이 깊다. 큐브릭은 적절한 소재를 찾아 쉬지 않고 책을 읽고, 상상력을 사로잡는 이야기를 발견하기 전까지 멈추지 않았다. 그는 마음에 들지 않는 책은 벽을 향해 던져 버렸다. 큐브릭은 공포 영화의 소재를 찾았는데, 스티븐 킹Stephen King의 『샤이닝(Shining)』을 읽고 탄성을 질렀다. 그는 할리우드 장르 영화를 선택하는 데도 주저하지 않았다. 그는 평론가들의 비판에 대해 거의 무관심했다.[1]

큐브릭의 영화는 대체로 전쟁과 폭력을 다루거나 성적 본능과 억압을 다룬 줄거리가 많다. 마치 20세기 최고의 사상가 가운데 한 사람인 오스트리아 정신분석학자 지그문트 프로이트Sigmund Freud가 인간의 본능을 '죽음 충동'과 '에로스 충동'으로 구분한 것처럼, 큐브릭은 인간의 가장 깊숙한 내면의 동기와 충동을 탐구한다. 이런 점에서 큐브릭의 영화는 단순한 오락이 아니라 예술적이고, 철학적이고, 사회학적 질문을 던진다.

타르 피츠의 살인자는 누구인가?

2023년 내가 미국에서 지낼 때 로스앤젤레스 도심의 라브레아(La Brea) 지역에 있는 '타르 피츠'(Tar Pits)라고 불리는 박물관을 찾아갔다. 아스팔트의 원료인 타르(tar)로 된 수십 개의 거대한 웅덩이가 발견된 곳이다. 그곳에는 선사 시대부터 빠져 죽은 동물 뼈가 발견되었다(아직도 계속 발굴 작업을 하고 있다). 무려 300만 개가 넘는다. 완벽하게 보존된 거대한 매머드부터 들소, 다이어울프(늑대와 비슷한 포유류인데 멸종되었다), 말, 당나귀, 사자, 곰의 뼈도 쌓였다. 탄소 연대 측정에 따르면, 3만 8천 년 전에 묻힌 것이다.

타르 웅덩이에서 사람의 유골도 발견되었는데, 여자로 판명되었다. 그런데 이 여자의 두개골에는 날카로운 도구에 파손된 자국이 있었다. 아마도 누군가에 의해 살해된 것이다. 고고학자들은 이 유골이 역사상 가장 오래된 '살인 사건 희생자'의 증거라고 말한다. 이런 살인은 드문 일은 아니었다.

호모사피엔스가 전 세계를 돌아다니면서 사라진 네안데르탈인의 뼈에는 살해당한 흔적이 많았다. 호모사피엔스는 서로가 죽인 증거도 많이 발굴되었다. 창세기의 카인과 아벨처럼 과연 인간은 태어날 때부터 서로 죽이는 끔찍한 존재였을까?

고고학자와 인류학자의 연구에 따르면, 후기 구석기시대 기원전 4만 년에서 기원전 1만 년에 걸쳐서 전쟁의 흔적은 전혀 발견되지 않았다. 고고학자들은 전 세계 300개가 넘는 동굴에서 동물 그림 등 다양한 예술작품을 발굴했지만, 인간들의 전투 장면, 전사의 모습, 무기가 묘사된 곳은 없었다.

기원전 4,000년경 전쟁이 시작된 이후 호메로스의 서사 문학을 비롯해 수많은 예술작품에 전쟁이 등장했다. 세상은 전쟁터로 바뀌었다. 고대 중국과 로마는 그야말로 '전쟁 국가'였다. 18세기 중반부터 19세기 말까지 유럽 국가들은 230번의 전쟁과 혁명이 발생했다.[2] 평균 2년에 한 번 살육전이 일어났다.

20세기에는 전쟁 횟수는 줄었지만, 대량살상무기의 발명으로 사상자의 수는 엄청나게 증가했다. 18세기 중반부터 19세기 말까지 사망한 숫자는 약 3,000만 명이었지만, 1914년에서 1918년까지 4년 동안 1차 세계대전의 사망자는 약 1,500만 명이었다. 2차 세계대전 동안에는 약 5,000만 명이 사망했다. 인간은 이렇게 잔인한 존재인가?

그러나 우리의 상식과 달리 영국 고고학자 이언 모리스Ian Morris는 『전쟁의 역설』에서 석기 시대보다 현재가 살해당할 위험이 적어졌다고 반박한다. 고고학 유적으로 확인한 바에 따르면, 석기 시대에 인류가 타인의 폭력으로 사망할 확률은 20퍼센트였다.[3] 오히려 2차 세계대전 당시 전체 인류 가운데 살해당할 확률은 약 2퍼센트였고, 지금은 1퍼센트 이하로 떨어졌다. 역설적으로 지난 1만 년 동안 인간이 벌인 잔혹한 전쟁이 국가를 만들어 내부 폭력을 억제했기 때문이다. 사회의 규모가 커질수록 폭력, 살인, 전쟁의 위험은 줄어들었다. 그러면 인간의 본성도 그렇게 변했을까?

영국 진화 생물학자 리처드 도킨스Richard Dawkins의 '이기적 유전자' 이론은 인간의 이기심이 경쟁과 갈등을 만든다고 본다.[4] 진화 생물학자들은 집단간 생존투쟁으로 인해 전쟁이 발생한다고 주장한다. 뇌과학자들은 테스토스테론의 과잉 또는 세로토닌의 부족으로 공격성이 커진다고 분석한다. 이러한 설명은 일부 개인들이 특정 순간을 설명할 수 있지만, 전쟁의 특징인 대규모 집단성, 고도의 조직성, 장기적 공격성의 차원을 설명할 수 없다. 독일 나치 당의 아우슈비츠와 미국의 핵무기 투하를 유전자와 호르몬으로 충분히 설명할 수는 없다.

죽음 충동

오스트리아 정신분석학자 지그문트 프로이트는 인간의 본성 가운데 성적 본능(리비도)과 함께, 자기 자신을 파괴하고 생명이 없는 무기물로 환원시키려는 '죽음 충동'을 가리켜 '타나토스'(Thanatos)라고 불렀다. 프로이트는 인간의 정신생활에서 무의식적인 자기 파괴적, 자기 처벌적 성향이 있다고 지적했다. 인간의 행동은 자신이 앞서 제시했던 '쾌락 원칙'만으로는 설명할 수 없다고 보았다.

2차 세계대전 막바지 일본의 히로시마와 나가사키를 파괴한 미국의 원자폭탄 투하와 냉전 시대 핵무기의 개발은 인간의 '죽음 충동'을 통해 설명되기도 한다. 이미 유럽에서 독일은 항복했고, 일본은 점령지에서 패퇴를 거듭하고 전세가 기울었다. 그런데 왜 미국은 일본 군대뿐 아니라 민간인을 상대로 핵무기라는 가공할 대량살상무기를 사용했을까? 원폭 투하는 단순한 지정학적 패권이나 미군 병력 손실의 감소를 위한 불가피한 선택만으로는 설명될 수는 없다. 그러면 냉전 시대에 미국과 소련이 경쟁적으로 인류를 절멸할 무기를 만드는 동기는 무엇일까?

프로이트는 죽음 충동을 이렇게 요약했다. 첫째, 자아가 저항하기 어려운 충동이다. 무의식의 지배를 받으며, 반복 강박이 발생하며, 쾌락 원칙을 따르지 않는다. 둘째, 가장 오래된 원초적 충동이다. 퇴행의 궁극적 지점이며 생명 발생 이전으로 회귀하려고 한다. 단순한 죽음이라기보다 생명과 죽음, 존재와 비존재를 초월한 상태를 지향한다. 셋째, 생명을 파괴하는 충동이다. 자신과 타인을 구별하지 않고 반복적이며 강박적으로 무의미하게 생명을 파괴한다. 증오와 같은 공격적 충동은 에로스의 한 속성일 수 있지만, 파괴 충동은 사랑과 증오를 초월한다. 죽음 충동이 강력해지면 사디즘과 마조히즘의 형태로 나타난다.

현대 정신의학은 '죽음 충동 이론'을 개인의 병리적 행동에 대한 설명에서 구체적으로 적용하지 않지만, 실제 상황에서 개인의 공격적 반응이나 분노, 또는 자해 행위 등은 자주 발생한다. 사회적으로 자본주의에서 일중독은 자기 착취를 강제하고, 성장 중독은 환경 파괴와 기후 위기를 악화시킨다. 정신의학적으로 죽음 충동은 불안이나 박해 망상이 나타나기도 하고, 환각이나 환청이 발생하기도 한다. 하지만 일반적으로 죽음 충동은 다양한 공격성으로 해석한다.

자아의 공격성은 타인에 대한 지배 성향 또는 경쟁심으로 나타난다. 프로이트의 죽음 충동은 타인을 살해하고 전쟁을 벌이는 인간의 공격적 본능을 설명하는 데 활용된다. 국가는 폭력 수단을 독점하면서 개인들의 폭력 행위를 강력하게 규제하지만, 국제정치의 폭력적 전쟁은 그치지 않고 있다. 국제정치에서는 무정부 상태가 지속되기 때문이다. 무정부 상태에서 인간성과 도덕적 원칙이 설 자리가 없다.

2025년 현재 우크라이나 전쟁과 팔레스타인 가자 지구의 학살이 멈추지 않아도 누구도 막을 수 없다. 가자 지구의 사망자가 4만 명이 넘고, 80% 이상이 어린이와 여성이다. 이렇게 사람들이 목숨을 잃는 와중에 한국은 2024년 이스라엘에 무기를 판매해 84억 원을 벌었다. 우크라이나에 군사 무기를 제공하는 동유럽 국가에도 한국은 막대한 무기를 판매한다. 2023년 〈뉴욕 타임스〉는 "러시아의 침공으로 한국만큼 방위산업에서 호황을 누린 나라는 없다"고 보도했다.[5]

일본 히로시마에 떨어진 원자폭탄

공포의 핵 균형

내가 큐브릭 감독의 영화를 처음 접한 것은 〈닥터 스트레인지러브 또는: 내가 어떻게 걱정을 떨치고 핵폭탄을 사랑하는 법을 배우게 되었는가?〉라는 긴 제목의 영화였다. 보통 '닥터 스트레인지러브'라고 부른다. 1964년 출시한 이 영화는 냉전 시대 핵전쟁의 가능성을 다룬 반전 영화이다.

이 영화는 세계적 반향을 얻었는데, 냉전 시대의 첨예한 갈등이 일어난 국제정세도 영향을 미쳤다. 1960년 미국의 정찰기가 소련 비행기에 의해 격추되었다. 소련은 미국이 침공을 계획했다고 확신했다. 1961년 베를린 도시를 가로막는 장벽이 세워졌다. 베를린 시장은 미국에 장벽을 무력으로 제거해달라고 요청했다. 1962년 쿠바에 핵미사일을 배치하는 소련의 선박이 발견되면서 미국은 쿠바 봉쇄를 결정했다. 핵전쟁이 터질 수 있는 일촉즉발의 위기가 고조되었다.

〈닥터 스트레인지러브〉의 원작은 1958년 출간한 피터 조지의 소설 『적색경보』인데, 미국과 소련의 '상호 확증 파괴'(MAD: Mutual Assured Destruction)를 다룬 블랙 코미디이다. 상호 확증 파괴라는 개념을 처음 제시한 사람은 어쩌면 화약을 개발해 엄청난 돈을 번 알프레드 노벨일지도 모른다. 노벨은 "양측 군대가 1초 안에 서로를 궤멸할 수 있게 되는 날, 그날이 되면 모든 문명국가가 전쟁을 포기하고 군대를 해산할 것이다"라고 말했다. 그래서 노벨이 그렇게 화약을 열심히 만들었는지는 모르겠다.

상호 확증 파괴는 20세기 후반에 다시 국제정치학에서 중요한 개념으로 떠올랐다. 핵보유국이 선제 핵 공격으로 적국을 절멸시킬 수 있어도 적국도 보복 핵 공격을 감행할 수 있기에, 서로 공멸을 피하고자 전면 핵전쟁을 회피한다는 주장이 제기되었다.

약자로 MAD라는 개념은 천재 수학자 존 폰 노이만John von Neumann이 처음 사용했다. 그는 헝가리 출신 수학자이자 물리학자였는데, 미국의 핵무기 개발을 위한 '맨해튼 프로젝트'에 참여했으며, 나중에 경제학의 게임 이론의 연구에도 크게 기여했다.

상호 확증 파괴의 개념은 게임 이론의 '내시 균형(Nash Equilibrium)'과 같은 것으로 간주 되었다. 미국 수학자 존 내시가 정의한 내시 균형은 게임의 참가자가 상대의 전략을 주어진 것으로 보고 자신에게 최적 전략을 선택하는 상태를 가리킨다. 존 내시는 영화 〈뷰티풀 마인드〉(2001)의 주인공이다. 공범 2명이 감옥에 갇히자 서로 믿지 못하기 때문에 차선책으로 자백하는 결정을 내린다는 '죄수의 딜레마'도 유사한 사례이다.

1962년 허드슨 연구소의 도널드 브레넌은 상호 확증 파괴의 개념을 사용해 냉전 시대의 미국과 소련의 핵무기 경쟁을 상호 확증 파괴에 의한 '공포의 균형'(balance of terror)이라고도 불렀다. 실제로 1962년 '쿠바 미사일 위기' 당시 미국과 소련은 핵전쟁이 발발할 최악의 가능성에 직면했다가 막판에 가까스로 비밀 협상을 통해 충돌을 피할 수 있었다. 존 F. 케네디 미국 대통령과 니키타 후르시초프 소련 공산당 서기장이 3차 세계대전 직전의 위기에서 극적으로 협상으로 선회한 것은 핵전쟁이 상호 절멸로 이끌 것이라는 **공포감** 때문이었다.

미국의 저명한 국제정치 이론가 케네스 왈츠^{Kenneth Waltz} 버클리대학 교수는 핵무기가 사실상 서로 상대를 절멸시킬 수 있기에 유용하다고 주장했다.[6] 왈츠 교수는 2차 세계대전과 한국전쟁에 참전했고 전쟁 후 대학에서 국제정치를 연구했는데, **'핵 균형'**을 지지한 '신현실주의' 이론을 주도한 학자였다. 그러나 핵 균형 속에서도 핵전쟁의 공포는 언제나 계속되었다.

냉전과 함께 핵무기가 등장하면서 핵 경쟁이 격화되었다. 트루먼 미국 대통령은 줄리어스 로버트 오펜하이머가 주도한 '맨해튼 프로젝트'로 만든 핵무기 비밀이 유지될 것으로 예상했지만, 2년 후 소련은 핵무기 개발에 성공했다. 그러자 미국은 공군의 미사일과 해군의 장거리 초음속 핵 공격기 개발에 몰두했다. 소련도 똑같은 무기를 개발했다.

이제는 대륙간 탄도 미사일(ICBM)과 핵 잠수함 경쟁이 치열하다. 미국군축협회(ACA) 보고서를 보면, 2021년 기준 전 세계에 1만 3,080개 핵탄두가 있는데, 러시아가 6,257개, 미국이 5,550개를 보유하고 있다. 만약 핵보유국이 상대국의 예기치 않은 공격에 대응해

보복 공격을 결정한다면 인류의 공멸이 벌어질 수도 있는 상황이 계속되고 있다.

한반도와 핵무기

1950년 한국전쟁 이후 한국에는 오랫동안 미군의 핵무기가 배치되었다. 북한은 소련 핵우산의 보호를 받았다. 1970년대 주한미군 철수론이 등장하면서 박정희 대통령은 핵무기를 개발하려다 미국의 반대에 직면했고, 얼마 후 김재규 중앙정보부장의 총에 맞아 죽었다.

모든 사람이 핵무기를 사랑했던 것은 아니다. 1957년 영국에서 핵무기 배치와 원전 건설을 반대하는 CND(핵군축캠페인)의 평화운동이 등장했다. 영국의 유명한 역사학자 E. P. 톰슨Edward Palmer Thompson은 교수직을 박차고 나와 사재를 쏟아 반핵 운동을 주도했다. 1980년대 소련의 SS-20 미사일과 미국의 퍼싱-2 미사일 배치 계획으로 촉발된 유럽 핵 폐기(END) 운동은 유럽 평화운동을 주도했다.

CND는 동서 진영 간 대립 구도에서 중립을 지키면서 '아래로부터의 데탕트(détente), 시민 외교'를 추구했다. 유럽의 대도시에서는 수십만 명이 참여하는 반핵 집회가 열렸다. 이는 고르바초프의 '신 사고'와 레이건의 외교정책 변화를 촉발하고 냉전 체제의 붕괴를 이끌어냈다.

그러나 1991년 냉전 체제의 붕괴 이후 미국은 한국에 배치한 전술 핵무기를 철수했다. 그러나 한반도에서는 핵 구름이 가시지 않았다. 1994년 북한이 핵 개발에 나서자 미국의 클린턴 행정부는 영변 핵 시설에 대한 선제공격을 검토했다. 쿠바 위기처럼 일촉즉발의 전쟁

위기가 발생했다. 그 후 김대중 대통령의 제안에 의해 성사된 지미 카터 전 미국 대통령의 방북으로 극적 타협이 이루어졌지만, 별로 성과를 거두지 못했다. 2006년 북한은 핵실험에 성공했다.

북한은 핵보유국으로 인정받으려 하지만, 유엔은 강력한 경제 제재를 실행하고 있다. 북한의 핵실험에 대응하여 한국에서도 핵무장이 필요하다는 여론이 확산되고 있다. 전 세계에서 가장 핵 공포가 심각한 지역이 바로 한반도와 동북아시아 지역이다.

핵무기와 사랑에 빠지다

스탠리 큐브릭의 〈닥터 스트레인지러브〉는 당대의 무시무시한 핵 공포를 블랙 코미디로 묘사한다. 영국 공군 기지의 미 전략공군 잭 D. 리퍼 장군(잭 더 리퍼는 19세기 영국의 전설적인 연쇄 살인범의 별명이었다)은 성관계 중에 발기불능이 되자 수돗물 불소를 의심한다. 그는 '빨갱이들'이 벌인 공격이라는 음모론을 믿었다.

리퍼 장군은 '비상시 작전 계획 R'을 발동하여 수소폭탄을 탑재한 폭격기를 소련의 예정된 목표로 보낸다. 작전 계획에 따라 암호에 의하지 않은 모든 통신은 차단된다.

미국 대통령 머핀 머플리는 국가안보회의(NSC)를 소집한다. 전략공군 지휘관이자 호전광인 버크 터지슨 장군은 소련에 대한 전면 핵 공격을 벌여 핵전쟁에서 승리하자고 주장한다. 리퍼 장군의 핵 공격에 따라 소련의 전면 핵 반격이 이루어지면 모든 미국인은 사실상 절멸된다. 만약 소련의 보복 이전에 전면 기습 공격을 벌이면 소련의 핵 공격 역량을 거의 파괴할 수 있다.

그러나 머플리 대통령은 선제공격을 거부했다. 대신 소련 대사를 불러 소련 공산당 서기장과 협상을 시도한다. 그러나 미국과 소련의 대화는 결렬된다. 이 와중에 소련 대사는 '파멸의 날 기계'(Doomsday Machine)가 자동으로 지하 핵폭발 장치를 통해 지구상의 인류를 절멸시킬 것이라고 알린다. 소련은 저렴한 비용으로 핵 억제력을 얻으려고 시도한 것이다.

버크 터지슨 장군은 소련 대사의 말을 믿지 않는다. 하지만 나치 독일 출신으로 미국 대통령의 핵폭탄 고문이 된 천재 과학자 스트레인지러브 박사(나치 출신 과학자였다가 미 항공우주국(NASA) 국장이 되어 로켓과 우주 개발을 주도한 베르너 폰 브라운Wernher von Braun을 연상시킨다)가 '파멸의 날 기계'를 만드는 일은 쉬운 일이라고 말한다. 일촉즉발의 위기 속에서 핵 폭격기를 불러오기 위한 암호를 알아내는 장면이 펼쳐진다.

영국 공군 맨드레이크 대령은 암호를 찾기 위해 부심한다. 리퍼 장군은 자살로 죽었지만, 그가 남긴 낙서를 동전 넣는 공중전화기를 통해 백악관에 전달한다. 가까스로 공격 취소 명령은 내려졌지만, 한 대의 핵 폭격기가 소련에 수소폭탄을 투하한다. 결국 소련의 '파멸의 날' 장치가 작동한다.

인류 절멸의 순간이 목전에 펼쳐지는 가운데 미국과 소련은 또 다른 전쟁을 준비한다. 미국은 지하 광산 갱도에 소수의 사람을 숨길 계획을 수립한다. 닥터 스트레인지러브는 남자 1명당 여자 10명을 배치하자고 말한다. 물론 자신도 포함한다. 그러나 지하 광산 갱도가 만들어지기도 전에 핵폭발로 지구는 멸망한다.

영화는 연속적인 핵폭발 장면을 보여준다. 이 가운데 2차 세계대

스탠리 큐브릭, 〈닥터 스트레인지러브〉

전 당시 영국에서 유행한 노래가 들려온다. 이 노래는 전쟁 후 가족과 사랑하는 사람을 다시 만날 것이라는 가사로 전투 직전 군인들의 사기를 진작시키기 위해 들었던 노래이다. "우리는 다시 만날 거야"(We will meet again). 물론 핵폭발 후 우리는 다시 만나지 못할 것이다.

〈닥터 스트레인지러브〉는 대중에게 핵 공포를 효과적으로 설명한다. 인간의 광기가 만들 수 있는 참극은 이성과 과학이 만든 핵무기와 결합될 수 있다. 영화는 개인, 집단, 국가들 사이의 커뮤니케이션 위기가 만드는 참극을 보여준다.

우리는 영화 속에서 세 개의 복합적 아이러니를 느낄 수 있다. 시각적으로 원자폭탄이 만든 버섯구름을 느린 화면으로 본다. 음향적으로 '우리는 다시 만날 거야'라는 베라 린의 달콤한 목소리를 듣는다. 우리는 절대로 다시 만나지 못한다. 내용적으로 핵무기가 폭발한 다음에 인류가 절멸된다는 것을 깨닫는다. 이러한 기이한 아이러니는 영화 속 환상과 공포를 교묘하게 결합시킨다.

아인슈타인은 유머 감각을 가진 과학자였다. "제3차 세계대전에 어떤 무기를 사용할지는 모르겠다. 하지만 제4차 세계대전에서 무엇으로 싸울지는 확실하다. 그건 돌멩이다."[7] 〈닥터 스트레인지러브〉는 핵무기에 관해 모든 것을 말하는 것은 아니지만, 인류 절멸이 한순간에 일어날 수 있다는 메시지를 던진다. 실제로 영화의 공포는 1962년 쿠바 위기에서 실현될 뻔했다.

핵확산금지조약(Non Proliferation Treaty, NPT)은 유엔 총회에서 1968년에서야 채택되었다. 냉전이 붕괴된 이후 1996년 유엔에서 5대 핵 강국을 포함해 154개국이 포괄적 핵실험금지조약(CTBT)을 마련했다(인도, 파키스탄, 북한은 가입하지 않았다).

그러나 2022년 우크라이나 전쟁 이후 러시아는 핵실험금지조약 비준을 철회하겠다고 경고했다. 2024년 미국 언론인 밥 우드워드가 출간한 책 『전쟁』(War)에 따르면, 바이든 행정부 국가안보팀은 푸틴 대통령이 우크라이나에서 핵무기를 사용할 가능성에 대해 우려했는데, 어느 시점에는 핵 사용 가능성이 50%에 이른다고 보았다.[7] 1962년 쿠바 위기 이후 어느 때보다 핵 위기가 고조되는 상황이다. 정말 핵전쟁이 일어날 것인가?

핵무기 시대의 인간 군상

핵 공포는 오싹하지만 〈닥터 스트레인지러브〉에서 피터 셀러스의 연기는 훌륭했다. 그는 놀랍게도 1인 3역을 맡아 머플리 대통령, 잭 D. 리퍼 장군의 부관 멘드레이크, 닥터 스트레인지의 역할을 연기했다. 누구도 그만큼 상이하고 복잡미묘한 인물의 성격을 표현하지 못할 것이다. 나는 피터 셀러스의 팬이다. 그는 스탠리 큐브릭의 다른 영화 〈롤리타〉에서도 어린 소녀를 유혹한 신비한 인물로 등장한다.

피터 셀러스의 연기로 〈닥터 스트레인지러브〉는 탁월한 패러디 영화의 진수를 느끼게 한다. 이 위대한 배우는 죽음 충동에 직면한 다양한 인간 군상을 상징적으로 표현한다. 어리석은 대통령, 전쟁을 막으려고 애를 쓰는 사람, 그리고 호전적 전쟁광은 우리 주위에서도 발견할 수 있다.

핵무기를 가지고 있는 강대국 가운데 잭 D. 리퍼 장군 같은 사람이 없다고 확신할 수 있을까? 우리가 거주하는 한반도에서는 오늘도 핵무기의 공포가 계속되고 있다.

스탠리 큐브릭의 〈닥터 스트레인지러브〉는 인간의 경쟁과 협력에 관한 철학적 질문을 남겨두었다. 19세기 중반 찰스 다윈Charles Darwin이 『종의 기원』에서 '생존 투쟁'이라는 용어를 사용했지만, 그의 책에서는 동물이 서로 협력하는 다양한 사례도 소개한다. 다윈이 토머스 맬서스Thomas Malthus의 『인구론』에서 생존 투쟁이라는 아이디어를 얻었지만, 그가 전적으로 동의한 것은 아니었다.

인간은 생존을 위해서 자신이 소속된 집단 내부에서 서로 협력하며 오랜 시간 진화했다. 이제 세계가 하나로 통합된 시대에 우리는 부족, 국가, 계급을 초월한 새로운 연대의 토대를 세워야 하지 않을까? 나는 그게 가능할지는 잘 모르겠다. 하지만 그렇게 하지 않으면, 인류는 핵전쟁으로 절멸할 것은 분명하다.

2부

무엇을 알 수 있는가?

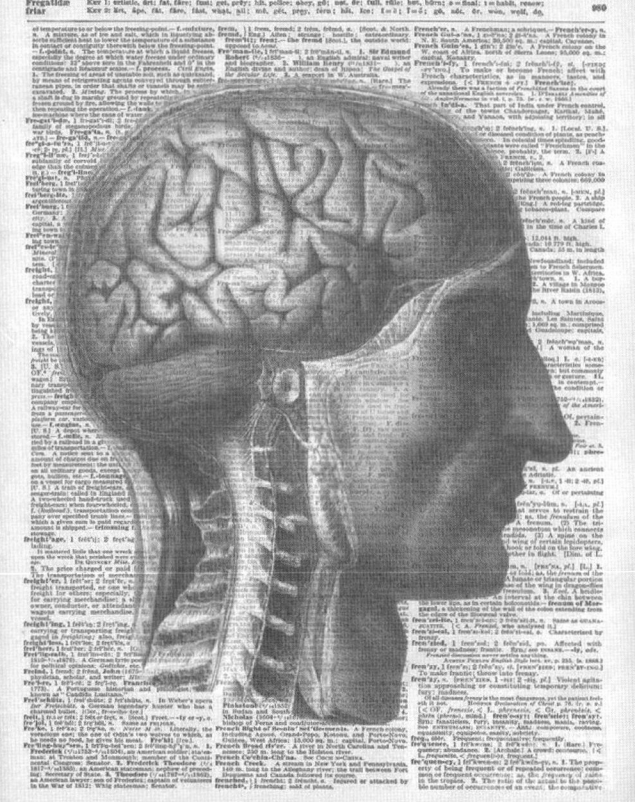

4

날고기를 먹는 사람들:
원시와 문명을 구분할 수 있는가?

로버트 플래허티, 〈북극의 나눅〉(1922)

때때로 당신은 거짓말을 해야 한다. 우리는 진정한 영혼을 잡기 위해서 종종 어떤 것을 왜곡해야만 한다.

- 로버트 J. 플래허티, 미국 다큐멘터리 영화 감독

다큐멘터리 영화의 창시자

마음이 훈훈해지는 영화를 좋아하는 사람에게 이 영화를 추천하고 싶다. 〈북극의 나눅〉(1922)은 유머가 가득한 영화이다. 미국 탐험가 로버트 플래허티Robert Flaherty가 만든 세계 최초의 다큐멘터리는 원주민 나눅의 가족 이야기를 소개한다. 눈으로 집(이글루)을 만들고 날고기를 먹는 삶 속에서 인간의 깊은 사랑과 우정을 느끼게 한다.

플래허티는 영화사에서 다큐멘터리 영화의 아버지이다. 그는 모험가였고 금광 개발자이자 작가였다. 1920년 플래허티는 인류학자처럼 참여적 관찰 방법을 활용하여 북극에 사는 한 원주민 가족의 삶

로버트 플래허티, 〈북극의 나눅〉(1922)

을 영상에 담았다.[1] 이 영화는 영상 인류학의 고전이자 철학적 영화로 볼 수 있다.

북극의 원주민을 가리키는 '에스키모'는 날고기를 먹는 사람이라는 의미를 가진다. 그러나 원주민들은 스스로 '이누이트'라고 부른다. 그들은 북극의 척박한 환경 속에서 서로 도우며 살아간다.

플래허티의 영화 초반에 원주민 나눅은 작은 배를 타고 나타난다. 보이지 않던 배 안에서 차례로 아이들이 나온다. 그의 부인도 나온다. 나눅은 두 명의 부인과 살고 있다. 놀랍게도 그들은 19세기 서양 선교사들이 한국에서 찍은 사진에 등장하는 우리 조상들과 비슷한 용모를 가졌다.

영화 속 주인공 나눅은 진짜 현지인이다. 그는 하늘에서 내린 눈으로 얼음 집을 만든다. 카메라는 조용히 그의 작업을 응시한다. 그러나 20세기 초반 카메라 기술은 이글루 내부 촬영이 불가능해 이글루를 반쪽만 만들었다고 한다. 나눅이 밤에 잘 때 옷을 벗고 가죽 이불 속으로 들어간다. 그 옆에 두 명의 부인과 나란히 눕는다. 그리고 커다란 동물 가죽을 모두의 몸에 덮는다.

나눅은 아들에게 사냥을 가르친다. 차가운 손을 따뜻하게 비벼준다. 입김도 불어 넣는다. 사랑스러운 장면이다. 나눅은 2명의 동료들과 함께 용감하게 바다코끼리 사냥에 나선다. 작살을 꽂아 거대한 바다코끼리와 한참 힘을 겨룬다. 힘겨운 싸움 끝에 마침내 사냥에 성공한다.

플래허티의 영화가 처음 세상에 선보이자 찬사가 쏟아졌다. 박스오피스에서도 평론가의 글에서도 호평이 쏟아졌다. 플래허티는 유명 인사가 되었다. 그런데 영화의 주인공 나눅의 삶은 어땠을까? 촬영 이후에도 예전대로 북극에서 살고 있었던 나눅은 식량을 구하지 못해 안타깝게도 목숨을 잃고 말았다. 영화 속 나눅의 웃음이 그리워진다.

나는 집에 들어올 때마다 거실에 걸어 놓은 브라질 다큐멘터리 사진작가 세바스치앙 살가두^{Sebastiao Salgado}의 에스키모 사진을 바라본다. 하얀 설원 위에서 한 남자를 홀로 태운 눈썰매가 달린다. 살가두의 사진은 지구에 대한 연애편지이자 사라져가는 원주민에 바치는 존중의 마음을 담고 있다.

미국 인류학자 프란츠 보아스

원시 사회란 무엇인가?

1999년 나는 미국 뉴욕시 컬럼비아대학에 갔다. 맨해튼에 있는 대학 캠퍼스는 세계 최고의 언론사, 박물관, 미술관에 둘러싸여 있다. 유서 깊은 대학 도서관에는 수많은 장서가 꽂혀 있었고, 여기에는 중요한 학술자료가 가득했다. 이 가운데 미국의 초기 인류학 연구에 소중한 모노그래프 등 기록이 보관되어 있었다.

에스키모에 관한 본격적 연구를 시도한 사람은 미국 최초의 인류학 교수 프란츠 보아스Franz Boas이다. 그는 원래 독일에서 자라나 킬

대학에서 물리학과 지리학 연구로 박사학위를 받았다. 그 후 캐나다를 연구하면서 이누이트 부족의 삶에 큰 매력을 느꼈다. 베를린 대학에서 지리학을 가르치면서 이누이트 부족의 문화에 관한 연구와 강의를 계속했다.

1896년부터 보아스는 미국 자연사박물관 민속학 큐레이터와 대학 강사를 거치며 전통적 인류학의 통계 분석 대신 '참여적 관찰'이라는 새로운 연구방법을 제시했다. 1911년 보아스는 『원시인의 마음』을 출간했다.[2] 그는 당시 인종적 기준에 따라 서구인이 저개발 사회보다 우월하다는 생각을 거부하고 **문화적 상대주의**(cultural relativism)의 관점을 제시했다. 보아스는 에스키모 부족 사회에 대한 연구를 통해 '원시 사회'와 '문명사회'를 인위적으로 구분하는 것이 무용하다고 강조했다.

보아스의 연구는 미국의 인종주의 관점을 바꾸었다. 그의 연구는 인종을 구분하는 미국의 이민 정책을 반대하는 자료로 활용되기도 했다. 하지만 보아스의 책은 우생학을 신봉하는 독일 나치 당에 의해 소각되었다. 나치 당은 보아스의 독일 킬(Kiel) 대학교 박사학위 논문을 박탈했다.

세월이 흘러 20세기 프랑스 인류학자 클로드 레비스트로스는 브라질 상파울루대학 사회학과 교수로 재직하면서 아마존 밀림에 거주하는 부족 사회에 관한 연구를 소개했다. 그는 1955년 출간한 『슬픈 열대』에서 유럽 사람들이 구분하는 문명과 야만의 개념에 근본적 질문을 던졌다.[3]

레비스트로스는 유럽처럼 발명과 업적을 중시하는 사회를 '과열된 사회' 또는 '동적 사회'라고 보고, 종합적 재능과 인간의 교환 가능성이 반복적으로 지속되는 사회를 '냉각된 사회' 또는 '정적 사회'라고 보았다. 그는 신비스러운 조화의 구조를 가졌던 원시적 과거가 문명의 이름으로 이제 우리의 눈앞에서 사라지는 현실을 안타깝게 생각했다.

레비스트로스는 유럽의 과학기술 문명이 '문명화'라는 이름으로 부족 사회를 파괴하면서 유럽인들이 순수함을 잃고 있다고 지적했다. 문화적 다양성을 인정하지 않는 서양 문명의 독단적 사고방식과 다른 행동 양식을 가진 사회를 야만 사회라고 보는 관점이야말로 편견이라고 반박했다.

문화적 상대주의의 한계

인류학의 문화적 상대주의는 인간을 해석하는 상대성을 강조한다. 문화적 상대주의는 문화를 이해하는데 중요한 통찰을 제공하지만 완벽한 것은 아니다. 원시와 문명의 이분법을 부정하는 사고가 곧 인류의 진보가 아예 발생하지 않았다는 주장과 직결되는 것은 아니다.

17세기 이후 과학기술 분야에서 상당한 진보가 발생했다고 볼 수 있다. 물론 과학기술의 발전은 대량살상무기와 환경 파괴의 재앙을 만들었기에 온전한 진보로 볼 수는 없다. 역사의 진보는 언제나 의도하지 않는 결과에 직면한다. 때로는 역사의 퇴행이 일어나고 불연속적 방식으로 전개된다.

초기 인류학자들이 관심을 가진 부족 사회와 오늘날 우리가 살고 있는 산업 사회를 단순하게 비교하기는 어렵다. 부족 사회에서는 집단 내부의 결속과 협력이 중요하지만, 산업 사회에서는 고도의 노동 분업이 발생하면서 개인의 자율성과 집단의 목표와 조화가 필요하다. 부족 사회에서 이기주의를 억제하고 이타주의적 행동을 요구하는 데 비해 산업 사회에서는 이기주의를 상당 정도 허용한다. 물론 모든 사회에서 일정한 수준의 이타주의를 강조하지만, 그 수준은 매우 다르다.

대부분 인류학자는 **'자민족 중심주의'**(ethnocentrism)를 거부하면서 한 사회의 가치로 다른 사회를 판단하지 않아야 한다고 강조한다. 그러나 어느 사회나 일정한 가치 판단의 기준을 가지고 있다. 우리는 다른 사회를 비교할 때 서열을 매기고 우열을 구분하는 것 말고 다른 사회를 존중해야 하지만, 다른 문화에 대한 가치 판단 자체를 회피할 수는 없다. 예를 들어, 유럽 문명의 식민주의, 노예제, 환경 파괴, 핵 개발을 긍정적으로 평가할 수는 없다. 아프가니스탄의 여성 학대, 인권 유린, 다른 종교에 대한 억압은 많은 비판을 받는다. 다른 문화에 대한 가치 판단은 여전히 중요한 문제이다.

자민족 중심주의를 넘어

문화를 이해하는 상대주의적 시각은 현대 인류학자의 전유물이 아니라 오랜 인류 역사에서 등장한다. 고대 그리스의 소크라테스 이전의 소피스트들과 고대 중국 노자와 장자의 철학, 고대 인도의 불교 역시 상대주의적 관점을 담고 있다. 이런 사고는 플라톤 이래 서양 철학과 중세 기독교, 17세기 이래 철학적 계몽주의 운동의 객관적, 보편적 시각과는 대조된다.

19세기 독일 철학자 프리드리히 니체는 인간의 이성을 강조하는 계몽주의에 반기를 들었다. 그는 보편주의 관점을 거부하고, 모든 것은 해석에 종속된다고 주장했다. 일정한 시대를 지배하는 모든 해석은 진리가 아니라 권력의 기능에 의해 결정된다고 주장했다.[4] 니체의 주장은 20세기 초반 이후 문학, 미술, 음악, 무용 등 개인의 주관을 강조하는 관점에 유행처럼 퍼졌고, 많은 예술가와 지식인들을 사로잡았다. 사회에 관한 연구에서 과학적 객관성을 추구했던 학문도 새로운 의문에 부딪혔다.

니체의 철학적 주장은 사회학에서도 막스 베버와 게오르그 짐멜에게 영향을 미쳤다. 20세기의 지적 세계는 상대주의의 심각한 도전에 직면했다. 20세기 후반 프랑스 철학자 미셸 푸코는 니체의 철학적 주장을 역사적 연구에 적용했다. 니체가 말한 '신의 죽음'은 '인간의 죽음'을 초래했다. 계몽주의 철학이 이성으로 신을 대체했지만, 결국 이성도 신처럼 인간이 만들어낸 신기루에 불과하다.

푸코에 따르면, 일시적인 순간에만 존재하는 사고가 있는 반면에 오랜 세월 동안 존재하는 사고도 있다. 우리는 시간을 초월하는 보편적 진리가 아니라 일시적으로 나타났다 사라지는 조건 명제들의 배열만 볼 수 있다. 푸코는 지식의 보편적 성격에 대해 의심하는 특정한 시간에 모두 동일한 방법으로 사고하는 것을 포기해야 한다고 주장했다. 현대 철학이 탐구하는 인간은 영원한 존재가 아니라 19세기 유럽의 '**에피스테메**'(episteme, 앎의 장소)에 의해 만들어진 것이다.[5]

에피스테메 자체가 붕괴한다면 민속학과 정신분석학은 더는 인간에 대해 말할 수 없다. 우리는 에피스테메를 가능하게 만드는 구조를 탐구해야 한다. 푸코에 따르면, 정신병, 광기, 질병, 변태에 관한 규정은 모두 지식을 통제하는 권력이 만든 결과이다.

나는 지금도 미셸 푸코의 『광기의 역사』를 처음 읽던 시간을 기억한다. 추상적 논변을 넘어 역사적 사료를 증명하는 방식과 문학적인 글솜씨도 인상적이었다. 박사학위 논문이라고 믿어지지 않을 정도로 조숙한 천재의 모습을 보여주었다. 동시에 스스로 정신질환으로 고통을 겪던 자신의 고통을 학문적으로 승화한 의지력은 감탄할 만했다. 내가 속한 세대를 지배한 것은 실존주의와 마르크스주의이었는데, 푸코의 책을 읽으면서 나는 벗어날 수 있었다.

푸코는 칼레주 드 프랑스 교수가 된 이후에도 언제나 비판 정신을 간직하고 쉬지 않고 현실 참여의 목소리를 낸 것으로도 유명하다. 푸코는 지식인을 '보편적 지식인'과 '국지적 지식인'으로 구분했다. 볼테르Voltaire와 장폴 사르트르와 같이 보편적 가치와 도덕적 양심을 강조하는 사람은 보편적 지식인으로 볼 수 있다. 반면에 J. 로버트 오펜하이머처럼 자신의 지식이 만든 결과에 고뇌하는 사람은 국지적 지식인이다.

푸코는 대학교수이지만 사회운동가처럼 GIP(감옥정보집단)을 만들었다. 국지적 활동의 일환이었다. 이 작업을 통해 1975년 『감시와 처벌』을 출간했다. 그는 감옥에서 죄수는 강제가 아니라 스스로 규율에 따른다고 주장했다.

미셸 푸코는 제레미 벤담Jeremy Bentham이 고안한 파놉티콘을 주목했다. 그러나 실제로 영국에는 파놉티콘 형태의 감옥은 존재하지 않았다. 파놉티콘은 원래 공장이었다. 제레미 벤담의 동생 사뮤엘 벤담은 소수의 감독관이 많은 노동자를 감독할 수 있는 파놉티콘을 고안했다. 제레미 벤담은 동생의 아이디어가 감옥, 학교, 병원에서도 큰 효과를 볼 수 있다고 주장했다.

벤담의 파놉티콘은 푸코에게 커다란 영감을 주었다. 푸코는 파놉티콘이 현대 사회의 중요한 상징이라고 보았다. 막스 베버가 말한 외부에서 강제하는 권력이 아니라 인간 스스로 복종하는 권력 효과에 주목했다. 푸코는 노동의 소외와 착취보다 인간의 자발적 예속에 더 주목했다.

푸코는 한때 공산당원이었지만 마르크스주의 교리에서 벗어났고 총체적인 사회개혁에 관심을 두지 않았다. 하지만 감옥이 죄수를 가두는 곳이나 교화하는 시설이라는 인식을 거부하고 전혀 다르게 보도록 새로운 관점을 제기했다. 이를 통해 권력이 지식을 말하는 방법이 일종의 조작이라고 폭로한다. 이와 유사하게 프랑스 영화감독 장 뤽 고다르의 〈두 가지를 여섯 번〉(1976)도 텔레비전 인터뷰의 조작을 폭로하고 새로운 질문을 던진다. 고다르의 영화는 푸코의 질문을 만난다.

구조주의 이후

미셸 푸코의 문제 제기는 매혹적이지만 19세기 독일 철학자 프리드리히 니체와 같은 급진적 상대주의의 문제점에 직면한다. 만약 모든 것이 상대적이라면 자신의 주장은 어떻게 절대적일 수 있을까? 만약 푸코의 주장대로 모든 명제가 역사적인 구속성을 갖고 있다면, 우리가 할 수 있는 유일한 선택은 단지 그러한 명제 모두를 버리는 것일까? 지적 상대주의는 인간의 지성은 지적인 진공 상태를 만들 수 있지 않을까?

구조주의가 지성계를 휩쓸고 지나고 난 자리에 새로운 포스트구조주의가 등장했는데, 프랑스 철학자 자크 데리다가 대표적이다. 그의 책은 매우 두껍고 철학자조차 읽은 사람이 드물지만, 그는 20세기의 가장 논쟁적인 철학자였다.

자크 데리다는 구조주의가 주목했던 구조의 존재 자체를 부인한다. 그에 따르면, **텍스트**(text)는 항상 변화하고 잠정적 의미만 갖는다. 모든 텍스트는 완결된 구성체가 아니라 다양한 해석을 가능하게 하고, **기호**(sign)나 의미화는 오직 우연적 관계를 가질 뿐이다.[6] 데리다는 서구 형이상학 전체를 비판했으며 철학계의 커다란 논쟁을 유발했다.

1992년 내가 케임브리지대학 대학원에서 공부할 때 자크 데리다의 명예박사학위 수여를 둘러싸고 공방이 벌어졌다. 영국의 철학계는 루트비히 비트겐슈타인**Ludwig Wittgenstein** 이후 분석철학이 지배했기 때문에 데리다를 아예 철학자로 간주하지도 않았다. 문학 비평과 영화학에서 커다란 영향력을 가진 데리다는 영문과 교수들의 지지를 받았다. 하지만 베리 스미스 등 영국 철학자 18명은 공개적으로 영국 유력 일간지 〈타임즈〉에 반대 이유를 게재했다.

결국 '데리다 문제'는 케임브리지대학 전체 회의로 넘겨졌고, 찬반 투표(336표 대 204표)를 거쳐 가까스로 결정되었다. 데리다의 공개 강연을 듣기 위해 젊은 대학생들이 강의실을 가득 메웠다. 나도 데리다의 열띤 발표를 들었던 기억이 난다.

새로운 인식론

20세기는 고전물리학 대신 양자역학이 새로운 과학 패러다임이 된 것처럼 철학에서도 전통적 형이상학이 무너지고 다양한 상대주의의 영향이 커진 시대이다. 한편 전통적 인식론과 상대주의적 관점의 타협과 조화를 추구하는 지적 시도도 이루어졌다.

독일 철학자 한스게오르그 가다머Hans-Georg Gadamer가 진리는 사회의 구성원들이 함께 보유한 '전통' 또는 '**공통감각**'(상식)을 통해서 이해된다고 주장했다.[7] 서로 다른 사회는 각각 독특한 역사적 경로를 가질 뿐이다. 실제로 인간의 행동에 관한 지식은 사회의 역사적 토대와 밀접한 관련이 있다.

이런 사고는 '이상적 담화 상황'을 강조한 독일 사회학자 위르겐 하버마스의 저작에도 나타난다.[8] 하버마스는 에드문트 후설Edmund Husserl의 '**상호 주체성**'의 개념을 활용하여 다양한 주체들이 사회에서 의사소통을 통해 보편적 진리로 접근하는 방법을 제안했다. 이런 관점에서 진리는 고정된 실체가 아니라 사회 속에서 발견해 가는 과정이다. '공론장'에서 다양한 소통이 이루어지는 과정에서 우리는 진리에 가까이 다가갈 수 있다.

나는 1990년대 대학원 학생 시절 위르겐 하버마스의 강연을 들은 적이 있다. 그날 나는 두 가지 사실로 매우 놀랐다. 하버마스는 영어로 강연했는데 매우 알아듣기 힘들었다. 그는 선천적으로 입술이 갈라져 있는 장애를 가졌고 구개열 수술을 받았다. 위대한 학자가 왜 이토록 의사소통에 관심을 가지게 되었는지 생각할 기회를 가졌다.

동시에 그날 엄청난 규모의 청중이 모였다는 점에도 나는 놀랐다.

강연이 끝난 후 많은 사람이 책을 들고 가 서명받기 위해 줄을 섰다. 그의 책은 매우 어렵기로 유명한데, 이토록 많은 청중이 모인 이유에 대해 곰곰이 생각해 보았다.

하버마스는 상아탑에만 머무른 학자가 아니었다. 그는 1968년 학생운동의 절정기에 프랑크푸르트대학에서 대학생들이 테오도어 아도르노의 사회학 강의를 방해한 사건에 분노하여 '좌익 파시즘'이라고 비판했다. 그는 독일의 과거사에 대해서도 용기 있게 발언했다. 9.11 테러 이후 '테러리즘의 시대'에는 다른 문화에 대한 관용과 화해를 강조했다. 1929년생인 하버마스는 올해 96세이지만, 여전히 유럽의 최고 지식인이라는 평가를 받고 있다.

생명의 나무

상대주의의 도전에도 불구하고 사회학은 언제나 사회 현상 이면에 있는 진실에 가까이 다가가려고 노력한다. 그러나 이론이 없다면 사회 현상을 제대로 파악할 수 없다. 괴테Johann Wolfgang von Goethe는 "모든 이론은 회색이고, 오직 영원한 것은 저 푸른 생명의 나무"라고 말했지만, 모든 이론을 버리라고 말하지는 않았다.

지적 상대주의가 보편적 진리에 도달하는 것이 불가능하다고 주장하면서 아무것도 믿을 수 없게 만드는 회의주의로 귀결된다면 세계에 대한 인식을 개인적 차원으로 축소하면서 보편적 지식에 도달하는 것을 스스로 거부하는 오류에 빠질 수 있다. 다른 문화를 이해할 때 자민족중심주의 대신 상대방의 관점에서 이해하려는 시도는 인식의 지평을 넓힐 수 있다. 하지만 누구도 진리에 도달할 수 없다는 극단적 상대주의는 학문과 진리의 토대를 무너뜨린다.

사회학은 절대 진리를 발견했다고 강변하고 독단에 빠지지 않으면서 가능한 진리를 탐구하려고 시도한다. 그래서 우리는 영화에 의해 전달된 내용만이 아니라 시대적 배경, 사회적 관계, 말하는 사람의 배경과 의도를 가능한 한 면밀하게 관찰하고 분석하려고 한다. 이를 무시한 채 영화를 본다면 프로파간다(propaganda)를 자발적으로 수용하는 것과 같다.

영화를 이해할 때도 마찬가지이다. 영화의 주제와 제작 방법, 스타일만 파악하지 않고, 영화의 의미를 탐구해야 한다. 만약 영화 평론가가 영화의 줄거리와 제작 기법만 잔뜩 소개한다면 독자와 관객과 제대로 소통할 수 없다. 우리는 영화 이면에 있는 **사회적 의미**를 말해야 한다. 이 과정을 통해 우리는 개인과 사회에 대한 성찰의 기회를 가질 수 있다.

모든 영화가 다큐멘터리는 아니다. 영화는 사실을 의도적으로 축소하거나 과장하고 때로는 왜곡하기도 한다. 그러나 우리는 영화 속에서 진실이 사라졌을 때, 특히 약자의 권리를 짓밟고 정의를 부정할 때 불쾌감을 느낀다. 어떤 반증을 발견할 수 없는 경우에도 우리는 옳은 것과 옳지 못한 것에 대한 심리적 반응을 표현할 수 있다. 이런 점에서 도덕적 판단과 무관하게 예술적 표현의 자유가 무제한적으로 허용되어야 하는지에 대한 문제를 제기할 수 있다.

물론 우리의 관찰이 완벽한 진실을 모두 보여주지 않는 경우도 있다. 때로 기억이 정확하지 않을 수 있다. 심지어 의도적으로 사실을 왜곡하기도 한다. 그래서 학자들은 좀 더 그럴듯한 설명을 통해 상대방이 서로 제시한 해석의 문제점을 지적하고 진실에 가까운 설명

제이미 유이스^{Jamie Uys}, 〈부시맨〉(1980)

을 시도하려는 노력을 멈추지 않는다. 이러한 과정은 사회에 관한 연구뿐 아니라 예술의 창작에서도 그대로 나타난다.

제이미 유이스 감독의 〈부시맨〉(1980)은 아프리카 칼라하리 사막에서 수렵 채집 생활을 하던 부시맨이라는 소수 민족이 비행기에서 떨어진 콜라병을 발견하는 장면에서 시작된다. 이 영화는 조작된 다큐멘터리 형식을 활용해 '부시맨의 시각'으로 서구인의 문화적 차이를 코미디처럼 유쾌하게 보여준다.

그러나 존 마셜 감독의 〈나이, 쿵 여인의 이야기〉(1980)은 전혀 다른 이야기를 전해준다. 이는 인류학적 민족지 영화로 볼 수 있다. 부시맨은 강제 보호구역에서 불행한 삶을 살아간다. 벌거벗은 몸이 아니라 서구식 옷을 입고 있다. 그들의 마을에 화폐 경제가 침투했다. 굶주림과 질병에 시달린다. 부족 사람들끼리의 싸움이 벌어지기도 한다. 같은 해 같은 주제를 찍은 영화지만 전혀 다른 모습을 보여준다. 어떤 영화가 진정한 부시맨의 모습일까?

에스키모의 삶을 보여주는 로버트 플래허티의 〈북극의 나눅〉은 다큐멘터리 영화를 넘어서 참여 관찰을 통한 인류학적 민속지(에스노그래피, ethnography)로 볼 수 있다. 물론 그의 영화도 있는 그대로 현실을 보여주는 것은 아니다. 그 자신만의 시각으로 이야기를 만든 것이며, 때로는 감독으로서 영상을 연출한 것이다. 하지만 우리는 그의 영화를 통해 인류학적 영화의 가능성을 볼 수 있다. 현명하게도 20세기 최고의 인류학자 클로드 레비스트로스는 "영화는 인류학 연구의 새로운 방법이 될 수 있을 것이다"라고 말했다.

5

사회의 심층 논리와 구조주의:
눈에 보이는 것을 믿지 마라

존 포드, 〈수색자〉(1979)

마이클 치미노, 〈디어 헌터〉(1978)

박찬욱, 〈동조자〉(2024)

기본 원리를 안다면 누구나 영화를 만들 수 있다.

– 존 포드, 미국 영화감독

신화의 구조

1960년대 서구 지성계를 강타한 구조주의(structuralism)는 사실 지리적으로 보면 중부 유럽에서 시작되었다. 구조주의 창시자로 꼽히는 언어학자 페르디낭 드 소쉬르^{Ferdinand de Saussure}는 스위스 출신이고, 20세기 언어학을 뒤흔든 로만 야콥슨^{Roman Jakobson}은 러시아 출신이지만 체코 프라하에서 언어학을 공부했다. 하지만 중요한 구조주의 사상가들은 모두 프랑스 학자였다. 사회학을 창시한 에밀 뒤르켐의 영향과 무관하지 않을 것이다.

구조주의 사상가 가운데 인류학자 클로드 레비스트로스가 가장 유명하다. 그는 2차 세계대전 직전 대서양을 건너 브라질 상파울루 대학 사회학과에 교수로 재직했다. 그는 아마존 밀림을 찾아갔다. 인류학의 방법을 통해 부족 사회를 관찰했다. 그리고 『슬픈 열대』를 썼다.

2차 세계대전이 벌어지고 독일이 프랑스를 점령하자 레비스트로스는 고국에 돌아갈 수 없었다. 그는 유대인이었다. 레비스트로스는 미국 뉴욕 맨하탄에 세워진 작은 대학 뉴스쿨(New School for Social Research)에서 로만 야콥슨을 만났다. 야콥슨의 구조주의 언어학에 크게 감명을 받은 레비스트로스는 구조주의를 활용해 친족과 신화를 분석했다.

레비스트로스는 야콥슨이 언어의 '**이항대립**'이 존재한다고 분석한 것처럼, 인간의 문화도 이항대립의 구조를 가진다고 보았다.[1] 예를 들어 아내가 없으면 남편이 없고, 조카가 없으면 삼촌이 있을 수 없다.

레비스트로스는 집단 내부의 타협할 수 없는 차이로 인해 신화가 탄생했다고 보았다. 인간 사회의 신화에서 각 요소는 다른 요소와 관계를 통해 새로운 의미를 만든다. 우리나라 단군 신화의 태백산과 신단수는 하늘과 땅을 연결한다. 쑥과 마늘은 곰을 인간이 되도록 만든 매개물이다. 결국 인간은 하늘과 땅, 즉 신성과 동물의 성질이 결합한 것으로 본다.

레비스트로스는 친족, 신화 연구뿐 아니라 철학과 사회학에 커다란 영향을 미쳤다. 레비스트로스는 진리는 외관이 아니라 그 이면의 심층에 존재한다고 믿었다. 그는 "**외관은 언제나 믿을 수 없다**"라고 단언했다. 우리가 세포를 관찰하기 위해 현미경이라는 도구가 필요하고, 천체를 관측하기 위해 망원경이 필요하듯이 심층을 보기 위해 이론이 필요하다고 본 것이다.

숨겨진 구조적 특징

파리 5구에 있는 고등사범학교(École Normale Supérieure: ENS)는 프랑스 최고 교육기관으로 학계의 주요 인사를 배출했다. 프랑스 대표 지식인 에밀 뒤르켐, 장폴 사르트르, 시몬 드 보부아르Simone de Beauvoir, 미셸 푸코, 자크 데리다, 피에르 부르디외가 모두 여기 출신이다. 폐쇄적 엘리트주의의 산실이라는 비판을 받기도 하지만 급진적 좌파 지식인을 배출한 것으로도 유명하다.

프랑스 철학자 루이 알튀세르Louis Althusser는 고등사범학교 철학과 교수이자 프랑스 공산당의 열렬한 당원이었다. 그는 공산당 최고의 이론가였다. 알튀세르는 마르크스를 새롭게 해석했다. 그는 구조주의를 마르크스주의와 결합하여 자본주의를 분석했다.[2] 그는 텍스트의 분석에서 텍스트가 명시적으로 표현하는 것뿐 아니라, 텍스트가 누락하거나 또는 고의로 은폐한 것을 밝혀내야 한다고 생각했다. 표면 구조에서 빠져 있는 것을 찾아내 어떤 텍스트의 심층 구조적 특성을 이해해야 한다고 주장했다. 알튀세르는 이를 '**구조적 부재**'라고 불렀다.

사회는 표면적 외양에서 찾아볼 수 없는 심층의 숨겨진 차원의 영향에 의해 결정될 수 있다. 따라서 사회에 숨어 있는 징후를 이해해야 한다. 알튀세르는 이를 '**징후적 읽기**'라고 불렀다. 정신분석 이론에

롤랑 바르트

서 무의식이 우리의 의식적 사고와 행동에 영향을 미친다고 보는 것처럼, 숨겨진 징후는 공식적 담론에서 나타나지 않지만, 실제 담론에서 영향을 미친다.

구조주의 이론은 영화 비평에서도 앙드레 바쟁의 사실주의 영화에 대한 관점을 비판한다. 1950년대 프랑스 영화 비평 잡지 『카이에 뒤 시네마』(Cahier du cinema)를 이끈 앙드레 바쟁은 현실을 일상적으로 재현하는 리얼리즘(사실주의) 영화를 높이 평가했다.[3] 특히 로베르토 로셀리니, 루키노 비스콘티, 비토리오 데 시카의 이탈리아 네오리얼리스모(신사실주의) 영화를 중요한 예술 형식으로 강조했다. 그러나 구조주의 관점은 실제 현실을 그대로 드러내는 것만으로 영화가 의미를 획득하는 것은 아니라고 본다. 영화 비평은 영화의 숨겨진 구조, 의미, 맥락을 드러내야 한다.

영화의 텍스트 자체로만 영화의 독해가 완성될 수 없다. 영화의 텍스트 이면에 있는 의미를 해석해야 한다. 이 과정에서 텍스트를 해석하는 저자의 독점적 권위는 사라진다. 프랑스 문학 비평가 롤랑 바르트Roland Barthes의 '**저자의 죽음**'이라는 표현처럼 영화의 해석은 전적으로 관객에 달려있다.

롤랑 바르트는 구조주의적 관점 자체에 이의를 제기했다. 바르트는 지속적으로 실재가 숨겨져 있다는 생각을 거부했다. '이항대립'이라는 사고 자체를 부정한다. 표면과 심층을 구분하는 사고 자체가 세상에 대한 오해를 불러일으킬 수 있다고 보았다. 바르트의 담론은 형식을 잘 이해하기 위해서는 내용을 거부할 수도 있다고 본다. 이런 의미에서 바르트의 지적 작업은 유희적이고 심미적이고 해방적 성격을 가진다. 그는 멈추지 않고 개인적인 것을 긍정하고 전복적 행위를 부추기고 인간의 자유로움을 추구한다.

서부극의 심층 구조

2022년 나는 미국 로스앤젤레스에 있는 동안 캘리포니아, 네바다, 아리조나, 유타 주를 여행하면서 서부 영화의 전설적인 장면을 볼 수 있었다. 애리조나주와 유타주에 걸쳐 있는 모하비 사막의 모뉴먼트 밸리에는 태양이 만든 듯한 거대한 단일 뷰트(탁자 모양의 암석)와 메사(성채 모양의 암석), 뾰족한 사암이 펼쳐진다.

대표적 서부극 영화감독이자 할리우드의 전설인 존 포드는 모뉴먼트 밸리를 보자마자 곧 첫사랑처럼 매력에 빠졌다. 무려 10개의 서부 영화 촬영지로 사용했다. 영화 〈역마차〉(1939)를 보면 흑백의 계곡을 지나 빠르게 질주하는 흥분이 느껴진다. 2차 세계대전 이후 제

존 포드 John Ford, 〈수색자〉(1957)

작된 〈수색자〉(1956)는 테크니컬러 기술(총천연색 색채 영화 방식)을 활용하여 붉은 사암, 하얀 구름, 파란 하늘을 스크린에 화려하게 담아냈다.

존 포드의 〈수색자〉는 일반적인 서부극과 달리 매우 복잡한 구조를 담고 있는데, 영화 속에 '숨겨진 구조적 특징'을 발견할 수 있다. 영화 속 주인공의 인종, 민족, 정체성의 차이가 나타난다. 원주민 혈통을 가졌지만 백인 가정에 입양한 마틴과 백인 가정의 딸로 태어난 데비 사이의 혈통과 입양에 의한 친족 관계가 대비된다. 이는 레비스트로스의 친족에 관한 분석을 연상시킨다.

원주민 혈통을 가진 마틴은 입양 후 백인에 동화되어 살고 있지만, 데비는 원주민 추장과 결혼했음에도 불구하고, 원주민 가족으로 간주되지 않는다. 〈수색자〉는 백인 가족과 원주민 가족이 동등한 성격을 갖는다고 보지 않는다. 마틴은 백인과 마찬가지로 잃어버린 가족을 찾아나선다. 반면 원주민 부족에 끌려간 백인들은 모두 미친 사람이 된다. 이는 백인이 결코 원주민에 동화될 수 없다는 가정을 보여준다.

영화 〈수색자〉는 표면적으로는 백인과 원주민의 이야기를 다루고 있지만, 심층적으로는 흑인과 백인의 인종 관계가 담겨 있다. 이것은 알튀세르가 말한 '구조적 부재'로 볼 수 있다. 영화가 제작될 당시 1954년 대법원이 흑백 학생 분리가 위헌이라는 판결을 내렸다. 당시에 인종 분리는 미국의 뜨거운 이슈였다.

〈수색자〉의 주인공 이선(존 웨인)의 입장은 흑백의 동등한 권리에 반대하는 입장을 상징한다. 하지만 이선은 남부 백인의 인종차별주의를 대변하는 동시에, 조카를 찾기 위해 강한 신념을 갖고 행동하는 영웅적인 모습을 보여준다. 이선은 모순적 인물인데, 이는 바로 미국 백인이 인종을 바라보는 관점을 드러낸다.

눈에 보이지 않는 것을 알 수 있을까?

할리우드의 베트남 전쟁을 다루는 방식에서도 인종주의 또는 에드워드 사이드가 분석한 '**오리엔탈리즘**'(Orientalism)이 드러난다. 오리엔탈리즘은 서구의 관점으로 동양을 바라보고 해석하는 관점을 가리킨다. 사이드는 유럽 문학 작품에서 어떻게 아랍인이 어리석고 수동적이고 열등한 존재로 보이는지 분석했다. 미셸 푸코의 '담론 분석'을 활용해 서구인 관점에 감춰진 왜곡된 시각을 비판했다.

미국에서 가장 인기 없는 전쟁이었던 베트남 전쟁이 상업 영화로 인기를 얻은 사실은 매우 역설적이다. 왜 이런 일이 일어났을까? 할리우드가 만든 베트남 전쟁에 관한 영화는 베트남 전쟁의 본질인 제국의 침략과 저항 대신 철저히 미국인의 시각을 중요시한다. 할리우

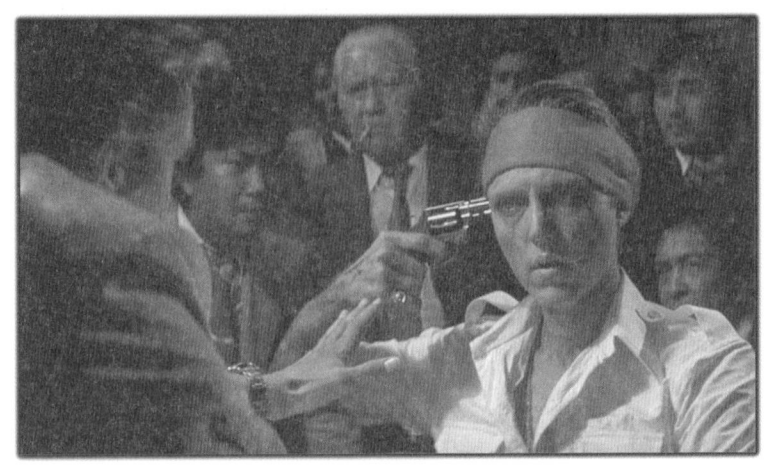

마이클 치미노, 〈디어 헌터〉(1978)

드 영화에서 중요한 것은 전쟁의 진실이 아니다. 중요한 문제는 권력이다.

권력에 관한 미셸 푸코의 관점을 활용하면, 베트남 전쟁에 관한 영화는 할리우드의 우월한 권력을 과시하는 경우가 많다. 프랜시스 포드 코폴라의 〈지옥의 묵시록〉(1979)에서 쿠르츠는 원주민 위에 있는 백인 식민주의자로 등장했고, 반대로 마이클 치미노의 〈디어 헌터〉(1978)에서 스티븐은 베트남인들에게 상처받은 영혼으로 등장한다. 이 영화에서 원주민은 대상화되고, 배제되고, 심지어 억압되고, 왜곡되고, 은폐된 존재로 재현된다. 백인과 원주민은 상이한 **'구조적 위치'**를 갖고 있다.

박찬욱의 〈동조자〉(2024)는 할리우드 영화의 시각에서 벗어나 베트남 전쟁의 본질을 파헤친다. 비엣 타인 응우옌의 소설 『동조자』(2016)가 원작인 이 영화의 주인공은 프랑스인 아버지와 베트남인 어머니에서 태어난 인물이다. "나는 스파이, 고정간첩, CIA 비밀요원,

두 얼굴의 남자입니다. 아마 그리 놀랄 일도 아니겠지만, 두 마음의 남자이기도 합니다." 그는 '모순적인 구조적 위치'를 가지고 있다. 미국과 베트남 어디에도 속하지 못한 주인공의 혼란스러운 삶은 단순한 전쟁 영화와 스파이 소설이 아니라 깊은 철학적 메시지를 던진다.

박찬욱의 영화는 훌륭하다. 미국 CIA 간부, UCLA 교수, 할리우드 영화감독, 하원의원 역할을 한 로버트 다우니 주니어의 1인 4역도 매혹적이다. 〈닥터 스트레인지 러브〉의 피터 셀러스를 떠오르게 한다.

응우옌은 베트남에서 태어났는데 전쟁 후 5살 나이에 미국으로 건너간 후 현재 남캘리포니아대학(USC)에서 영문학을 가르치고 있다. 나는 응우옌의 소설에 담긴 문학적 스타일과 박학다식은 퓰리처 수상작이라는 명예가 당연하다고 생각했다. 그의 글은 지적이면서 날카롭고 사회학적 상상력이 가득하다.

서부극과 SF 영화의 구조적 유사성

조지 루카스George Lucas의 〈스타워즈〉는 캘리포니아주 데스 밸리에서 촬영했다. 카지노 도시 라스베이거스에서 벗어나면 아무런 생명이 없는 사막이 펼쳐진다. 우주의 낯선 행성의 황량한 모습을 떠오르게 한다. 이곳은 여러 서부극의 촬영지이기도 했다.

흥미롭게도 〈스타워즈〉는 1970년대 할리우드 영화의 흐름을 서부극에서 SF 영화로 바꾸어놓은 대표작이다. 촬영지가 같은 것처럼 영화의 '서사 구조'도 비슷했다. 구조주의적 관점에서 보면, 서부극 〈쉐인〉(1953)과 SF 영화 〈스타워즈〉(1977)의 구조는 매우 유사하다.

영화 속 세상은 선과 악의 이분법으로 나뉘고 항상 영웅은 고독하며 백인이다. 그리고 악당은 외부인이다. 백인은 선한 사람이고 이질적 종족과 민족은 악한 사람이 된다. 다만 서부 영화의 악당은 원주민이지만 SF 영화의 악당은 아무리 죽여도 비판받을 일 없는 우주인이다.

20세기 〈스타워즈〉에서 흥미로운 건 악역의 우주인이 소련식 군복을 입고 있거나 일본 사무라이들의 투구 같은 마스크를 쓰고 있다는 점이다. 악인의 모습은 냉전 시대에 소련에 대한 반감과 미국에 진출하고 있는 일본 기업에 대한 미국인의 숨겨진 부정적 감정을 드러낸 것이라고 볼 수 있다. 드니 빌뇌브의 영화 〈듄〉(2021)에서 신비한 자원 스파이스를 차지하기 위해 메마른 사막 행성을 차지하려는 우주 전쟁은 명백하게 이라크 전쟁과 아프가니스탄 전쟁의 은유로 볼 수 있다.

서부극과 SF 영화의 비교는 시대의 변화에도 불구하고 사람들의 인식이 크게 달라지지 않았음을 보여준다. 어쩌면 인류 문명의 고전인 『구약』, 『일리아드』, 『삼국지』의 구조도 상당한 유사성을 가지고 있다고 볼 수 있다. 세상이 이야기로 만들어졌다면 그 안에 숨겨진 구조를 알아야 한다. 그렇다. 우리는 눈에 보이지 않는 것을 보아야 한다. 눈에 보이지 않는 것이 더 중요한 경우가 많다.

6

신화와 페미니즘: 숨겨진 구조를 찾아라

게리 마셜, 〈프리티 우먼〉(1990)

리들리 스콧, 〈에이리언〉(1979)

김도영, 〈82년생 김지영〉(2019)

> 세상엔 보이는 것과 보이지 않는 것이 있다. 보이는 것만 찍으면, 당신은 텔레비전 영화를 만들 뿐이다.
>
> — 장 뤽 고다르, 프랑스 영화감독

개인의 욕망은 타인의 욕망

내 의식은 내가 만든 것일까? 나는 왜 이런 생각을 하는 걸까? 프랑스 정신분석학자 자크 라캉은 구조주의의 관점에서 무의식을 설명한다. "정신과 의사나 임상심리사는 환자가 하는 말에 주의를 기울이지만, 정신분석가는 환자가 말하지 않은 것에 관심을 갖는다."[1] 자크 라캉Jacques Lacan의 정신분석학의 출발점을 보여준다.

라캉은 프로이트가 설명한 **무의식**이 그 자체로 의미를 가진 요소들로 구성되었다고 보지 않는다. 프로이트가 인간의 정신을 이드, 자아, 초자아로 구분한 것처럼 라캉은 인간의 현실을 상상계, 상징계, 실제계로 분류한다. 상상계는 거울을 보는 아이처럼 이미지를 자신과 동일시한다. 이는 일종의 환상이다. 상징계는 말 그대로 현실적 영역이다. 상상계의 반대편에 상징계가 존재한다.

개인의 '**욕망**'이 상징계에서 충족할 수 없을 때 실제계가 등장한다. 실제계는 아주 역설적 개념인데, 현실의 토대가 되는 동시에 현실을 파괴한다. 이런 점에서 실제계는 존재하지 않는 텅 빈 것과 같다. 욕망은 계속 변화하고 영원히 충족될 수 없기 때문이다. 사실 개인의 욕망 자체가 스스로 만든 것이 아니라 타자에 의해 만들어진 것이기 때문이다.

라캉에 따르면, 무의식적 욕망은 **환상**을 통해 나타나는데, 이는 개인적 체험으로 간주될 수 없으며, 문학, 영화, 텔레비전 등 대중매체를 통해 공적 영역에서 집단적 경험으로 나타날 수 있다. 이런 점에서 환상은 개인적인 동시에 사회적이며, 특수한 것 동시에 보편적인 것이다. 예를 들어, 오이디푸스 콤플렉스와 신데렐라 콤플렉스는 집단적 환상이다. 더 나은 세상이나 이데올로기도 일종의 환상이다.

무의식과 신화

구조주의적 비평은 영화에서 널리 활용된다. 1980년대 창간된 영국 영화 잡지 〈스크린〉이 대표적이다. 구조주의는 영화의 스토리텔링이 구조적 특성을 가진다고 본다. 예를 들어, 미국 영화감독 게리 마셜Garry Marshall의 〈프리티 우먼〉(1990)은 남자가 여자의 성격을 창조한다는 점에서 영국 극작가 조지 버나드 쇼의 연극 〈피그말리온〉

게리 마셜, 〈프리티 우먼(귀여운 여인)〉(1990)

의 **서사 구조**와 유사하다. 이 연극은 뮤지컬로 만들어졌다가 나중에 조지 큐커 감독에 의해 영화 〈마이 페어 레이디〉(1964)로 제작되었다. 비슷한 구조가 반복된다.

〈마이 페어 레이디〉에서 런던대학 언어학 교수인 헨리 히긴스(렉스 해리슨)가 거리에서 방황하는 하층 여인 일라이자 둘리틀(오드리 헵번)을 일정한 기간에 훈련시켜 세련된 귀부인으로 만든다. 이러한 플롯은 거슬러 가면 로마 시대 오비디우스의 『변신 이야기』에서 비롯되었다. 통속 영화와 고급 연극과 고대의 신화는 시간을 초월해 유사한 서사 구조를 보여준다.

한국에도 널리 알려진 미국의 로맨스 영화 〈프리티 우먼〉(1990)은 유머 작가 출신인 게리 마셜이 만들었다. 이 영화는 새로운 현대적 신화가 되었다. 영화의 주인공 비비안(줄리아 로버츠)이 로스앤젤레스 거리의 창녀에서 경마장에 가는 상류층 여인으로 변모한다.

비비안의 신분이 상승하는 계기는 세련된 의상을 입는 것이다. 부유한 투자자 에드워드(리처드 기어)가 돈을 지불한다. 그는 "오페라를 이해하는 사람이 인생을 알 수 있다"고 말한다. 오페라는 상류층을 증명하는 **상징 자본**(symbolic capital)이다. 난생처음 오페라를 보는 비비안은 눈물을 흘린다. 그 오페라는 파리의 고급 창녀 비올레타와 귀족 청년 알프레도의 사랑을 다룬 〈라 트라비아타〉이다.

〈마이 페어 레이디〉의 무대인 영국의 계급 사회에서 일라이자가 상류층 억양을 학습하는 것처럼, 〈프리티 우먼〉을 촬영한 미국의 소비 사회에서 비비안은 로스앤젤레스의 로데오 드라이브에서 구매한 패션 상품으로 지위 상승을 실현한다. 마치 부유한 남자가 유리 구두를 신을 수 있는 가난한 여자와 결혼한다는 점에서 신데렐라 신화와도 유사하다.

에드워드가 비비안을 선택한 것은 그녀의 아름다운 외모 때문이다. 이 영화는 남자와 여자의 결혼이 어떻게 이루어지는지 보여주는 동시에 여성에게 환상을 심어준다. 여자는 남자에 의해 자신의 외모를 평가받고 남자의 구혼에 의해 결혼할 수 있다는 서사 구조는 성 정치학과 페미니즘의 관점에서 비판할 수 있다. 이러한 로맨스 드라마는 남녀의 불평등과 성적 억압의 현실을 은폐한다.

프랑스 철학자 루이 알튀세르가 말한 **'징후적 읽기'**를 따르면, 성적 억압은 인간을 평등한 존재가 아니라 우열한 존재와 열등한 존재로 분류한다. 이런 점에서 〈프리티 우먼〉은 남녀의 성 역할, 즉 부유한 남자와 가난한 여자에 관한 현대적 신화를 창조했다. 이는 지금도 한국의 텔레비전 드라마에서 재벌 아들과 가난한 딸의 사랑 이야기에서도 동일한 서사 구조가 반복된다. 비록 순응적이고 나약한 여성성 대신 강한 자의식을 가진 여성이 등장하는 경우에도 대부분 〈프리티 우먼〉의 신화적 서사 구조가 다시 재현된다.

영화는 남성에게 돈을 많이 벌고 싶은 욕망을, 남보다 우월한 사람이 되고 싶은 환상을, 젊고 아름다운 여성과 성관계를 가지고 싶은 자극을 제공한다. 여성은 돈이 많은 남자를 만나고 싶은 욕망을, 자신이 의지하고 싶은 남자를 만나는 환상을, 부유한 남자와 성관계를 가지고 싶은 자극을 느끼게 한다. 〈프리티 우먼〉은 신데렐라 콤플렉스를 통해 자립적 여성상보다 의존적 여성상을 강요한다.

대부분의 로맨스 영화에서 남녀의 연애 관계는 불균형적이다. 여성은 남성보다 연애에 대해 더 관심을 가지며 남성에 의존적인 모습을 보인다. 여성은 감정적이고 남성의 애정을 갈망한다. 반면 남성은 냉정하고 독립적인 태도를 취한다. 남성들은 때로 여성을 제멋대로 지배하고 무책임하게 떠나기도 한다. 그러나 여성은 순종적이고 인내하고 끝까지 사랑을 기대한다. 신재효의 〈춘향전〉과 푸치니의 〈나비 부인〉에서도 그렇다. 이는 결혼을 통해 경제적 안정과 사회적 지위를 유지해야 하는 여성의 오랜 역사적 산물이 만든 '**감정 구조**'의 표현이다.

여성이 남성보다 경제적으로 취약하고 사회적으로 남성과의 결혼을 통해 사회적 인정을 받는 여성의 낮고 불안한 지위가 만든 감정적 유산이기도 하다. 이런 종류의 로맨스 영화에서 여자는 언제나 부유한 남자와 결혼하는 장면으로 끝난다. 그러면 우리는 영화 속의 숨겨진 구조를 폭로하면서 모두 무시하면 될까? 타인에 의해 만들어진 욕망은 허위 욕망이니 모두 거부해야 할까?

프랑스 인류학자 르네 지라르^{René Girard}는 우리의 욕망이 모두 궁극적으로 다른 사람의 욕망이 만든 결과라는 불편한 진실을 말한다.[2] **모방**은 인간의 본성이기 때문이다. 모방을 통해 인간은 새로운 것을 배우고 세대를 거쳐 지식을 전수한다. 모방을 통해 사회를 형성하고 동물적 본능을 넘어 사회적 정체성을 형성한다. 모방은 인간의 조건이다. 그러니 모든 욕망에서 벗어나기는 환상에 불과할 수 있다. 따라서 우리는 자신의 욕망에 그대로 굴복하는 대신 어떤 욕망을 추구해야 하는지 스스로 신중하게 성찰하고 주도적으로 결정해야 한다.

남성성의 신화

영화 속에도 드러나지 않은 남성의 신화가 존재한다. 범죄 세계를 다루는 〈대부〉(1972), 〈비열한 거리〉(2006), 〈영웅본색〉(1986)는 남성의 물리적 힘을 과시하는 '**숨겨진 구조**'로 읽을 수 있다. 자유주의 사회에서 폭력이 배제되고 범죄로 간주되면서 남성의 우월한 사회적 지위를 확인할 기회가 줄어들었기 때문이다.

〈택시 드라이버〉(1976)는 베트남 전쟁 참전 군인이 미국 사회에 돌아왔을 때 어떤 모습을 보여줄지 상상의 장면을 보여준다. 불면증에 시달리면서 무기력하게 택시를 몰다가 길거리의 어린 창녀 아이리스(조디 포스터)를 구하려는 트레비스(로버트 드니로)는 사회에 만연한 악을 처단하기로 결심한다.

한국에서도 〈친구〉(2001), 〈달콤한 인생〉(2005), 〈범죄와의 전쟁:

나쁜 놈들 전성시대〉(2012), 〈신세계〉(2013), 〈내부자들〉(2015), 〈범죄도시〉(2017) 등 조폭 영화와 범죄 영화의 지나친 폭력성은 잃어버린 우월한 남성성에 대한 향수로 볼 수 있다. 하지만 남성성의 신화는 부활하는 것이 아니라 영화 속에 박제화된다.

페미니즘의 새로운 서사

1990년대 이후 연애 관계의 '서사 구조'가 변화했다. 영국 영화감독 리들리 스콧$^{Ridley\ Scott}$ 감독의 〈델마와 루이스〉(1992)는 불과 2년 후에 만들어졌지만, 〈프리티 우먼〉(1990)과는 매우 다른 서사를 보여준다.

델마(지나 데이비스)와 루이스(수잔 서랜든)는 남편과 가사에서 해방되어 여행을 즐긴다. 평범한 여인들은 우연히 성폭행범을 살해한 후 경찰의 추격을 받는다. 멕시코로 도주하던 중 경찰을 가두고 성희롱하던 남자의 차를 폭파한다. 델마와 루이스는 남자에 의해 지위 상승을 꿈꾸는 신데렐라 콤플렉스를 거부한다. 이 영화는 대표적 페미니즘 영화로 평가받는다.

리들리 스콧의 〈에이리언〉(1979)도 강간과 원치 않는 임신과 출산에 대한 은유를 통해 여성 신체의 자기 결정권과 낙태의 자유를 옹호하는 페미니즘의 관점을 보여준다.[3] 여성의 주체성을 보여주며 남성의 사랑을 받는 수동적 존재를 거부한다. 권위에 불복하고 남성의 도움을 받지 않는 여성을 표현하는 서사 구조를 통해 페미니즘의 철학을 전달한다. 이런 점에서 '원조 페미니즘 영화'라는 호칭을 얻기도 했다.

리들리 스콧, 〈에이리언〉(1979)

여성의 억압이 있는 곳에 여성 해방의 목소리가 터져 나왔다. 사라 가브론의 〈서프러제트〉(2016)은 20세기 초 영국에서 여성 투표권을 주장하며 거리에서 투쟁하는 여성의 이야기를 영화에 담았다. 고대 그리스와 로마에서도 혁명 후 미국과 프랑스에서도 여성은 참정권이 없었다. 정치적 권리가 없다면 노예와 다를 바 없다고 분노한 여성 운동가의 투쟁과 삶을 다루었다. 에밀린 팽크허스트(메릴 스트립)의 자서전을 영화로 만들었다.

하지만 보통선거권도 대학 진학도 여성의 취업도 남녀평등을 이루지는 못했다. 2017년에는 '미투 운동'이 터져 나왔다. 할리우드의 유명한 영화 제작자 하비 와인스틴의 성 추문을 폭로하고 비판하는 해시태그(#MeToo)를 다는 것이 사회운동이 되었다. 해시태그 운동은 성폭력과 성희롱을 여론의 힘으로 고발했다. 한국에서도 현직 검사 서지현, 안희정 충남도지사 수행비서 김지은이 중심 인물이 되었다.

젠더 불평등은 훨씬 광범한 사회적 관습과 관련이 깊다. 필리파 로소포의 〈미스비헤이비어〉(2020)는 1970년 런던에서 열린 미스 월드 대회에서 여성 운동가들이 반대 시위를 벌인 사건을 다룬다. "우리는 예쁘지도 추하지도 않다! 우리는 화가 났을 뿐!" 여성 운동가 샐리 알렉산더(키아라 나이틀리)는 페미니스트 예술가 조 로빈스(제시 버클리)와 여성의 '성적 대상화'를 거부하고 가부장제에 맞서 싸웠다. 그들은 경찰에 끌려가 재판에서 유죄판결을 받았다.

1970년대 당시 닐 암스트롱의 달 착륙과 함께 미스 월드 대회를 1억 명이 시청한다고 자랑했으나, 이 시위 이후 BBC는 더는 방송하지 않았다. 한국에서도 여성 운동가들의 반대 시위를 벌였다. 2002년부터 미스코리아 등 미인대회가 공중파 방송에서 사라졌다.

페미니즘은 진행형

페미니즘은 지금도 현재 진행형이다. 한국에서도 가부장제 사회에서 고통을 겪는 여성의 삶을 다룬 조남주의 소설에 이어 김도영의 영화 〈82년생 김지영〉(2019)이 커다란 관심을 끌었다. 광고기획사에 다니며 지영에게 남편과 딸은 든든한 힘이다. 하지만 갑자기 지영은 다른 사람이 된 것처럼 말한다. 과거의 회상 속에 학교와 직장의 성차별주의 문화가 등장한다.

공무원 아버지는 언제나 딸보다 아들을 챙겼고 남아 선호주의를 가졌다. 어머니는 소외된 딸에게 미안하게 생각한다. 가부장제는 사회 전체를 지배한다.

한국은 선진국 가운데 가장 젠더 불평등이 큰 나라이다. 19세기 유럽의 유대인, 20세기 미국의 동성애자처럼 21세기 한국의 여성은 커지는 경제력에도 불구하고 여전히 '2등 시민'으로 배제된다. 여성의 투표권과 대학 진학률은 남자와 평등해졌지만, 노동시장의 위치는 아주 불평등하다. 전체 여성의 절반이 노동시장에 참여하고 있지만, 오직 3분의 1 정도만 정규직 노동자이다. 여성의 임금은 남성보다 매우 낮으며, 여성 10명 중 4명은 저임금 노동자이다.

〈82년생 김지영〉 등 한국 페미니즘 문학이 중국에 번역 출간되면서 '동아시아 가부장제' 등 표현이 활발하게 사용되었다. 동아시아 국가들 가운데 한국의 성차별주의는 가장 심각하다. 〈82년생 김지영〉의 묘사처럼 출산으로 인한 경력 단절이 많고, 여성의 가사노동과 돌봄의 부담도 크다. 최근 젠더 불평등의 영역을 보면, 교육 104위, 건강과 생존 54위, 정치적 기회 68위로 나타났으며, 경제적 참여와 기회 분야 성 격차 지수가 123위로 가장 낮았다. 국회의원 및 고위직, 관리직 여성 비율도 15.7%로 세계 134위에 그쳤다.

2022년 대선 당시 "남녀의 구조적 불평등은 없다"고 믿는 윤석열 대통령의 궤변과 달리, 한국의 남녀 격차는 세계 최고 수준이다. 2024년 발표한 세계경제포럼(WEF) 〈글로벌 젠더 격차 보고서〉에서 한국은 146개국 142위로 나타났다.[4]

양성평등이 가장 잘 이뤄지고 있는 나라는 아이슬란드로 연속 1위

김도영, 〈82년생 김지영〉(2019)

자리를 지켰다. 이어 핀란드, 노르웨이, 뉴질랜드, 스웨덴, 독일 순이었고, 아시아 태평양 지역에서는 호주 24위, 필리핀 25위, 싱가포르 48위, 베트남 72위, 중국 106위, 일본은 118위 등으로 나타났다.

  젠더 격차 중 건강 분야는 47위였지만, 정치 분야는 72위였고, 교육 분야는 100위, 경제 분야는 112위에 그쳤다. 왜 그럴까? 세계 순위에 민감한 한국 정부는 뭘 하는 걸까? 30년 넘게 한국의 젠더 격차가 최하위권이라는 사실은 정부가 아무 일도 하지 않았음을 증명하는 결과이다.

7
가상현실과 포스트모더니즘:
꿈속의 세계와 현실의 세계를 어떻게 구분하겠나?

릴리 워쇼스키, 라나 워쇼스키, 〈매트릭스〉(1999)

쿠엔틴 타란티노, 〈킬빌〉(2003)

매트릭스는 어디에나 있어. 그것은 우리 주변 어디에나 존재하고, 지금 바로 이 방안에도 있지.

– 모피어스, 더 워쇼스키스의 〈매트릭스〉 중

포스트모더니즘의 등장

나는 로스앤젤레스에 갈 때 월드 디즈니 콘서트홀을 보는 날을 설레게 기다렸다. 베네수엘라 출신으로 에너지 넘치는 젊은 지휘자 구스타보 두다멜의 콘서트도 듣고 싶었지만, 장미꽃이 피는 모양의 자유로운 조형미로 이루어진 강철 건물을 실물로 보고 싶었다. 영화계의 거물 월트 디즈니의 부인 릴리안 디즈니가 후원한 이 건물은 2003년 완공되었는데, 캐나다 출신 천재 건축가 프랭크 게리Frank Owen Gehry의 대표 작품이다.

1997년 에스파냐의 조선업이 쇠퇴한 항구도시 빌바오에 개관한 구겐하임 미술관을 보았을 때의 느낌을 나는 잊지 못한다. 건축계의 혁명을 일으킨 프랭크 게리는 비행기 소재인 티타늄을 사용했다. 그는 빌바오의 역사인 조선업의 기억을 살렸다. 돛단배를 연상시키는 외관의 미술관을 세워 혁신적 스타일을 보여주었다. 나는 내 고향 군산에도 돛단배 모양의 미술관이 세워지면 좋겠다는 생각이 들었다.

프랭크 게리의 포스트모더니즘(Post-modernism) 건축은 모더니즘(Modernism)의 특성을 변형하거나 뛰어넘거나 뒤트는 시도로 해석된다. 1980년대부터 포스트모더니즘은 20세기 초반 기능성, 효율성, 경제성을 강조하는 루드비히 미스 반 데어 로에Ludwig Mies van der Rohe, 르 코르부지에Le Corbusier, 발터 그로피우스Walter Adolph Georg Gropius 등의 모더니즘 건축을 부정하고, 다양한 양식을 혼합하는 새로운 실험으로 등장했다.

예술에서 행위예술, 미디어아트 등 새로운 장르가 등장하고, 전통적 예술 장르의 구분을 뛰어넘어 다양한 장르가 서로 융합되기도 한다. 세계적 예술가 백남준의 비디오아트도 이에 해당한다. 백남준은 미학, 철학, 음악을 공부했으며, 독일 유학 후 텔레비전과 기술적 매체를 예술에 통합하여 예술의 신기원을 이루었다.

대중예술에서도 키치(kitsch) 문화가 확산하였다. 키치는 독일어로 기이한 것이나 저속한 것을 가리키는데, 고급 예술 시장에도 끼어들었다. 키치는 엄밀하게 말하면 고급문화를 흉내 내는 저급문화이다. 실제로는 알맹이가 없다. 유럽 중세 성을 모방한 러브호텔이 그렇다. 한국 곳곳에서 볼 수 있다.

음악에서 포스트모더니즘은 더 쉽게 접할 수 있다. 존 케이지의 '4

분 33초'(1952) 등 아방가르드 음악이 세상을 놀라게 한 이래 즉흥 연주, 우연성, 거리음악, 뉴에이지(New Age), 미니멀리즘(minimalism), 크로스오버(cross-over) 등 다양한 실험이 등장했다.

문학과 영화의 새로운 징후

문학에서도 포스트모더니즘은 다양한 장르와 매체 사이의 경계를 무너뜨렸다. '**상호 텍스트성**'(inter-textuality)은 모든 텍스트가 상호 연결된다는 의미를 가리키는데, 아르헨티나 작가 호르헤 루이스 보르헤스의 문학이 대표적이다. 현실과 상상, 역사와 허구, 소설과 비평을 넘나드는 글쓰기 실험이 이루어졌다. 토마스 핀천Thomas Ruggles Pynchon, 커트 보니컷Kurt Vonnegut, 움베르토 에코Umberto Eco, 밀란 쿤데라Milan Kundera, 마누엘 푸익Juan Manuel Puig Delledonne도 유명하다.

밀란 쿤데라는 『참을 수 없는 존재의 가벼움』(1984)에서 현실을 이성이나 논리로 보지 않고 체험적 감정이나 이미지로 왜곡해 미학적 가치로 포장하는 태도를 묘사했다. 이런 관점에서 쿤데라는 공산주의와 자본주의 둘 다 비판한다. 나도 1990년대 대학원생 시절 이들의 소설을 탐독했다. 1980년대 무거운 현실에서 벗어나는 탈출구였는지도 모르겠다.

1980년대 한국 사회는 격동기를 겪었지만, 서구 사회에서는 60년대 학생 혁명이 좌절되면서 포스트모더니즘이라는 새로운 지적 문화가 선풍적 인기를 끌었다. 문화와 예술 분야에서 포스트모더니즘이 새로운 유행으로 부상했다.

영화에서 포스트모더니즘은 1980년 전후 〈스타워즈〉와 〈블레이드 러너〉가 만들어진 이래 1990년대에 본격적으로 등장했다. 일반적으로 리얼리즘(사실주의)에 반대하고 모더니즘의 엘리트주의 취향도 거부한다. 포스트모더니즘 영화는 감각적 이미지의 콜라주(시각예술에서 질이 다른 물체를 화면에 붙이는 기법), 상호 텍스트성, 패스티쉬(혼성 모방), 스펙터클(특별하고 새로운 볼거리)을 추구한다.

포스트모던 영화는 이중적 성격을 보이는데, 자본주의적 상업 영화를 추구하는 동시에 예술적 창조성을 표현한다. 물론 나는 상업 영화와 예술 영화 가운데 선택하라면 예술 영화를 선택할 것이다. 조지 루카스의 〈스타워즈〉보다 스탠리 큐브릭의 〈2001 스페이스 오디세이〉를 보러 갈 것이다. 그런데 도대체 왜 우리가 상업 영화와 예술 영화 중 한 가지만 선택해야 한단 말인가?

가상현실의 매트릭스

가장 대표적 포스트모더니즘 영화로 더 워쇼스키스 The Wachowskis(워쇼스키 형제로 불렸는데, 최근 성전환 수술 이후 워쇼스키 자매라고도 불린다)의 〈매트릭스〉(1999)가 꼽힌다. 매트릭스는 인간의 기억을 지배하는 가상현실이다. 2199년 인공지능이 지배하는 세계는 인간이 인공자궁에서 만들어져 에너지로 활용되는 디스토피아로 그려진다.

인공지능은 인간의 뇌세포에 Matrix라는 프로그램을 입력한다. 인간은 철저히 인공지능의 통제를 받고, 평생 1999년의 가상현실 속에 살아간다. 인간이 보고 느끼는 감각은 모두 인공지능의 검색 엔진에 의해 감시를 받는다(오늘날 구글과 비슷하다).

인간의 기억은 인공지능에 의해 입력되고 삭제된다. 가상현실 속

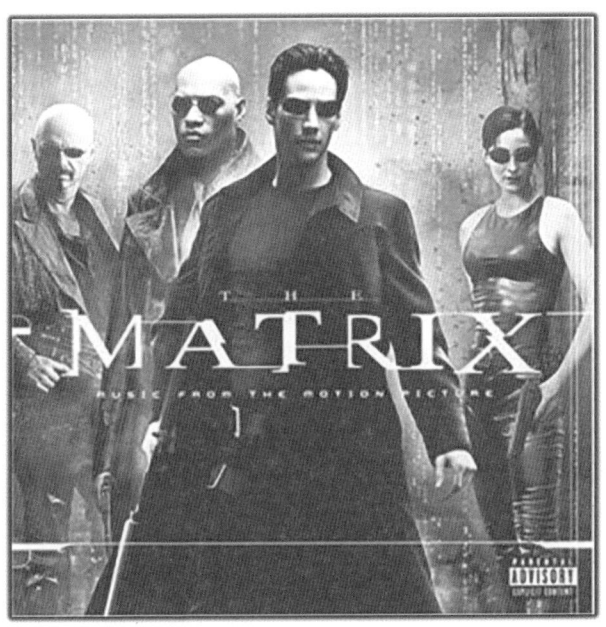

릴리 워쇼스키, 라나 워쇼스키, 〈매트릭스〉(1999)

에서 누구도 진정한 현실을 인식할 수 없다. '파란 약'을 먹으면 안정적이고 단순한 가상현실의 세계에서 살게 되고, '빨간 약'을 먹으면 혼란스럽고 복잡한 진실의 세계를 알게 된다. 당신은 어떤 약을 먹고 싶은가?

〈매트릭스〉에서 가상현실의 꿈에서 깨어난 인간은 인공지능에 맞서 싸운다. 매트릭스 외부에서 가상현실에 벗어나 인간들은 인류를 구원할 '그'(The One)을 찾아 헤맨다. 그는 토마스 앤더슨(키아누 리브스)인데, 낮에는 회사원으로 밤에는 네오라는 이름의 컴퓨터 해커로 활약한다. 매혹적인 여인 트리니티에 의해 매트릭스 바깥 우주로 나온 네오는 매트릭스를 탈출해 반란군을 만난다.

반란군의 모피어스는 말한다. "네오, 너무나 현실 같은 꿈을 꾸어

본 적이 있나? 만약 그 꿈에서 깨어나지 못한다면? 그런 경우 꿈속의 세계와 현실의 세계를 어떻게 구분하겠나?" 모피어스는 네오가 매트릭스에 갇혀 있다고 알려준다. "당신은 노예야, 네오. 다른 모든 사람들처럼 너도 속박 속에서 태어났어. 맛볼 수도, 볼 수도, 만질 수도 없는 감옥이야. 당신의 마음을 위한 감옥이지." 더 워쇼스키스는 영화 각본에 철학적 메시지를 담았다. 과연 실재란 무엇일까? 우리의 앎이란 무엇인가? 우리의 의식이 진정 우리의 것인가? 〈매트릭스〉는 우리를 철학의 세계로 이끈다.

〈매트릭스〉에서 가상현실에 관한 놀라운 시각 이미지는 검은색 가상공간에 있는 녹색 데이터의 흐름이다. 현실의 시공간적 질서는 완전히 해체된다. 가상현실이 실제 현실의 시공간을 지배한다. 결과적으로 허구와 현실이 뒤섞인 다차원적 시공간이 펼쳐진다. 실재와 이미지, 기계와 인간, 내부와 외부의 구별이 없는 매트릭스가 바로 미래의 세계이다. 실제 현실과 가상현실을 넘나드는 장면을 묘사하기 위해 다양한 컴퓨터 그래픽 기술을 활용했다. 나는 〈매트릭스〉의 시각적 이미지에서 백남준의 비디오아트를 떠올리곤 했다.

더 워쇼스키스는 B급 영화와 SF 영화를 결합한 〈스타워즈〉를 계승하는 동시에, 특수 효과 덕분으로 환상적인 시각 이미지를 보여줘 찬사를 받았다. 총알을 피하는 네오의 슬로우모션 동작과 중국 무협 영화의 결투에서 보이는 빠른 손동작은 관객의 흥미를 끌어냈고, 마니아 집단을 만들었다. 지금 보아도 멋지다!

일본 애니메이션 영화감독 미야자키 하야오의 〈센과 치히로의 행방불명〉(2002)도 가상현실과 실제 현실의 구분을 초월한 세계를 보여준다. 이사 가던 날 인간에게 금지된 신들의 세계로 오게 된 치히로는 놀라운 모험을 하게 된다. 루이스 캐롤Lewis Carroll의 『이상한 나라의 앨리스』처럼 인간의 세계 너머 상상의 세계가 펼쳐진다. "터널의 저편은 신비한 마을이었습니다."

미야자키 하야오의 영화는 일본 애니메이션 영화의 최고 작품이라는 평가를 받았다. 나 역시 그의 영화를 좋아한다. 어린이를 위한 동화와 판타지 소설의 분위기도 있지만, 일본 만화 특유의 미학과 은유적 스타일로 독창성을 인정받는 영화이다. 전통적인 일본 신앙인 신도에서 비롯된 고대 애니미즘과 정령신앙의 요소가 담겨 있다. 영웅이 악당을 물리치는 이야기 대신 등장인물과 생태계의 구성원이 갈등 끝에 화해를 추구한다. 전통적인 선악의 이분법으로 설명하기 어렵다. 선과 악이 공존하는 세계로 볼 수 있다. 미야자키 하야오의 〈센과 치히로의 행방불명〉은 2003년 베를린 영화제 황금곰상을 받았다.

패러디, 패스티쉬, 포스트모더니즘

포스트모더니즘 문화는 패스티쉬 기법을 활용해 독특하고 개성적인 스타일의 예술적 기법, 장르, 매체를 뒤섞어 모방한다. 미국 문화이론가 프레드릭 제임슨은 패스티쉬가 패러디(parody)에서 비롯되었다고 본다.[1]

패러디는 그리스어 파라디아가 어원인데, 파라는 '반대하여'와 '이외에'를 가리키는 이중적 의미를 가진다. 패러디는 차이를 내포한 반복을 가리키기도 한다. 최초의 기준, 진정성, 준거점이 없어지면서 패러디가 불가능해지면서 패스티쉬가 등장한다.

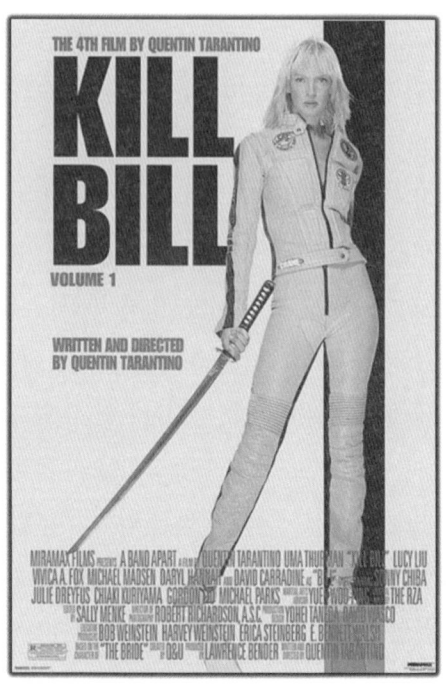

쿠엔틴 타란티노, 〈킬 빌〉(2003)

　쿠엔틴 타란티노Quentin Tarantino의 〈킬 빌〉(2003)은 포스트모더니즘 영화의 패스티쉬 기법을 잘 보여준다. 주인공 더 브라이드(우마 서먼)는 결혼식장을 공격한 암살자 조직에 대항해 피의 복수극을 단행하는데, 일본 사무라이 영화, 홍콩 무협 영화를 모티브로 활용한다. B급 액션 영화처럼 키치의 특성을 보여주는데, 미국인 여자인 더 브라이드는 일본도를 사용하고, 이소룡이 입은 노란색 트레이너를 입는다. 당연하게도 중국 권법에도 능숙하다.

　〈킬 빌〉은 동양과 서양의 구분을 뛰어넘는다. 백인과 아시아인의 문화적 경계를 흐릿하게 만든다. 고정관념을 무너뜨리면서 환상과 사실의 경계를 무너뜨린다. 이야기의 구조와 메시지보다 다양한 이미지의 혼합을 강조한다. B급 액션 영화에 대한 오마쥬처럼 어디선가 본 듯한 느낌을 주면서도 새로운 실험을 시도한다. 분명한 점은 뚜렷한 주제와 윤리적 메시지를 거부한다는 점이다. 이 영화는 타란티노의 세계관을 응축하여 보여주는 대표적 영화이다.

포스트모더니즘의 사회학

포스트모더니즘은 19세기 프리드리히 니체의 철학에서 중요한 영감을 얻었다. 일찍이 니체는 선과 악, 진리와 거짓, 옳음과 그름의 고정된 이항대립을 부정했다. 20세기 아인슈타인의 '상대성 이론'은 뉴턴의 절대적 시간과 공간의 관념이 착각이었음을 증명해 계몽주의 세계관을 뒤흔들었다.

한 걸음 더 나아가 닐스 보어의 양자 이론과 베르너 하이젠베르크의 불확정성 원리는 이성을 뛰어넘는 새로운 인식론의 필요성을 강조했다. 프랑스 과학철학자 가스통 바슐라르와 아르헨티나 소설가 호르헤 루이스 보르헤스의 문학도 포스트모더니즘의 확산에 커다란 영향을 미쳤다.

포스트모더니즘은 문화와 영화뿐 아니라 철학과 사회과학 전반에 커다란 영향을 미쳤다. 무엇보다도 포스트모더니즘은 총체성 또는 거대 서사도 거부했다. 나아가 이성과 합리성을 강조하는 계몽주의 프로젝트로서의 사회학 존재를 정면에서 부정했다. 자유주의든 마르크스주의든 더 좋은 미래가 도래할 것이라는 애매하고 추상적인 희망을 더 이상 방어하지 말아야 한다는 주장이 터져 나왔다. 진보라는 환상이 낡아빠진 환상이라는 공격의 선두에는 미셸 푸코, 장

프랑수아 리오타르, 장 보드리야르, 줄리아 크리스테바 등 프랑스 철학자들이 있었다. 가장 계몽주의를 열렬하게 옹호하고 지지했던 프랑스 사상계의 일대 변신이었다.

프랑스 철학자 장프랑수와 리오타르는 『포스트모던 조건』(1979)에서 1960년대 이후 현대 사회가 포스트모던 사회로 변화했고, 지식이 상품화되면서 진보, 정의, 역사 등 '거대 서사'가 실종하고 있다고 주장했다.[2] 포스트모던 사회에서 지식의 절대적 권위가 사라지고 객관적 진리에 대한 회의주의가 지배한다. 지식인과 학자의 권력도 사라지고 대학은 상품이 될 수 있는 지식만 제조해야 한다. 리오타르의 책은 1991년 소련의 붕괴와 함께 유럽 지식인 사회에서 커다란 관심을 끌었다.

거대 서사의 시대가 끝났다는 주장은 미국의 대학에서 열렬하게 수용되었다. 미국 철학자 리처드 로티는 역사가 어떤 방향도 가고 있지 않다고 주장했다.[3] 역사에는 논리적 정합성보다 **아이러니**(irony)로 가득하다. 모든 것은 우연적이고, 그렇지 않더라도 진보는 한낱 허구에 불과하다. 어떤 의미도 목적도 없고 단지 인간이 만들어낸 허구적 이야기에 불과하다. 나는 로티 교수를 케임브리지대학에서 만났는데, 그가 블라디미르 나보코프의 열렬한 팬이라는 사실이 떠올랐다. 그러나 그의 이야기 자체도 하나의 허구에 불과한 것이 아닌가?

프랑스 사회학자 장 보드리야르는 현대 사회의 미디어 효과를 주목했다. 그는 『시뮬라시옹』(1980)에서 현대 문화가 대중매체를 통해 '가상현실'의 특징을 가진다고 보았다.[4] 대중매체와 텔레비전이 만든 '시뮬라시옹(simulation)'을 통해 현대 사회에서 실재가 사라지고 있다고 주장했다.

영화 〈트루먼 쇼〉(1998)와 〈매트릭스〉(1999)의 등장인물처럼 가상 현실을 실제 현실처럼 믿으며 살아간다. 대중매체의 지배를 받는 사람들은 시뮬레이션이 된 경험과 느낌을 통해 실재를 이해하지 못하게 된다. 더 워쇼스키스는 〈매트릭스〉가 보드리야르의 책에서 영감을 얻었다고 말했다.

보드리야르는 1992년 시엔엔(CNN)의 걸프 전쟁을 보도하는 영상을 보고 '걸프 전쟁이 발생하지 않았다'라고 주장해 세상 사람들을 어리둥절하게 만들었다. 그는 현대 사회에서 어떻게 대중매체의 이미지 또는 하이퍼리얼리티(hyperreality)가 사람들의 사고를 지배하고 통제하는지 강조하고 싶은 것이다. 모든 것은 이미지의 시뮬레이션이다. 즉 우리는 결코 실제를 알 수 없다.

진정성의 종말

1990년대 나는 케임브리지대학에서 체코 출신 영국 철학자 어네스트 겔너^{Ernest Gellner} 교수의 강의를 수강한 적이 있었는데, 놀랍게도 인류학을 가르쳤다. 그는 철학자로 출발해 사회학과 역사학을 거쳐 인류학에 이르기까지 사회적 실체를 탐구하려는 노력을 멈추지 않았다.

겔너는 포스트모더니즘이 내세운 전략적 의미는 어떤 객관적 사실이나 독립적 사회구조를 인정하기를 거부하고, 그것을 연구 대상과 연구자의 의미를 추구하는 작업으로 대체했다고 비판했다.[5] 그는 독불장군처럼 논쟁적이었지만 묘한 설득력과 매력을 가졌다.

겔너의 우려대로 실제 현실을 부정하는 인문학과 사회과학에서 포스트모더니즘 이론가들은 **진정성**(authenticity)에 관한 탐구 자체를 거부하기에 이르렀다. 이들은 양자역학과 현대 물리학을 남용하면서 인간이 보편적 진리를 찾을 수 없다는 사실을 받아들여야 한다고 강변한다. 그러나 포스트모더니즘 방식의 진리 부정이야말로 가장 심한 지적 자만 또는 독단이 될 수 있다. 인간의 신념이 모든 실제적인 것을 결정하는 것이라고 주장하며, 인간의 의식으로 알 수 없는 것은 아예 존재하지 않는 것으로 간주하는 주장을 펼치기 때문이다.

의도하든 의도하지 않든 포스트모더니즘은 사회의 권력, 부의 집중, 불평등, 전쟁을 일으키는 사회문제의 원인에 관한 탐구를 외면하거나 간과한다. 당연하게도 포스트모더니즘은 현상 유지를 옹호하는 정치적 프로젝트가 되고 기득권을 옹호하는 보수적 이데올로기로 전락했다는 비판에 직면했다.

포스트모더니즘 논쟁은 1990년대 한국의 학생운동이 쇠퇴하는 가운데 젊은이들뿐 아니라 인문학과 사회과학에 커다란 반향을 일으켰다. 영화에서도 포스트모더니즘 이론을 적용하려는 시도가 등장했다. 그러나 서구의 포스트모더니즘 논쟁은 1968년 학생 혁명의 실패, 자유주의와 사회주의 등 기성 정치 체계의 모순, 개인의 소외, 환경 파괴와 위기 등으로 표현되는 허무적인 사회적 분위기 속에서 확산한 점을 주목해야 한다.

포스트모더니즘 논쟁이 현대 사회에 관한 중요한 논쟁을 제기한 점은 부정할 수 없다. 하지만 많은 비판을 받기도 했다. 대표적으로 독일 사회학자 위르겐 하버마스는 프랑크푸르트학파가 지적한 '도구적 합리성'의 한계를 뛰어넘어 '의사소통적 합리성'을 통해 새로운 **'현대성 프로젝트'**를 추진해야 한다고 주장했다.[6] 그는 포스트모더니즘의 상대주의를 통렬하게 논박했다. 하버마스는 포스트모더니즘이 강조하는 전체성에서 다원성으로 이동하는 경향이 모든 생활 영역에서 실재로 존재한다고 본다. 그러나 그는 "포스트모던 현상이 불가해한 사회적 관계의 안개 속에서 행위의 가능성을 체계적으로 부정하여 우리를 꼼짝 못하게 만들고, 우리를 수동적으로 만들며 무력감 속에 빠지게 하는 역사적 불가항력을 표현"한다고 비판했다. 오히려 이러한 체계와 생활세계의 모순적 대립은 비판적 사유의 출발점이 되어야 한다.7 그는 진리를 탐구하기 위해 '상호 주체성'이라는 개념을 제시했으며, 미디어의 역할과 의사소통에 대해 낙관적 생각을 피력했다.

영국 사회학자 앤서니 기든스Anthony Giddens와 독일 사회학자 울리히 벡Ulrich Beck도 포스트모더니즘을 비판하면서 '현대성 프로젝트'로서의 사회학을 옹호했다.8 그들은 20세기를 지배한 사회학 패러다임인 구조기능주의와 네오마르크스주의가 지나치게 유토피아적, 진화주의적 성격을 가진다고 비판했다. 과학기술과 역사적 법칙을 맹신하는 '단순한 현대화' 대신 개방적인 태도로 근본적인 질문을 던지는 성찰성을 통한 '성찰적 현대화'를 대안으로 제시했다.

기든스는 적극적으로 포스트모더니즘을 비판한다. 포스트모더니즘의 대변자 리오타르는 20세기 후반의 사회 변화가 인식론을 해체시켰다고 보고, 사회 속에서 원심적 경향과 혼란을 강조했다. 이에 반해 기든스는 현재의 변화를 제도적 발전에 따른 파편화와 분산화의 경향으로 보면서, 이는 전 지구적 통합의 경향과 변증법적으로 연관되어 있다고 반박한다. 또한 자아 정체성에 관한 생각도 다르다. 포스트모더니즘은 자아가 경험의 파편화로 인해 해체되거나 분할되고 있다고 보는 반면, 기든스는 자아가 현대 사회에서 성찰성에 의해 새로운 능동적 성격을 가진다고 주장한다.

현대성(모더니티)과 탈현대성(포스트모더니티)을 둘러싼 사회학적 논쟁은 사회이론뿐 아니라 문화 연구에서도 중요한 주제로 간주된다. 나 역시 사회학을 공부하면서 위르겐 하버마스, 앤서니 기든스, 울리히 벡이 제시한 이론적 주장을 탐구했다. 그들의 강연을 직접 듣는 행운도 있었다. 하버마스는 수많은 학술서적 이외도 쉬지 않고 중요한 문제를 언론에 기고하고 참여하는 지식인이다. 기든스의 유려한 말솜씨와 명확한 논리와 풍부한 사례로 가득한 대학 강연은 설득력이 있었다. 울리히 벡의 글과 신문 칼럼은 알기 쉽게 대중에게 다가가려는 사회학자의 노력을 엿볼 수 있었다. 21세기 현재 기준에서 본다면 그들이 지나치게 낙관적인 것은 아니었나 반문할 때도 있지만, 그들의 철학적 관점은 여전히 귀 기울일게 많다고 생각한다.

포스트모더니즘 이후

영화와 현대성에 관한 논쟁은 중요한 주제이다. 영화의 역사에서 1914부터 1925년 사이에 프랑스, 독일, 미국에서 '모던 영화'의 초기 성격을 보여주는 영화들이 등장했다. 1960년대 이후 프랑스 누벨바그 영화가 등장한 이후 '네오모던(neo-modern) 영화'가 시작되었다.[9] 1990년대 미국에서 포스트모던 영화의 실험이 이루어졌지만, 지금을 포스트모던 영화의 시대라고 볼 수는 없다.

할리우드의 멜로드라마와 이탈리아의 네오리얼리즘을 뛰어넘는 영화가 출현했지만, 여전히 세르게이 에이젠슈타인, 프리츠 랑Fritz

Lang, 프리드리히 빌헬름 무르나우Friedrich Wilhelm Murnau가 제시한 모더니즘의 영향이 깊게 남아있다고 볼 수 있다. 어쩌면 우리는 아직도 새로운 네오모던 영화를 만드는 중일 수 있다.

포스트모던 철학자들은 거대 서사가 없는 세상에서 사는 방법을 배워야 한다고 주장한다. 포스트모던 작가들과 영화감독들은 뚜렷한 줄거리가 없는 소설이나 영화를 만들어 실험했다. 줄거리가 없는 픽션(허구)이야말로 가장 예술적이고 지적인 작품이라고 여겼다. 이런 소설과 영화를 보며 "이게 대체 뭔 말이야?"라고 말하는 사람들보다 자신들이 우월하다고 생각하기도 했다.

그러나 우리는 여전히 줄거리가 있는 이야기를 즐거워한다. 발터 벤야민은 우리가 이야기하는 기술을 잃어버리고 있다고 말했지만, 여전히 우리는 이야기를 만들고 있다. 신화가 몰락한 후에야 진정으로 신화의 중요성을 깨달은 것처럼 이야기가 사라지는 시대야말로 이야기가 다시 중요해지고 있다.

나는 『채식주의자』와 『소년이 온다』의 작가 한강의 모더니즘을 뛰어넘는 문학적 스타일만큼 조용하게 들려주는 이야기의 내용을 좋아한다. 한강은 전통적 방식을 파괴하고 실험적 스타일을 추구한다. 어느 곳에도 자신의 대답을 주지 않고 독자에게 질문을 던진다. 그래도 모든 것의 출발점은 이야기이다.

"제가 『채식주의자』를 쓸 때 인간이 인간으로 산다는 것은 무엇인가? 질문하고 싶었습니다. 그리고 필사적으로 인간이 되기를 거부하는 여성을 묘사하고 싶었습니다." 한강의 맨부커상 수상 연설이다.

한강의 'TV 책' 방송 인터뷰에 담긴 이야기도 흥미로웠다. 한강은 독자가 『채식주의자』의 주인공 은혜의 "진실을 스스로 움켜잡아야 한다"고 말했다. 우리는 인류라는 종을 이해하지 못하면 개인으로서의 자신도 이해할 수 없다. 만약 다른 사람에 관심이 없다면 우리는 더는 인간이 아닌 다른 존재일 것이다.

한편 『소년이 온다』의 에필로그에 적은 이야기는 마음을 아련하게 만들었다. 바로 우리 세대가 괴로워하며 한숨짓고 술잔을 기울이고 탁자를 내려치며 살았던 1980년대 젊은 시절을 떠오르게 한다. 나는 이야기의 힘을 믿는다. 그리고 사랑한다.

3부
권력은 어떻게 인간을 통제하는가?

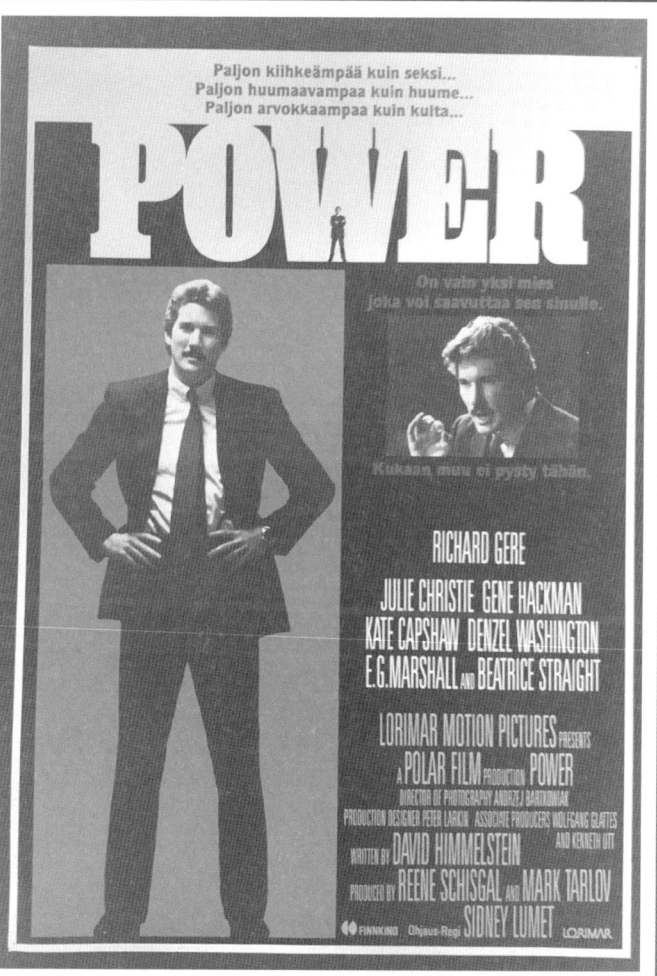

8
지식과 권력: 인간은 어떻게 자발적 노예가 되었나?

밀로시 포만, 〈뻐꾸기 둥지 위로 날아간 새〉(1975)

벨라 타르, 〈사탄 탱고〉(1994)

> 모든 것이 통제되고 모든 사람은 어떤 위원회의 구성원이다. 왜냐하면 위원회에 배치된 감시인은 이 사람이 말하는 것, 이 사람이 생각하는 방식 등 모든 것을 통제할 수 있기 때문이다.
>
> 밀로시 포만Miloš Forman, 체코 영화감독

자본주의는 어떻게 작동하는가?

어머니는 요리를 잘하는 분이었다. 군산에서 어머니가 만든 음식은 모든 사람을 매료시켰다. 10년 전 세상을 떠나셨지만, 어머니가 해준 음식을 기억에 떠올리는 사람이 많았다. 간장, 된장, 고추장을 만드는 일부터 김치, 장아찌, 갈비, 간장게장, 대합, 생선탕에 이르기까지 어머니의 다양한 요리는 지금도 내 미각을 설레게 한다.

나는 초등학교 시절 지리학을 배우면서 세계의 국가, 수도, 대통령 이름 등 쓸데없는 것을 완벽하게 기억할 수 있었다. '국민교육헌장'

을 암기하라는 말은 따르고 싶지 않았지만, 기억력이 좋은 학생이 인정받는 시대였다. 요새는 창의성을 중시하지만, 그 당시에 공부라면 구구단부터 영어 문장을 통째로 외우는 학생이 칭찬을 받았다. 이런 사람을 '똑똑한 사람'이라고 불렀다. 기억력이 좋았던 나는 이런 암기식 교육을 빈정거리곤 했다.

나는 어머니를 따라 군산의 전통 시장에 따라가곤 했다. 이마트와 코스트코가 없던 시절이라 모든 식자재는 중앙로, 역전, 명산 시장에 가서 직접 사야 했다. 옷을 파는 영동 거리, 중앙시장, 양키 시장보다는 다양한 식자재와 음식을 파는 시장을 더 좋아했다.

그런데 나는 어머니가 시장에 들어가자마자 곧바로 야채, 생선, 고기를 사는 모습을 보고 놀랐다. 다음 가게에서 더 싼 가격으로 파는 가게를 발견할 수 있다고 생각했기 때문이다. 왜 어머니는 가격을 비교하지 않는 걸까? 다음 가게가 더 좋은 걸 팔 수 있는데 확인하거나 비교하지 않을까? 난 어머니에게 이유를 물었다. 어머니는 아무 말씀 없이 웃었다.

우리는 온라인 쇼핑할 때 같은 물건이면 가격을 보고 선택한다. 그러나 어머니에게는 가격보다 품질이 중요했다. 야채를 고를 때는 지난번 신선한 것을 판매한 가게를 선택했다. 어머니에게 식자재는 같은 물건이 아니다. 소금, 콩, 고춧가루를 고를 때 중요한 건 주인의 **신용**이다. 이는 경제학의 수요와 공급의 법칙과 가격 메커니즘보다 더 중요하다. 그런데 신용은 눈에 보이지 않는다. 어머니의 경험은 뇌의 **기억**에 저장되어 있다.

나는 어머니를 따라 시장에서 자본주의를 배웠지만, 어머니는 자본주의 이전의 역사에 존재했던 교환경제와 신용경제에서의 행위를

프랑스 잡지 〈파리 마치〉(Paris-Match)

보여주었다. 오늘날 우리는 인터넷 쇼핑에서도 품질과 가격 이외에 이용자의 댓글을 확인한다. 물론 댓글 '알바'의 조작이 아닌가 의심하기도 한다. 자본주의에서도 비경제적 행위가 존재한다. 우리는 주식 투자에서 수익률을 중시하지만, 사회적 가치가 있는 펀드에 돈을 맡기기도 한다. 이본 취나드Yvon Chouinard가 설립한 파타고니아(Patagonia)처럼 환경을 생각하는 기업의 제품은 가격이 비싸도 지갑을 털어서라도 구매한다. 자본주의에도 눈에 보이지 않는 **사회적 관계**가 존재한다.

자본주의라는 신화

영화와 문학은 가까운 친족이다. 프랑스 문학 비평가 롤랑 바르트는 영화 비평에 큰 영향을 미쳤다. 그는 작품과 텍스트를 구별했다. 작품은 저자에 의해 만들어지지만, **텍스트**는 독자에 의해 다양하게 해석될 수 있다. 텍스트는 정해진 실체와 체계를 가지지 않는다. 우리는 텍스트 분석을 통해 새로운 의미를 만들 수 있다.[1]

바르트는 구조주의를 활용해 문화, 패션, 광고, 라이프스타일 등 문화 현상의 이면에 구조적 특징이 존재한다고 주장했다. 바르트의 관점에서 자본주의는 본질적으로 일종의 **신화**로 작용한다.[2] 우리는 자본주의를 지나치게 당연하게 생각하지만, 사실 자본주의는 초역사적 실체가 아니라 역사적으로 형성된 경제 제도이다. 자본주의 이전에 상품경제 대신 공유경제와 물물교환이 공존했다.

그러나 자본주의가 전 세계에 확산되면서 우리는 **상품경제**를 당연하게 여기고 심지어 인간의 노동도 상품으로 취급한다. 인간의 돌봄도 사랑도 신체도 상품화된다. 시장이 삶을 지배하고 끝없는 구매와 판매를 통해 상품 물신화가 완성된다. 자본주의에서 벗어난 다른 삶은 상상할 수도 없다.

바르트는 프랑스의 일상생활과 문화에 관한 독특한 해석을 제시했다. 문화 내에 존재하는 **기호**는 단순하지 않고 이데올로기적 재생산의 복잡한 그물망에 사로잡혀 있다. 영화, 패션, 식품의 전달 의도가 뚜렷하게 명시되지 않아도 의미 작용이 발생하는 경우가 있다. 모든 문화 현상은 기호로 볼 수 있다. 그래서 **문화의 독해법**이 필요하다.

바르트에 따르면, 새로운 시트로엥 자동차는 사람들이 경배하기 위한 일종의 현대적 창문이다. 프랑스 군복을 입고 경례하는 흑인 병사는 프랑스에 복무하기 때문에 행복하다. 레슬링은 부르주아적이지 않고 노동자계급을 위한 구경거리이다. 이렇게 신화는 기존 사회 질서를 정당화하거나 자연스럽게 만든다.

공산주의 혁명에도 신화가 등장한다. 무계급 사회와 평등한 유토피아가 바로 그것이다. 하지만 바르트는 이오시프 스탈린$^{Joseph\ Stalin}$의 신화를 분석하면서 부르주아의 신화에 비해 빈약하고 창조성이 결여되었다고 지적했다. 그래서 공산주의가 너무 빨리 역사에서 사라졌을까?

정신병원의 구조

구조주의 이론은 영화의 텍스트를 해석할 때 심층 논리에 주목하고, 표면에 드러난 이데올로기적 성격을 폭로하고 비판한다. 체코 영화감독 밀로시 포만의 〈뻐꾸기 둥지 위로 날아간 새〉(1975)는 정신병원의 이야기를 다루지만 현대 사회에 관한 **구조적 해석**으로 읽을 수 있다. 일종의 우화적 수법으로 인간 사회의 통제를 분석하고 비판한다.

밀로시 포만은 1960년대 체코 뉴웨이브 영화를 대표했다. 그의 〈소방수의 무도회〉(1967)는 체코 공산주의 사회를 풍자한 것으로 지식인들의 관심을 끌었다. 이로 인해 출국 금지를 당하기도 했다. 하지만 그는 1971년 미국으로 날아가 돌아오지 않았다.

1975년 만든 〈뻐꾸기 둥지 위로 날아간 새〉의 원작은 미국 작가 켄 키지$^{Ken\ Kesey}$의 1962년 소설이다. 제목은 "하나는 동쪽으로 하나

밀로시 포만, 〈뻐꾸기 둥지 위로 날아간 새〉(1975)

는 서쪽으로 그리고 또 하나는 뻐꾸기 둥지로 날아갔네"라는 동요에서 따온 것이다. '뻐꾸기 둥지'는 정신병원을 가리키는 속어다. 영화는 미국 오리건주의 정신병원에 수용된 아메리카 원주민 브롬덴의 이야기로 시작된다.

맥머피(잭 니콜슨)는 감옥에서 강제노동을 피하려고 정신질환자로 속여 정신병원에 새로 들어온다. 모든 정신병원 환자는 정신병원을 지배하고 통제하는 수간호사 밀드레드 레취드(루아스 플레처)에게 복종한다. 만약 저항하는 경우 강제 수술을 받고 식물인간이 될 것을 두려워한다. 하지만 맥머피는 수간호사에 저항한다. 수간호사는 보이지 않는 거대한 조직의 하수인이다.

맥머피는 수간호사가 명령한 전기 충격을 받고 식물인간이 된다. 맥머피를 좋아했던 '조용한 추장' 브롬덴(월 샘슨)은 맥머피를 안락사시키고 정신병원에서 탈출한다. 맥머피는 죽었지만 체제에 저항하는 정신은 죽지 않았던 것이다. 맥머피는 현대 사회가 거대한 정신병동과 같은 통제 사회라고 비판한 프랑스 철학자 미셸 푸코를 연상시킨다.

철학뿐 아니라 사회학에 커다란 영향을 미친 미셸 푸코는 정신병동, 감옥, 병원에 관한 연구를 발표했다. 1961년 푸코는 박사학위논문인 『광기의 역사』를 출간했는데, 19세기 이후에 유럽에서 '도덕적 치료'를 목적으로 하는 정신병원을 분석했다.

푸코의 중요한 주제는 **지식과 권력**의 관계에 관한 사회학적 연구이다.[3] 푸코는 역사의 수많은 담론의 통일보다 분산의 규칙을 탐구했다. 어떻게 동일한 단어가 다른 시대와 사회에서 상이한 권력 효과를 가지는지 분석했다.[4]

푸코의 마지막 저작인 『성의 역사』는 합리적, 체계적 지식의 수단을 통한 **몸에 대한 통제**에 관해 분석했다.[5] 푸코는 자아가 어떻게 창조되는지, 자아가 어떻게 권력관계에 종속되는지 설명했다. 푸코는 이를 '권력의 미시 물리학'이라고 불렀고, 현대 사회가 자유로운 사회가 아니라고 전통 사회와 다른 새로운 방법으로 철저하게 통제되는 사회라고 주장했다. 푸코에 따르면, 18세기 유럽의 계몽주의 운동은 이성의 발견을 통한 또 다른 예속화 과정이었다.

〈뻐꾸기 둥지 위로 날아간 새〉가 아카데미상을 휩쓸자 미국의 대형 정신병원의 인권 침해가 세상의 이목을 끌었다. 연방 행정부는 정신질환자의 장기 입원을 제한했다. 전두엽 절제술과 같은 위험한 수술 대신 약물 요법이 늘어났다. 통원 치료를 허용하는 탈시설화 운동도 확산하였다. 정신병동과 감옥에 관한 책을 쓴 미셸 푸코도 재소자 인권을 위한 사회운동에 적극적으로 나섰다.

나는 어린 시절 〈뻐꾸기 둥지 위로 날아간 새〉를 보고 커다란 충

프랑스 철학자 미셸 푸코

격을 받았다. 정신병원 이야기도 놀랐지만, 그 안에서 탈출하려는 맥머피의 멈추지 않는 노력에 감탄했다. 나는 머리를 1센티 이내로 삭발하고 검은색 교복을 입히는 '정신병원'에서 탈출하고 싶었다. 나는 이 영화를 1980년대 대학생이 되어 사복 경찰이 점령한 음울한 캠퍼스에서 다시 보았다.

우리는 거대한 정신병원을 만든 군사정부의 전체주의 체제에서 벗어나고 싶었다. 드디어 1990년대 한국에서 막 탈출한 후 이 영화를 다시 보았다. 새로운 느낌이 들었다. 그런데 우리는 정말 '정신병원'에서 벗어난 것일까?

권력 효과와 관리 사회

미국의 정신병원처럼 동유럽의 집단농장은 또 다른 관리 사회의 유형을 보여준다. 헝가리 영화감독 벨라 타르$^{Béla Tarr}$의 〈사탄 탱고〉(1994)는 공산주의 붕괴 직전 동유럽의 전체주의 사회를 영상 미학으로 표현했다. 롱테이크 기법과 느리고 유연한 카메라 촬영으로 벨라 타르 감독은 탁월한 영상 미학을 표현한 예술 영화의 거장으로 널리 인정을 받았다.

〈사탄 탱고〉는 깊은 여운을 남긴다. 나는 이 영화를 볼 수 있어 행복했다. 앞으로도 계속 볼 수 있기를 바란다. 독자들도 행운을 누릴 수 있다. 이 영화는 저작권이 없는 건지 유튜브에서 누구나 볼 수 있다. 7시간 넘게 집중할 수 있다면 시도해보시길. 정확한 시간은 438분이다.

1980년대 헝가리의 집단농장에는 1년 반 전에 죽은 것으로 알려진 이리미아시(미할리 빅)가 돌아온다는 소문이 난다. 가난하고 무기력한 사람들은 카리스마를 가진 이리미아시가 희망을 가져올 것이라고 기대하면서도 알 수 없는 두려움을 느낀다. 사람들은 더 좋은 세상이 올 거라는 욕망을 가지지만, 곧 현실이 배신할 것이라는 불안에 사로잡힌다.

"내 이름은 탱고, 내 아버지는 바다, 내 어머니는 바다. 탱고는 내 인생." 반도네온이 연주하는 탱고 리듬에 맞추어 가난한 농부가 구슬프게 노래한다. 전체주의의 억압에서 아무도 벗어나지 못하고 모두 깊은 절망에 빠진다. 〈뻐꾸기 둥지 위로 날아간 새〉의 맥머피가 영웅주의 서사를 보여준다면, 〈사탄 탱고〉의 이리미아시는 반영웅이다.

이 영화의 원작은 헝가리 작가 크러스너호르커이 라슬로^{Krasznahorkai László}의 1985년 장편소설이다.[6] "아마도 나는 지옥에서 아름다움을 추구하는 독자들을 위한 작가인 것 같다." 라슬로의 말이다. 그

벨라 타르, 〈사탄 탱고〉(1994)

는 고골과 멜빌에 필적하는 묵시록 문학의 거장이라는 평가를 받는다.

미셸 푸코가 철학을 통해 서구 자유주의 사회의 한계를 날카롭게 지적했다면, 라슬로는 문학을 통해 동유럽 전체주의 사회의 위선을 준열하게 비판한다. 라슬로는 절망 속에서 저항하면서 실낱처럼 가느다란 희망을 찾는다. 그 희망은 1989년 동유럽의 혁명에서 되살아난다.

예술가의 자유

정치적 이유로 체코를 떠나야 했던 밀로시 포만은 이역만리 미국에서 조국 체코와 동유럽의 민주화를 바라보았다. 그는 서방 세계에서 영화의 거장으로 인정을 받았다. 영국 극작가 피터 쉐이퍼의 희곡을 기반한 〈아마데우스〉(1984)로 아카데미상을 받았다. 귀족의 후원 대신 예술가의 자유를 갈망한 볼프강 아마데우스 모차르트의 비극적 삶을 다루는 영화는 영화사의 명작으로 평가를 받는다.

포만은 말년에 미국 컬럼비아대학에서 영화를 가르쳤다. 시도 쓰고 자서전을 집필하기도 했다. 그는 대학 친구였던 바츨라프 하벨(반체제 운동을 주도했다가 훗날 체코 대통령이 되었다)과 뮌헨 협정에 관한 각본을 썼지만, 영화로 제작되지는 못했다. 하비에르 바르뎀과 나탈리 포트먼이 주연으로 출연한 〈고야의 유령〉(2006)이 포만의 유작이 되었다.

포만은 진정 예술가의 자유를 찾은 것일까? 아니면 할리우드와 미국 자본주의의 품에서 진정한 자유를 잃어버린 것일까? 그는 미국을 다룬 영화를 만들지 못할 만큼 유럽을 그리워했던 것일까? 어쩌면 포만이 모차르트와 고야 등 19세기 위대한 예술가를 영화에 재현한 것은 자신의 고민을 드러낸 것으로 보아야 할지 모른다.

9

억압된 본능: 내 삶의 빛, 내 은밀한 몸의 불

스탠리 큐브릭, 〈롤리타〉(1962)

헤닝 칼슨, 〈내 슬픈 창녀들의 추억〉(2011)

> 질문은 항상, "그건 참인가? 재미있나?"예요.
>
> – 스탠리 큐브릭, 미국 영화감독

롤리타 콤플렉스

어떤 영화를 가장 좋아하세요. 그럴 때 답하기 쉽지 않다. 좋아하는 영화가 많기 때문이다. 하지만 이렇게 묻는다면 곧 답할 수 있다. 어떤 영화감독을 가장 좋아하세요?

스탠리 큐브릭은 내가 가장 좋아하는 영화의 거장이다. 나는 그의 모든 영화를 좋아한다. 큐브릭의 관심은 다양하다. 그는 전쟁, 폭력, 공포를 다룬 영화를 다수 제작했지만, 인간의 성적 욕망에 대해서도 관심이 많았다. 그의 마지막 유작은 인간의 에로틱 본능을 다룬 〈아이즈 와이드 셧〉(1999)였다. 그의 영화 중 에로스 신의 장난은 초기 영화에서도 발견된다. 큐브릭이 34세의 나이에 제작한 〈롤리

스탠리 큐브릭, 〈롤리타〉(1962)

타〉(1962)에서 인간의 억압된 본능을 다루었다.

이 영화는 블라디미르 나보코프Vladimir Nabokov가 1955년 출간한 소설 『롤리타』를 토대로 만들어졌다.[1] 나는 작가 가운데 나보코프를 손꼽을 정도로 좋아한다. 그는 탁월한 스타일리스트이자 뛰어난 심리 분석가이자 아이러니(irony)의 대가이다. 장난치는 표현도 많이 썼다. 그의 소설은 러시아의 과거와 미래를 동시에 보여준다. 1993년 난생처음 러시아에 갈 때 나는 나보코프의 소설을 들고 갔다. 나보코프는 노벨문학상을 받지 않았지만, 그 이상의 작가라고 생각한다.

러시아 상트 페트로그라드 명문 귀족 출신이었던 나보코프는 러시아 볼셰비키 혁명 이후 망명을 선택했다. 영국 케임브리지대학에서 러시아 문학과 프랑스 문학을 공부한 후 베를린에 정착했다. 이 시기에 독일어로 많은 소설을 썼다. 2차 세계대전이 터지자 미국으로 망명한 나보코프는 보스턴의 웨슬리 칼리지 교수를 거쳐 코넬대학

교수가 되었다. 그의 러시아 문학 강의는 인기가 있었다. 그는 나비 수집에도 열중했다. 이 시기에 나보코프는 영어로 『롤리타』를 썼다.

소설을 완성한 후에도 출간하기를 꺼린 나보코프는 뒤늦게 프랑스 파리에서 『롤리타』를 처음 출간했다. 얼마 후 미국에서 출간된 『롤리타』는 곧 10만 부가 팔리고 큰 성공을 거두는 것처럼 보였다. 그런데 갑자기 미국에서 거센 논란을 일으키며 판매 금지가 되었다. 어린아이의 성을 다룬다는 이유로 도덕적으로 타락한 책이라는 비판을 받았다. 심지어 러시아 출신 나보코프가 '공산주의자'이기 때문에 미국을 타락시키기 위해 만든 소설이라는 '음모론'이 등장했다.

그러나 근거 없는 비난과 정반대로 나보코프는 러시아 혁명 당시 망명을 선택해야 했던 몰락한 상류층의 후예였다. 미국인들은 나보코프를 제대로 알지 못한 것이다. 어쨌든 『롤리타』로 쏟아지는 비난과 함께 막대한 인세를 얻은 나보코프는 미국을 떠났다. 자발적 망명이라고 할까. 나보코프는 스위스 취리히에서 살다가 얼마 후 묘지에 묻혔다. 오랜 취미였던 나비 수집을 하다 산에서 굴러떨어져 부상당해 건강이 악화되었기 때문이다.

차가운 패러디

"롤리타, 내 삶의 빛, 내 은밀한 몸의 불이여. 나의 죄, 나의 영혼이여. 롤-리-타." 이렇게 시작하는 소설 『롤리타』의 이야기 구조는 매우 단순하다. 소설처럼 영화에서도 유럽에서 미국에 건너온 대학교수 험버트 험버트(제임스 메이슨)는 12살 소녀 롤리타(수 라이언)에 한순간에 반한다.

험버트의 전공은 프랑스 문학이고 마르셀 프루스트의 소설을 가르치는데, 이는 그의 운명을 예감하게 만든다. 그는 롤리타에 의해 농락당한다. 여기에서 '농락'이란 새장과 고삐라는 단어에서 나온 말인데, 남이 알아채지 못하게 뛰어나고 약삭빠른 꾀로 휘어잡아 제멋대로 놀리거나 이용한다는 뜻이다.

세계에 널리 알려진 『롤리타』는 실은 1938년 나보코프가 출간한 『어둠 속의 웃음소리』의 플롯과 유사하다. 원래는 1932년 『카메라 옵스쿠라』라는 제목으로 러시아어로 처음 출간되었다. 소설은 섬뜩하고 냉혹하리만치 무자비한 아이러니를 보여준다. 우연과 오해의 연속, 예측 불가능한 반전, 다양한 인용과 패러디로 가득하다. 이런 점에서 그는 리얼리즘뿐 아니라 모더니즘의 한계를 넘어 포스트모더니즘의 길을 향한다. 그는 마르셀 프루스트와 함께 호르헤 루이스 보르헤스를 좋아했다.

『롤리타』는 책을 읽지 않은 사람들이 생각하는 것처럼 치정과 외설의 장면 대신 인간의 허위와 욕망을 둘러싼 어리석음과 음모의 이야기를 들려준다. 파멸에 빠진 부르주아 중년 남성에 대해 일말의 동정심도 보여주지 않고 처음부터 끝까지 조롱과 경멸로 대한다. 어쩌면 나보코프는 주제 자체보다도 자신의 스타일로 위선과 욕망을 둘러싼 차가운 패러디를 보여주고 싶어 했는지도 모른다.

험버트는 사라져 버린 롤리타를 찾다가 허무와 절망에 빠진다. 하지만 롤리타가 비밀에 싸인 연인인 퀼티(피터 셀라스)를 만난 것을 알게 되자 험버트는 복수심이 불탄다. 에로스의 대상이자 삶의 의미였던 롤리타의 상실은 험버트를 광기에 빠트린다.

롤리타가 입원한 병원의 의사를 추궁하는 험버트의 폭력적 행동은 에로스가 삶의 본능이 아니라 죽음의 본능으로 변화하는 과정을 보여준다. 10년 후 험버트는 퀼티를 발견하고 총의 방아쇠를 당긴다. 그는 복수를 이루었지만, 아무것도 느낄 수 없다. 그의 내면은 텅 빈 공허감만 남아 있다. 험버트는 더는 롤리타를 증오하지 않는다. 오히려 순수한 사랑의 감정을 느낀다.

의식 작용의 현상학

영화 〈롤리타〉에서 흥미로운 점은 서사 구조의 전개보다 주인공 험버트의 내면 심리의 변화이다. 사랑, 집착, 질투, 분노, 복수는 인간 감정의 롤러코스터를 보여주는 동시에 사랑의 현상학을 드러낸다. 영화에 대한 구조적 설명은 큰 의미가 없다. 민족, 계급, 연령의 구분도 중요하지 않다. 오히려 본질의 그림자에 불과한 현상에 특별한 의미를 부여해야 한다. 현상을 발생시키는 본질 자체보다 **현상의 의미**를 파악해야 한다.

20세기 초반 독일 철학자 에드문트 후설Edmund Husserl이 과학주의에 빠진 유럽 학문의 위기를 지적하면서 주체의 **'의식 작용'**을 탐구해야 한다고 역설했다.[2] 20세기 전반기 현상학은 마르틴 하이데거Martin Heidegger, 장폴 사르트르, 모리스 메를로퐁티Maurice Merleau-Ponty의 철학에 커다란 영향을 주었다. 실존주의가 유행병처럼 세계를 휩쓸었다. 하지만 1960년대 이후 구조주의, 네오마르크스주의, 기호학은 현상학을 낡은 이론이라고 몰아붙였다.

21세기에 현상학은 다시 예술, 문화, 심리의 연구에서 중요한 방법으로 간주된다. 영화의 분석에서도 사회 구조적 조건의 분석 이외에 삶 자체의 발견도 중요하다. 메를로퐁티는 예술은 1차적 행위이고 모든 이론은 2차적인 것이라고 주장했다.[3] 예술은 논리의 미로를 벗어나 경험의 풍부함을 향하는 관문이다.

우리는 숫자와 기호로 환원되지 않는 살아있는 진실을 찾아야 한다. 이런 점에서 영화만큼 욕망과 사랑이라는 오묘한 정신 과정을 표현할 수 있는 매체는 없을 것이다.

사랑의 영화

사랑이 문학의 중요한 소재인 것처럼 영화의 영원한 주제이다. 2차 세계대전 종전 직후 영국 영화감독 데이비드 린David Lean이 스크린에 올린 〈밀회〉(1945)는 기차역에서의 짧은 만남 이후 궁극적으로 헤어질 수밖에 없는 부르주아의 관습을 보여준다. 마지막 장면에서 로라(실리아 존슨)가 "내가 죽을 수만 있다면 죽고 싶어요"라고 말하자, 알렉(트레버 하워드)은 대답한다. "당신이 죽는다면 나를 잊겠지, 하지만 나는 당신에게 기억되고 싶어."

1960년대 프랑스 영화감독 장뤽 고다르의 〈네 멋대로 해라〉(1960)는 젊은 남녀의 우연한 만남 속에서 질주와 혼란의 과정을 보여준다. 차량 절도범 미셸(장폴 벨몽도)은 미국 유학생 패트리샤(진 세버그)의 작은 아파트에서 함께 지낸다. 미셸은 "너 없인 못 산다. 같이 자고 싶다"고 말하며 패트리샤에게 사랑을 갈구한다. 패트리샤는 "내가 널 사랑하는지 아직 모르겠어. 내가 너의 뭘 좋아하는지 모르겠어"라고 속삭인다. 경찰에 쫓기는 미셸은 애인의 배신으로 죽게 된다. 불과 15년 후에 불과하지만 데이비드 린과 장뤽 고다르의 영화

베르나르도 베르톨루치Bernardo Bertolucci의 〈파리의 마지막 탱고〉(1972)

는 서로 다른 국가와 계급의 차이뿐 아니라 과거와 달라진 문화적 격변을 보여준다.

베르나르도 베르톨루치의 〈파리의 마지막 탱고〉(1972)가 중년 남성이 직면한 고독한 위기 속 섹슈얼리티를 보여준다. 중년의 폴(말론 브란도)은 약혼자가 있는 젊은 여인 잔느(마리아 슈나이더)를 분위기가 좋은 아파트에서 우연히 마주친다. 폴은 잔느를 벽에 몰아붙여 포옹하자 잔느는 뜨겁게 키스를 받아들인다. 둘은 서로 이름도 모른 채 격렬하게 섹스를 한다. 인사도 없이 거리로 나선다. 둘은 다시 만나 정사를 나눈다. 폴은 자신에 대해 묻는 잔느에게 소리친다. "나는 너의 이름을 알고 싶지 않아! 너는 이름도 없고 나도 이름이 없어. 우리는 모든 것을 잊는 거야."

헤닝 칼슨Henning Carlsen의 〈내 슬픈 창녀들의 추억〉(2011)은 노년기에 찾아온 고통스럽고도 아름다운 사랑의 이야기를 들려준다. 컬럼

가브리엘 가르시아 마르케스

비아 작가 가브리엘 가르시아 마르케스Gabriel García Márquez가 2004년에 출간한 동명 소설을 토대로 만들었다. '서글픈 노인'이라는 별명을 가진 주인공은 사창가의 난봉꾼으로 살았지만 진정한 사랑은 두려워했다. 90세 노인과 14세 소녀의 사랑은 롤리타 콤플렉스처럼 오늘날의 기준으로 기이하게 느껴지겠지만, 문학과 영화 속에서는 전혀 다른 감각을 느끼게 한다.

"나는 사랑 때문에 죽는 것은 시적 방종에 불과하다고 늘 생각해 왔다. 그런데 그날 오후, 그녀도 고양이도 없이 집으로 돌아오면서, 사랑 때문에 죽는 것은 가능한 일일 뿐만 아니라, 늙고 외로운 나 자신이 사랑 때문에 죽어가고 있음을 깨달았다. 그러나 그와 정반대의 것도 사실임을 깨달았다. 즉, 내 고통의 달콤함을 이 세상 그 무엇과도 바꾸지 않으리라는 것이다."

마르케스의 소설은 노벨문학상을 수상한 가와바타 야스나리의 『잠자는 미녀』(1961)를 모티브로 활용했다. 67세 노인 에구치의 허무를 뛰어넘는 데카당스 미학의 세계를 보여준다. 박범신의 소설을 토대로 만든 〈은교〉(2012)를 떠올리는 사람도 있을 것이다.

마르케스의 또 다른 소설 『콜레라 시대의 사랑』은 사랑에 관한 가장 탁월한 서사 문학으로 꼽을 만하다. 동시에 죽음과 노년에 관한 현상학적 사유를 담고 있다. 내가 가장 좋아하는 소설이기도 하다. "내가 죽는 것이 가슴 아픈 유일한 까닭은 그것이 사랑 때문이 아니라는 것이다." 이 문구는 사랑과 죽음의 관계를 표현한다. 무더운 열대의 밤에서 느끼는 아몬드 향기는 어떨까 상상해 본다.

마이클 누얼 감독이 만든 영화 〈콜레라 시대의 사랑〉(2007)은 소설만큼 감동을 주지는 않지만, 하비에르 바르뎀의 연기를 좋아한다면 볼 만하다. 주인공 플로렌티노 아리사의 사랑, 인내, 열정을 생생하게 느끼게 한다. 하지만 개인적으로는 바르뎀의 〈하몽 하몽〉(1994)에서 보여준 연기를 더 좋아한다. 야성적 젊은이와 죽음을 앞둔 노인의 사랑을 비교하는 일도 흥미로울 수 있다. 사랑의 현상학이 복잡미묘한 것처럼 배우의 연기는 전혀 다른 감각으로 우리의 마음에 파문을 일으킨다. 지나간 사랑을 떠올리면서.

멕시코 영화감독 알폰스 쿠아론의 〈이 투 마마〉(2002)는 멕시코 소년들의 성적 충동과 극적 체험을 다룬 성장 영화지만, 장인 솜씨가 묻은 연출은 볼 만하다. 사랑이 뭔지도 모르면서 두 소년은 욕망을 따라간다. 연상의 여인 루이사(말리벨 베르두)는 소년들을 새로운 감각으로 이끈다. 아이들은 성인이 되어 추억을 되살린다. 과연 욕망과 사랑의 경계는 무엇일까? 나는 이 영화를 보고 멕시코의 해안가에 가보고 싶어졌다. "인생은 파도와 같아. 바다처럼 자신을 내어주어야 해." 루이사의 말이 들리는 듯하다. 사랑의 힘은 오묘하다.

인류학자 말리노프스키의 관찰

지그문트 프로이트처럼 인간의 모든 행동을 에로스 충동으로 환원하려는 생각은 많은 비판을 받을 수 있다. 칼 마르크스도 인간 사회의 원동력을 경제적 요소로 환원했다는 지적을 받았다. 모든 걸 경제적 차원으로 환원하는 사람은 머리가 지나치게 단순한 사람이다. 동시에 프로이트가 강조한 대로 인간의 꿈이 모두 에로스 환상에 가득하다는 주장에 동의하는 사람은 가슴이 지나치게 뜨거운 사람이다.

폴란드 출신 영국 인류학자 브로니스와프 말리노프스키Bronisław K. Malinowski는 남태평양 뉴기니섬 북동쪽 트로브리앤드 군도 원주민들의 삶을 조사했는데, 그들은 소유욕도 없고 재산을 불리고 부자가 되려는 욕망도 없었다. 그리고 그들은 거의 꿈을 꾸지 않고 성적 충동이나 콤플렉스를 갖고 있지 않았다.[4]

원주민 사회의 성은 억압되지 않고 성적 자유는 관습과 문화에 의해 자연스럽게 인정되었다. 근친상간에 대한 타부(taboo)는 존재했지만, 어린 나이부터 어른들의 간섭 없이 독립적으로 자유롭게 성행위를 즐긴다. 사춘기가 지나면 '부쿠마툴라'라고 불리는 청년들의 집에서 가족과 분리된 채 살며 성적 자유를 누린다.

처음에 이들의 성교는 일종의 게임으로 이루어지는데, 열정에 의해 고정적 성교 상대가 정해진 이후에도 상호 구속의 의무 관계는 존재하지 않는다. 하지만 둘의 관계가 좀 더 진행된 후 음식을 같이 먹는 행위는 곧바로 혼인으로 연결된다.

말리노프스키는 원주민 사회의 성 문화가 현대인의 기준으로 부도덕하거나 난잡하게 판단할 수 없다고 단언한다. 성적 자유의 한계는 존재하지만, 그것은 언제나 **관습**과 **문화**에 의해서 결정된다는 것이다. 즉, 사랑, 섹스, 결혼도 모두 사회의 **협약**에 따라 만들어지는 것이다. 프로이트가 성적 충동을 무의식이라고 본 데 비해 말리노프스키는 문화적인 것으로 본 것이다. 나는 말리노프스키의 말에 더 마음이 끌린다. 이것도 문화적인 걸까?

에로스는 영원하다

성적 충동의 원인에 대한 학문적 논의와 별도로, 프로이트가 살던 20세기 초 당대의 사람들이 애써 무시했던 에로스 충동을 인간 행동의 근원적 동기라는 사실을 지적한 사실은 지금도 많은 호소력을 가진다. 1930년 프로이트는 『문명 속의 불만』에서 사회학적 분석을 제시하고 인간의 에로스에 대한 독창적인 통찰을 보여준다.[5]

문명사회는 인간에게 양가감정을 불러일으킨다. 무엇보다도 '쾌락원칙'을 제한하는 문명사회는 인간의 원초적 욕망을 억압한다. 문명사회의 규범은 '초자아'의 역할을 수행한다. 성적 리비도(욕망)의 제약은 문명사회의 본질이지만, 이를 뛰어넘는 에로스의 욕망은 언제나 다시 살아난다.

"인류에게 있어서 결정적인 물음은 문화적인 발달이 공격성과 자기-파괴의 인간 본능에 의해 야기되는 공동체적 삶의 교란을 제어하는 데 성공할 수 있는지, 있다면 어느 정도까지 성공할 수 있는지 하는 점처럼 보인다. 이 점과 관련하여 정확히 현시점은 특별한 관심을 끌 것이

지그문트 프로이트

다. 사람들은 자연의 힘을 통제할 수 있는 엄청난 힘을 확보하였기 때문에, 그것으로 최후의 1인까지 서로를 절멸시키는데 아무 어려움이 없을 것이다. 그들은 이 점을 알고 있으며, 그들이 현재 느끼는 안달과 불행과 불안 전조의 많은 부분이 그로부터 온다. 그리고 이제 두 '천상의 힘들'의 하나, 영원한 에로스가 그의 동일하게 불멸하는 숙적과 투쟁하는 가운데 스스로를 주장하는 노력을 보일 것이라는 점을 기대할 수 있다. 그러나 어떤 성공과 어떤 결과를 예상할 수 있는 사람이 있을까?"

프로이트가 쓴 이 글은 1차 세계대전을 목도한 다음 다시 전운이 감도는 1930년대 후반 유럽에서 프로이트가 다시 에로스 본능에 희망을 거는 것으로 볼 수 있을지 모른다. 프로이트는 정신분석학이 죽음 충동이 아니라 **에로스 충동**에 관한 학문이라고 생각했다. 어쩌면 인간은 죽더라도 에로스는 죽음에 맞서 이길 것이라고 믿었을 것이다.

지그문트 프로이트처럼 스탠리 큐브릭의 영화는 다양한 우상을 해체했다. 프로이트의 책처럼 큐브릭의 영화는 차갑다. 큐브릭의 전쟁 영화는 비극적 삶으로 가득하다. 인간의 죽음 충동에 경악한다. 그러나 큐브릭은 죽음을 앞두고 사라지지 않는 에로스를 발견한다. 그의 마지막 영화의 주제는 에로스 충동이었다. 아, 마침내 사랑이 죽음을 이길 수 있을까?

10
범죄와 낙인: 선악의 기준은 어디에 있는가?

프랜시스 포드 코폴라, 〈대부〉(1972)

허명행, 〈범죄도시 4〉(2024)

> 영화가 만들어지는 시기는 재능뿐 아니라 대중이 그것을 받아들일 준비가 되었는지에 따라 정해진다.
>
> — 프랜시스 포드 코폴라Francis Ford Coppola, 미국 영화감독

범죄자는 태어나는가 또는 만들어지는가?

얼굴을 보면 그 사람의 성격과 운명을 알 수 있을까? 19세기 유럽의 골상학은 사람의 신체적 특징으로 범죄 가능성을 분석할 수 있다고 보았다. 관상학처럼 얼굴 모양만 봐도 척하고 범죄자를 구별할 수 있다고 믿었다.

마르크스주의는 범죄자가 경제적 계급에 의해 결정된다고 보았다. 가난한 사람의 범죄는 강한 처벌을 받는 대신 부자의 범죄는 거의 제약이 없다. 19세기 칼 마르크스는 "범죄자를 낳는 체제를 바꾸는 문제에 대해 깊이 생각할 필요가 있다"고 적었다. 반면 심리학 이론은

소시오패스, 사이코패스, 연쇄 살인마 등의 성격 유형과 정신분석에 관심을 가진다. 유아기의 경험과 부모의 학대와 방치에 주목한다. 하지만 범죄자의 모든 것을 설명하는 이론은 없다.

미국 시카고대학 교수 하워드 베커 Howard Becker 는 싱징적 상호작용주의(symbolic interactionism) 이론을 적용해 범죄에 관한 새로운 관점을 제시했다. 1963년 베커는 『아웃사이더(Outsiders)』에서 사회에서 특정 집단이 일탈을 정의하는 규칙을 만들고 다른 사람에게 적용하여 '아웃사이더'라고 '**낙인**'(labeling)을 찍는다고 주장했다.[1] 범죄는 계급이나 성격이 아니라 사회 환경에 의해 만들어진다.

베커는 정부가 마약 복용과 같은 특정한 행위를 불법으로 규정하여 일탈을 만들어내는 방식에 주목했다. 입법이 정당하다고 간주되면 법을 어긴 사람은 일탈자 또는 범죄자로 간주될 수 있다. 베커에 따르면, "일탈자는 낙인이 성공적으로 적용된 사람이다. 일탈 행동은 사람들이 그렇다고 낙인을 찍는 행동이다."

그러면 낙인은 어떻게 이루어질까? 베커는 법률 제정을 주도하는 미국 연방 마약단속국과 같은 기관의 중요성을 강조했다. 이런 기관들은 종종 기관의 이익을 위해 움직인다. 이런 분석은 낙인 과정 이면에 있는 사회적 힘을 강조한다.

개인의 행동에는 수많은 요인에 의해 영향을 받는다. 사회는 추상적 원칙이나 보편적 기준에 따라 결정되는 것이 아니다. 하워드 베커에 따르면, 인간의 삶은 구조에 의해 결정되기보다 개인들의 상호작용을 통해 만들어진다. 따라서 어떤 집단에서는 일탈 행위가 다른 집단에서는 정상적 행위로 간주 될 수 있다. 어떤 경우에 살인은 범죄이지만, 다른 경우에는 정의의 실현이 될 수 있다. 사람의 행동은 관

프랜시스 포드 코폴라, 〈대부〉(1972)

점에 따라 다르게 해석할 수 있다.

뉴욕 마피아의 은밀한 세계

"나는 아내에게 정의를 위해 우리가 돈 콜리오네에 가야 한다고 말했어요." 영화 〈대부〉의 첫 장면에서 평범한 한 사람이 이탈리아 억양으로 자신의 딸이 살해당했는데 가해자들이 처벌 대신 재판에서 석방되었다고 말한다.

말론 브란도가 연기하는 돈 콜리오네가 말한다. "너는 미국에서 천국을 발견했지. 너는 잘살고 경찰의 보호를 받고 법정도 있었지. 너는 나 같은 친구는 필요하지 않았지. 그런데 너는 나를 찾아와서 돈 콜리오네에게 정의를 달라고 말하지." 이렇게 〈대부〉는 미국 사법 시스템에 대한 질문을 제기하면서 시작한다.

분노와 절망에 빠진 이탈리아 이민자는 돈 콜리오네의 손에 입맞춤을 한다. 이는 매우 상징적인 행동이다. 이탈리아 문화에서 대부의 손에 키스하는 것은 존경의 표현이다. 영화 속에서 행동은 사적 복수를 통해 자신을 구원해달라는 부탁이다. 종교와 역사와 개인적 복수의 감정이 복합적으로 표현된다.

프랜시스 코폴라 감독은 뉴욕의 이탈리아 이민자 가정에서 태어났으며, 어린 시절 뉴욕시 롱아일랜드에서 자랐다. 그의 아버지는 플루트를 연주했고 형은 문학과 연극에 재능이 많았다. 코폴라 역시 소설을 쓰고 싶어 했지만, 1960년대 캘리포니아대학 로스앤젤레스(UCLA) 영화학과에서 공부했다.

대학 시절 코폴라는 세르게이 에이젠슈타인의 〈세계를 뒤흔든 10일〉을 보면서 영화의 가능성에 대해서 강한 인상을 받았다. 그는 돈을 벌기 위해 각본을 썼지만, 자신만의 영화를 만들 야심을 가졌다.

1960년대의 코폴라는 저항문화가 만든 정신적 세례를 받았다. 샌프란시스코의 노스 비치에서 불타올랐던 히피 문화와 급진적인 베트남 전쟁 반대 운동과 뒤섞이면서 젊은이들의 반문화(counter-culture)는 기성세대의 문법을 완전히 전복시켰다. 그는 UCLA 영화학과에서 동료 학생이었던 짐 모리슨을 만났다. '도어즈'(Doors)를 이끈 짐 모리슨은 현란한 전자음악을 이용해 환각의 분위기를 표현한 사이키델릭 락 음악으로 록 큰 롤의 새로운 역사를 썼다. 이들은 '1960년대 세대'로 미국의 대중문화를 혁명적으로 바꾸는 운명을 가지게 되었다.

프랜시스 포드 코폴라, 브라이언 드 팔마, 마틴 스코세지Martin Scorsese는 1970년대 대학에서 영화를 배운 감독들이다. 알프레드 히치콕Alfred Hitchcock과 오슨 웰스Orson Welles처럼 현장에서 영화를 배운 세대와는 다르다. 이들은 고전적 영화를 두루 섭렵했을 뿐 아니라 유럽의 누벨바그 영화에도 심취했으며, 자신만의 독특한 스타일로 작가주의 영화를 추구했다. 그들은 미학적 스타일을 높이기 위해 노력했으며 거장다운 분위기를 풍겼다. 최초로 문예창작과 출신으로 노벨문학상을 받은 가즈오 이시구로처럼 첫 작품부터 완성도가 높은 영화를 만들었다.

젊은 영화 전공 대학생 코폴라는 마리오 푸조의 소설 『대부』에서 새로운 관점을 발견했다. 하워드 베커의 분석처럼 범죄자를 구조적 관점이 아니라 개인적 상호작용을 설명하려고 시도했다. 그는 범죄를 부정적으로 보는 보수적 미국인들의 시각을 흔들어놓았다.

내부자의 관점

2023년 1월 미국 로스앤젤레스 도심에 자리 잡은 아카데미 영화 뮤지엄은 영화 〈대부〉에 관한 특별 전시회를 개최했다. 도시 곳곳에 말론 브란도와 알 파치노의 얼굴을 담은 영화 포스터가 운전자의 시선을 끌었다. 타임머신을 타고 온 듯한 느낌을 주었다. 1972년 프랜시스 포드 코폴라 감독의 〈대부〉는 영화사뿐 아니라 사회사 차원에서도 기념비적 작품으로 간주된다.

〈대부〉의 주인공은 범죄자이고 미국의 영웅관과 거리가 멀다. 전통적 영화에서 마피아의 두목은 혐오스러운 인물이고 사회에서 제거해야 할 악당으로 간주된다. 〈대부〉의 주인공은 전혀 다른 모습으로 등장한다. 레이먼드 챈들러Raymond Chandler의 소설이 20세기 초반 로스앤젤레스의 이미지를 보여주듯이 프랜시스 코폴라는 뉴욕 마피아에 대한 환상을 갖게 만든다.

미국 영화는 대부분 고전적 서부 영화와 전쟁 영화처럼 선악의 대결에서 정의가 승리하는 플롯을 가지고 있었다. 그러나 〈대부〉는 사회에서 악한 집단을 대표하는 마피아라는 범죄 조직을 **내부자의 관점**에서 보여준다. 외부자의 눈으로 본 선악의 이분법이 어디에도 존재하지 않는다. 범죄자를 주류 사회의 관점이 아니라 내부자의 관점으로 보려고 시도했다. 코폴라는 어떻게 그럴 수 있었을까?

코폴라는 이탈리아 이민자 가정에서 자랐으며, 비록 가족들은 영어로 말했지만, 누구보다도 이탈리아계 미국인 문화를 잘 알고 있었다. 뉴욕의 마피아 세계는 전혀 몰랐지만, 이탈리아계 사람들의 사고방식과 문화 구조는 소상히 알고 있었다. 이런 개인적 체험은 영화에서도 세심하게 잘 표현된다. 하지만 코폴라의 영화는 이탈리아 사람의 이야기를 넘어서 모두가 공감할 보편적 서사 구조를 재현한다.

권력과 셰익스피어의 연극

코폴라의 〈대부〉는 평범한 범죄 영화라기보다 윌리엄 셰익스피어의 연극 같은 분위기를 느끼게 한다. 또한 〈내일을 향해 쏴라〉(1969), 〈스팅〉(1973), 〈비열한 거리〉(1973)와 같은 범죄 영화와는 매우 다른 느낌을 준다.

대학에서 연극을 공부한 코폴라는 마리오 푸조의 소설 『대부』를 스크린으로 옮기면서 극적인 효과를 탁월하게 연출했다.[2] 매우 현대적 영화이지만 고전적 느낌을 주는 것은 코폴라가 가진 연극적 감각이 만든 결과이다.

코폴라의 장인 정신을 통해 영화 〈대부〉는 단지 뉴욕 마피아의 이야기가 아니라 권력과 승계에 관한 정치적 분석을 효과적으로 표현했다. 어떤 조직에서나 권력자는 경쟁자의 도전에 둘러싸이고 자신의 후계자를 선택하는 문제로 고민한다.

그래서 〈대부〉는 범죄를 넘어 인간의 보편적 삶의 원칙을 보여준다. 우리는 영화 속에서 자신의 삶을 되돌아본다. "절대로 적을 미워하지 마라, 판단력이 흐려지니까." 〈대부 3〉의 마이클 콜리오네의 말이다.

아무리 뛰어난 영화를 만들어도 그 시대의 분위기와 어울리지 못하면 성공하기 어렵다. 코폴라는 반항의 시대라는 거센 파도를 타고 자신의 목적지에 당도할 수 있었다. 영화를 통해 20대 코폴라의 삶도 극적으로 변화했다.

코폴라는 〈대부〉의 예기치 못한 성공으로 엄청난 명성과 부를 얻었다. 누구나 그에게 영화 제작을 맡기고 싶어 했지만, 그는 더는 돈을 벌기 위해 상업적 영화를 찍지 않겠다고 결심했다. 그는 또 다른 대작 〈지옥의 묵시록〉(1979)에 도전했다. 그는 젊은 나이에 너무 일찍 얻은 자신의 놀라운 권력을 활용하려고 했다. 코폴라의 〈대부〉는 그의 생각을 보여주는 동시에 삶도 보여준다.

범죄 영화의 사회학

1950년대 존 포드의 서부극은 대부분 선악 구도와 권선징악의 서사를 지킨 데 비해, 1970년대 코폴라의 범죄 영화는 선악의 경계가 흐릿하고 전통적 윤리학을 부정한다. 코폴라는 범죄의 복잡한 의미 체계를 날카롭게 파고들었다. 하지만 경찰관처럼 범죄를 파헤치거나 판사처럼 단죄하지 않는다. 코폴라는 범죄자의 내면세계를 보여준다. 그 관점은 외부자의 시선이 아니다. 철저하게 범죄자 자신의 관점이다.

코폴라의 〈대부〉는 범죄에 대한 새로운 해석을 제시했다. 1970년대 미국을 대표하는 영화라면 단연 〈대부〉를 꼽을 수 있다. 마틴 스코세지도 〈비열한 거리〉(1973)에 이어 〈택시 드라이버〉(1976), 〈좋은 친구들〉(1983)을 통해 범죄 세계의 새로운 면모를 보여주었다. 브라이언 드 팔마의 〈스카 페이스〉(1983), 〈언터쳐블〉(1987), 〈칼리토〉(1993)는 폭력의 수위가 높았지만, 범죄 영화의 고전이 되었다.

범죄 영화의 폭력성은 미국 사회의 잃어버린 정체성을 되찾기 위한 노스탤지어(향수)를 느끼게 한다. 베트남 전쟁과 경제 침체로 위축된 미국인에게 강한 아버지 또는 거친 남성의 정체성을 되돌려주고자 했다. 동시에 페미니즘과 여성운동의 급속한 발전과 함께 위축된 남성성이 폭력과 함께 영화 스크린에 되돌아왔다. 범죄 영화의 주인공이 대부분 남자라는 사실은 중요한 의미가 있다.

1970년대와 1980년대 미국 사회에서 범죄 영화는 큰 인기를 얻었다. 왜 그랬을까? 사회학자라면 이 시기에 미국의 경제 위기와 고실업과 함께 범죄율이 급증한 사실을 지적할 것이다. 1930년대와 1940년대 대공황으로 범죄율이 급증할 때 갱스터 영화 〈공공의 적〉(1931)과 탐정 영화 〈말타의 매〉(1941)가 인기를 얻었던 경험을 떠올릴 수 있다. 1980년대 범죄는 미국 언론에서 중요하게 다루었고 미국인의 불안한 심리에 큰 영향을 미쳤다. 하지만 1990년대 이후 경제 호황과 범죄율 감소와 함께 범죄 영화는 시들해졌다. 2000년대 들어서서 SF 영화와 마블 영화에 자리를 내주었다.

왜 한국 남자는 범죄 영화를 좋아할까?

흥미롭게도 2000년대에 들어서도 한국에서는 범죄 영화의 열기가 식지 않고 있다. 〈살인의 추억〉(2003), 〈올드 보이〉(2003), 〈그놈 목소리〉(2007), 〈추격자〉(2008)는 전대미문의 성공을 거두었다. 〈도둑들〉(2012), 〈베테랑〉(2015), 〈극한직업〉(2019) 등 '1000만 영화'도 등장했다. 강력한 캐릭터를 가진 서사 구조, 독창적인 스토리텔링, 독특한 영화적 스타일, 제작 기술이 뛰어난 결과이다. 특히 정의에 대한 강한 갈망과 복수 심리는 한국 영화에서 중요하게 다루는 주제이다. 한국 범죄 영화는 세계적 호응을 얻고 동남아 국가에서 리메이크되기도 했다.

범죄 영화는 드라마, 스릴러, 액션, 코미디 등 다양한 장르로 분화했다. 강윤성 감독의 〈범죄도시〉(2017) 등 시리즈 제작도 흥행 보증수표가 되었다. 괴물 형사 마석도(마동석)가 범죄 조직을 소탕하는 〈범죄도시 4〉(2024)는 1000만 관객을 돌파했다. 경찰은 마약 판매 조직을 수사하다 필리핀에 거점을 둔 불법 도박 조직을 파헤치고 악당을 소탕한다. 이 영화는 범죄 영화라기보다 '경찰 영화'로 볼 수 있

허명행, 〈범죄도시 4〉(2024)

다. 선악 구분이 분명하고 권선징악의 결말이 뻔하다. 그래도 수많은 관객이 모인다.

   지난 수십 년 동안 미국, 유럽, 일본에 비교해 한국에서만 유독 범죄를 다룬 흥행 대작이 많다. 이러다가 한국이 '범죄 영화의 할리우드'가 될지도 모르겠다. 왜 한국에서 유독 범죄 영화의 인기가 높을까? 한국의 범죄 발생률을 보면, 1980년대의 미국에 비해 매우 낮다. 살인 발생률도 선진국 가운데 가장 낮은 편이다. 그런데 한국인 가운데 "어두울 때 집 주변을 혼자 걸을 때 당신은 얼마나 안전하다고 느끼십니까"라는 질문에 대해 불안감을 느낀다는 답변 비율이 매우 높다.

최근 한국보건사회연구원의 보고서에 따르면, 범죄 피해 불안을 느끼는 사람의 비율이 체코와 러시아 다음으로 높지만, 불안의 정도를 점수화하면 비교 대상국 중 가장 높게 나타난다.[3] 한국은 불안을 느끼는 사람의 비율이 노인층에서 가장 낮고 35세 이하 청년층에서 가장 높은 특징을 보인다. 여성이 남성보다 높다. 범죄 영화는 사회의 불안감이 클수록 흥행에 성공하는 경향을 보여준다. 범죄 영화는 공포를 먹고 자란다.

한편 범죄 영화의 폭력성은 잃어버린 남성성에 대한 복고 취향을 표현한다. 폭력은 야성적 세계에 대한 향수를 느끼게 한다. 〈범죄도시〉가 거둔 흥행 성공의 이면에는 많은 남성 관객이 존재한다. 사실 〈범죄도시〉의 등장인물 중 여성은 거의 존재하지 않는다. 또는 폭력에 무기력한 피해자가 될 뿐이다.

한국 범죄 영화에는 중요한 점이 숨겨져 있다. 영화는 범죄를 넘어 부패와 불평등 등 사회 이슈를 다룬다. 대표적으로 〈기생충〉은 단순한 범죄 영화가 아니라 계급 갈등과 블랙 코미디를 결합한 사회적 영화로 볼 수 있다. 어쩌면 범죄 영화의 비결은 잡히지 않는 범인이 너무 많은 현실에 관한 날카로운 풍자이다.

4부
인류의 미래는 어디로 가는가?

11

우주 개발과 SF 영화: 인류는 화성으로 이주해야 하나?

조르주 멜리에스, 〈달나라 여행〉(1902)

조지 루카스, 〈스타워즈〉(1977)

제임스 카메론, 〈아바타〉(2009)

> 당신이 11세 소년의 호기심을 알 수 있다면 블록버스터 영화를 충분히 만들 수 있다.
>
> — 조지 루카스

과학과 상상력의 만남

나는 양평 중미산 천문대에 간 적이 있다. 안내원은 우주에 관한 짧은 강의 속에서 산꼭대기와 중턱에 있는 천문대 가운데 별이 잘 보이는 장소를 물었다. 어린이는 대개 꼭대기라고 말했고 어른들은 중턱이라고 답했다. 그러자 안내원은 "아이들은 순수한 마음을 가지고 있는 반면, 어른들은 뭔가 질문의 숨겨진 의도를 생각하고 답을 고른다"고 말했다. 모두 웃었다.

별은 산 중턱에서 잘 보인다. 도시의 '빛 공해'를 피할 수 있기 때

조르주 멜리에스, 〈달나라 여행〉(1902)

문이다. 그렇다. 우리가 현실에 찌들면 별을 보지 않는다. 밤하늘 무수히 많은 별을 본 적 있다면, 여러분은 아직 순수한 마음을 가지고 있다고 볼 수 있다.

오늘날 영화관에 관객을 가장 끌어모으는 장르는 SF(과학소설) 영화이다. 대규모 블록버스터 영화뿐 아니라 작은 규모로 제작되는 예술 영화에서도 SF 요소가 널리 사용된다. SF 영화는 다른 장르 영화와 달리 엄청난 시간과 공간의 확대를 상상한다. '미래'와 '우주'가 영상 속으로 들어온다.[1] 1940년대와 1950년대 할리우드 장르 영화 가운데 서부극이 최고 인기를 끈 것처럼 지금은 SF 영화가 커다란 인기를 누린다.

최초의 과학소설은 메리 셸리^{Mary Shelley}의 〈프랑켄슈타인〉(1831)이었다. SF 영화도 상당히 오랜 역사를 가지고 있다. 최초의 영화 중 조르주 멜리에스^{Georges Méliès}의 〈달나라 여행〉(1902)은 SF 영화의 효시로 볼 수 있다. 이 영화는 약 15분 정도였다. 원작은 프랑스 작가 쥘 베른Jules Verne의 소설이다. 수많은 과학 보고서를 분석한 쥘 베른은 과학적 추론과 상상력을 결합해 『달나라 여행』(1869), 『해저 2만리』(1870), 『80일간의 세계 일주』(1873) 등 과학소설을 출간했다. 쥘 베른의 문학은 19세기 유럽 제국주의 시대에 미지의 세계에 대한 낭만적 호기심과 모험을 표현한다. 동시에 미래에 대한 낙관적인 세계관을 보여준다. 나도 어린 시절 교과서를 뒤로 밀쳐두고 열심히 읽었던 책들이다.

영국 작가 H. G. 웰스Herbert George Wells는 사회학자의 통찰력을 가지고 『타임 머신』(1895)에서 자본주의 사회의 불평등을 풍자했다. 『모로 박사의 섬』(1996)은 동물 생체 실험의 잔혹함을 비판했고, 얼마 후 영국의 동물 생체 실험이 중지되었다. 『우주 전쟁』(1898)은 제국주의에 대한 풍자적 은유를 담고 있다. 스티븐 스필버그가 만든 영화 〈우주 전쟁〉(2005)의 원작이다.

세계 최초의 '장편' SF 영화는 독일 영화감독 프리츠 랑의 〈메트로폴리스〉(1927)이다. 이 영화는 독일 표현주의 영화의 대표작으로 카메라 움직임과 조명 기술로 독특한 스타일을 보여준다. 도시 중심에는 바벨탑이 서 있고 초고층 건물이 가득하다. 고가도로에는 자동차가 줄을 서 있고 하늘에는 경비행기가 날아간다.

낙관적인 조르주 멜리에스와 달리 프리츠 랑은 100년 후의 디스토피아 세계를 묘사한다. 고층 건물에는 도시를 지배하는 부유한 기업가들이 거주하고, 지하에는 노동자들이 기계를 작동하기 위해 힘겹게 살아간다. 인간의 욕망과 과학기술이 멋진 도시를 만들었지만, 억압과 착취의 디스토피아가 등장했다. 〈메트로폴리스〉는 당대 자본주의 사회에 대한 정치적 풍자였다.

프리츠 랑은 나치 당의 집권 이후 할리우드로 망명했다. 하지만 프리츠 랑의 SF 영화는 서부극에 밀려 할리우드에서 꽃피우지 못했다. 1930년대 이후 수십 년 동안 할리우드에서 SF 장르는 저예산 영화로 만들어졌으며, B급 영화로 분류되었다. 즉 다른 영화와 끼워서 2편씩 영화관에 상영하기 위한 영화였다. 위대한 SF 소설에 비하면 초기 SF 영화는 금새 작은 꽃처럼 시들어버렸다.

우주 개발 시대의 SF 영화

SF 영화는 20세기 중반까지 대부분 무시당하고 종종 조롱받았다. 1960년대에 들어서서 SF 영화가 예술 영화로 등장하는 사건이 발생했다. 스탠리 큐브릭의 〈2001: 스페이스 오디세이〉(1969)는 인간의 진화, 기술의 사용, 인공지능, 우주 생활을 다루는 철학적 영화로 높은 평가를 받았다. 나도 거듭 볼 정도로 무척 좋아하는 영화다. 리하르트 슈트라우스의 '차라투스트라는 이렇게 말했다'가 만드는 웅장한 음향과 함께 들으면 우주 한 복판에 있는 듯한 느낌이 든다.

"유명하게 될 좋은 SF 영화를 만들어보지 않겠습니까?" 큐브릭은 영국의 SF 작가 아서 C. 클라크Arthur C. Clarke를 설득해 작업했고, 영화 상영 후 소설이 출간되었다. 큐브릭의 SF 영화는 기술적으로 특수효과를 본격적으로 도입했으며, 1968년 아카데미 시각 부문상을 받았다.

SF 영화의 본격적인 대중화는 조지 루카스의 〈스타워즈〉(1977)에 의해 이루어졌다. 이 영화는 SF 영화뿐 아니라 미국의 대표적 대중문화인 만화와 긴밀한 관련이 있다. 2차 세계대전 이후 공포, 스릴러,

조지 루카스, 〈스타워즈〉(1977)

전쟁 등 다양한 종류의 만화가 인기를 끌었다.

SF 영화에 관한 인기가 폭발한 가장 중요한 계기로 무엇보다도 우주 경쟁을 들 수 있다. 1957년 소련이 세계 최초로 스푸트니크호 발사를 성공했다. 미국은 경악했다. 케네디 행정부는 즉각 미국 항공우주국(NASA)을 만들고 막대한 예산을 투입했다. 미국과 소련의 우주 경쟁이 본격화되었다. 마침내 1969년 닐 암스트롱이 달에 착륙했다. 멜리에스의 〈달나라 여행〉의 꿈이 이루어졌다.

나는 어린 시절에 우주 전쟁에 관한 만화를 즐겨 보았다. 나와 비숫한 시기에 젊은 시절을 보낸 아마존의 제프 베이조스와 테슬라의 일론 머스크도 우주 만화에 푹 빠져들었다. 머스크는 20대에 페이팔로 엄청난 돈을 번 다음 러시아로 날아갔다. 소련이 무너지자 실업자가 된 우주비행사를 채용하려고 했다. 이제 머스크는 스페이스X를 창업해 화성에 이주하려는 계획을 추진한다. 자신은 화성에 죽을 거라고 공언했다. 베이조스는 블루오리진을 세워 우주여행을 추진했다. 이들은 당장 큰돈을 벌지 못해도 자신들의 유년기 꿈을 이루고 싶은 것이다.

〈스타워즈〉를 만든 조지 루카스도 1950년대 어린 시절 만화 『플래쉬 고든』에서 얻은 상상력을 실현하려고 시도했다. 남캘리포니아대학(USC)에서 영화를 공부한 루카스는 젊은 시절부터 각본을 쓰면 영화를 만들기 위해 노력했다. 하지만 SF 만화를 활용한 각본은 할리우드 영화사의 퇴짜를 받았다. 흥행에 성공하기 어렵다고 본 것이다. 루카스는 포기하지 않고 대본을 고쳐 썼다.

루카스는 미국의 신화학자 조지프 캠벨Joseph Campbell의 저서를 탐독했다. 일본 영화감독 구로사와 아키라의 〈7인의 사무라이〉를 좋아한 루카스는 사무라이 투구와 광선 검을 활용했다. 주인공 이름은 자신의 별명을 따 '루크'로 정했다.

우여곡절 끝에 영화 수입은 모두 영화사가 차지한다는 불평등 계약을 통해 겨우 제작을 시작할 수 있었다. 루카스는 영화 캐릭터의 수입을 차지하기로 했지만, 별 기대는 하지 못했다. 그는 영화를 제작하고도 아예 영화관에 가지도 않았다.

그런데 〈스타워즈〉가 개봉되자 놀라운 일이 벌어졌다. 수많은 SF 만화 팬들이 영화관 앞에 줄을 서고 장사진을 쳤다. 소수의 마니아를 겨냥한 컬트(cult) 영화가 각계각층을 동원하는 블록버스터가 된 것이다. 루카스는 예상치 못한 영화 캐릭터로 막대한 돈을 벌어들였고, 곧 자신만의 영화사를 설립했다. 〈스타워즈〉는 SF 영화가 엄청난 돈을 벌 수 있다는 것을 보여준 역사의 변곡점이었다.[2]

1980년대에 들어서면서 SF 영화는 다양하게 발전했다. 서부극이 미국의 프론티어십(개척자 정신)과 관련이 있듯이, SF 영화는 미지의 우주에 대한 도전 정신과 깊은 관련이 있다. 스티븐 스필버그는 〈E.T.〉(1982)를 만들고 외계인과 만나는 환상적 장면을 보여주었다. 반면에 리들리 스콧의 〈블레이드 러너〉(1982)는 미래에 사람처럼 말하는 로봇의 노동과 우주 개발이 만든 디스토피아에 대한 철학적 질문을 던졌다. 당연히 미국인은 스필버그의 영화를 더 좋아했다.

SF 영화의 다양성

나는 아마추어 천체 망원경을 가지고 있다. 10배 배율 망원경으로도 목성을 발견할 수 있다. 갈릴레오 갈릴레이는 직접 만든 망원경으로 목성의 위성을 발견했다. 30배 배율이다. 갈릴레이의 망원경은 아이작 뉴턴 Isaac Newton의 『프린키피아: 자연철학의 수학적 원리』를 탄생시켰다. 그리고 과학을 이끄는 계몽주의 시대가 열렸다.

나는 딸 지혜와 함께 천문대에서 갈릴레이 망원경보다 더 큰 400배 크기의 거대한 망원경으로 토성의 고리를 보았다. 지혜는 너무 신나서 다른 별도 관측했다. 하늘의 수많은 별이 사실은 수백 년 또는 수만 년 전 빛이라는 사실에 놀라워했다. 그리고 어느 별엔가 외계인이 살고 있을 거라는 말에 흥미를 보였다. 곧 질문을 던졌다. "그런데 왜 외계인이 지구에 오지 않는 거지?" 내 머리에는 영화 〈E.T〉가 떠올랐다.

SF 영화는 하늘의 별처럼 다양하다. 소재에 따라 우주 전쟁, 외계인, 인공지능을 다룬다. 거대한 규모와 특수효과를 사용하는 경우가 많다. 아포칼리스(묵시록) 또는 초월적 주제를 다루기도 한다. 핵전쟁, 외계인 침략, 전염병, 기후 변화 등으로 인한 세계의 멸망 또는 종말 이후 세상을 묘사한다.

초창기 SF 영화 가운데 장뤽 고다르의 〈알파빌〉(1965), 프랑수와 트뤼포의 〈화씨 451〉(1966), 스탠리 큐브릭의 〈시계태엽 오렌지〉(1971)는 사회적 메시지를 다루었다. 소련의 안드레이 타르코프스키의 〈솔라리스〉(1972)는 철학적 영화이다. 모두 내가 좋아하는 최고의 SF 영화이다. 우리가 죽기 전에 이런 영화를 볼 수 있는 것은 큰 행운이다.

시간이 지나면서 SF 영화는 점차 대중적인 영화 장르로 변신했다. 디즈니는 〈마녀의 산으로의 도주〉(1975), 〈협곡의 실종〉(1986)을 만들었다. 조지 루카스의 〈스타워즈〉는 〈제국의 역습〉(1980), 〈제다이의 귀환〉(1983) 등 후속작으로 흥행에 크게 성공했다. 스티븐 스필버그의 〈E.T.〉는 세계적으로 6억 5천만 달러의 실적을 얻었다. 그 후 SF 영화는 미국뿐 아니라 전 세계적으로 중요한 영화 장르로 부각했다. 스티븐 스필버그는 "과거에는 SF 영화가 디저트였는데, 이제는 스테이크가 되었다"고 말했다.

왜 할리우드에서 SF 영화가 인기를 얻었을까? 무엇보다도 할리우드의 막대한 자본과 컴퓨터 그래픽 기술의 발전은 미국이 SF 영화의 선두 주자가 될 수 있도록 만들었다. 둘째, 우주 개발에 이어 과학기술과 미래 사회에 관심이 많은 미국의 사회적 분위기도 영향을 주었다. 특히 소련의 유인 인공위성으로 충격을 받은 미국 정부가 과학기술 분야와 관련 학교 교육에 더 큰 예산을 배정했고, 많은 학교에서 과학기술교육을 중시한다. 다양한 아이디어와 새로운 도전을 추구하는 미국 사회의 분위기는 스티브 잡스와 같은 혁신가의 성공으로 잘 드러난다.

로스앤젤레스의 그리피스 천문대에서 제임스 딘이 영화 〈이유 없는 반항〉을 촬영하고, 로맨스 뮤지컬 〈라라 랜드〉의 연인들이 탭 댄스를 추는 장면은 얼마나 천문대가 일상생활에 가까운지를 보여준다. 나도 그리피스 천문대에서 내려다보는 로스앤젤레스의 야경을 잊지 못한다.

SF 영화가 미국에서 인기를 끌자 미국의 대중문화의 소재인 외계인, 기계 인간이 주인공으로 등장했다. 리들리 스콧의 〈에이리언〉(1987)은 외계 생명체가 여자 우주비행사의 몸에 침투하여 지구인을 공격하는 이야기를 다루었다. 이 영화는 호러(공포) 장르와 결합된 'SF 호러'를 선보였는데, 큰 성공을 거두었다. 동시에 여성의 원하지 않는 임신과 신체 결정권에 관한 메시지로 해석하는 페미니즘의 논쟁도 제기되었다. 제임스 카메론의 〈에이리언 2〉(1986)도 잇달아 성공을 거두고 비평가의 찬사를 받았다.

제임스 카메론은 본격적으로 SF 감독으로 부상했다. 그가 만든 〈터미네이터〉(1984)는 핵전쟁 후 기계가 인간을 절멸시키는 디스토피아 영화였는데, 대중의 인기 속에 후속작을 만들었다. 이 영화의 주인공 아놀드 슈왈제네거는 영화의 인기에 힘입어 정치에 입문하고 캘리포니아 주지사로 당선되었다. 정치와 대중문화의 경계가 희미해진 사건으로 꼽히기도 한다.

태평양 건너 일본 애니메이션 영화도 SF 장르를 활용했다. 일본 소년들이 희망이 없는 허무한 현재에서 벗어나 새로운 세계를 만들기 원하는 이야기를 담은 〈아키라〉(1988)는 큰 성공을 거두었다. 일본에 탄생한 망가(만화) 열풍이 세계를 강타하던 시기와 맞물렸다. 첫 장면은 미래의 핵전쟁으로 파괴된 일본 네오도쿄의 올림픽 경기장이 등장한다. 이는 히로시마 원폭 투하와 1964년 도쿄올림픽의 장면을 떠올리게 한다.

영화 〈아키라〉의 초반부에 급진파 정치운동가 소녀는 폭주족 소년을 만난다. 오토모 가쓰히로 영화감독은 1960년대 전공투 학생운동, 테러리즘, 국가 폭력으로 얼룩진 자신의 젊은 시대를 SF 애니메이션으로 표현했다. 영화 제목 '아키라'는 신세계를 창조하는 절대 에너지를 상징한다. 초능력을 가지게 된 아이들은 아키라의 힘을 깨워야 한다고 결심한다. "미래는 한쪽으로만 가는 게 아니야. 우리가 선택할 수 있는 미래도 반드시 있을 거야." 이 영화의 음향은 크게 들으면 좋다.

SF 영화와 현실 비판

나는 1992년 케임브리지대학 대학원 시절 애플 컴퓨터를 처음 구매했다. 학생들에게 할인 가격으로 판매한다며 관심을 끌었다. 나는 골리앗에 맞선 다윗처럼 거대한 IBM 컴퓨터에 도전하는 애플이 마음에 들었다.

대학에 처음으로 이메일이 등장했고 월드와이드웹이 세상을 바꾸었다. 한국에서도 통신사가 등장하고 점차 전 세계가 인터넷으로 연결되었다. 이 세상에는 과거에 듣도 보도 못한 새로운 가상현실이 만들어졌다.

1990년대에 들어서서 등장한 더 워쇼스키스의 〈매트릭스〉(1999)는 컴퓨터를 활용한 가상공간을 다룬 영화이다. 가상현실이 현실과 구분되지 않는 상황은 인간성에 대한 근본적 질문을 제기했다. 리들리 스콧의 〈블레이드 러너〉(1993)처럼 〈매트릭스〉는 정부의 통제, 인간성의 상실, 기술의 남용 등 복잡한 철학적 논쟁도 일으켰다.

나는 〈쥬라기 공원〉(1993)과 〈가타카〉(1997)를 보면서 유전공학의 문제를 깊이 생각할 수 있었다. 〈쥬라기 공원〉은 유전자 배양으로 복원된 공룡이 인간을 공격하는 사건을 다룬다. 특수효과가 중요한 역할을 한다. 〈가타카〉는 미래 사회에서 유전자 조작으로 태어난 사람들이 상위층이 되고 전통적 성관계로 태어난 사람은 하위층으로 전락하고 열등한 사람으로 간주된다. 유전공학은 SF 영화의 중요한 주제가 되었다.

2000년대 들어서서 슈퍼히어로 영화가 급격히 늘어났다. 1940년대 만화의 영웅들이 새로운 SF 영화의 주인공으로 변신했다. 코믹(만화) 주인공이었던 배트맨, 로보캅에 이어 엑스맨, 스파이더맨이 스크린에 등장했다. 존 파브르의 〈아이언맨〉(2008)은 미국 무기 업체 최고경영자 토니 스타크(로버트 다우니 주니어)를 주인공으로 만들었다. 크리스토퍼 놀란의 〈다크나이트〉(2008) 트릴로지(3부작)는 전설적인 배트맨의 활약을 보여준다.

2차 세계대전 이후 만화를 보면서 자란 베이비부머 세대는 만화의 주인공을 영화 속에서 부활시켰다. 슈퍼히어로 영화는 전통적 서부

제임스 카메론의 〈아바타〉(2009)

극의 영웅 서사와 비슷한 스토리텔링을 통해 인기를 끌었다. 아버지 세대의 서부극의 서사 구조가 재탄생한 것이다. 이런 점에서 슈퍼히어로 영화는 현대적 신화가 되었다. 나 역시 슈퍼히어로 영화 세대에 속한다.

SF 영화는 거장의 등장을 통해 더욱 발전했다. 캐나다 영화감독 제임스 카메론James Cameron의 〈아바타〉(2009)는 환상적인 스토리텔링, 시각 이미지, 특수효과로 엄청난 흥행 성공을 거두었다. 동시에 평론가의 관심도 끌었다. 영화 속 장면은 중국 후난성 장자제(張家界)의 기암절벽을 보여주었는데, 한국인이 가장 즐겨 찾는 관광 명소가 되었다. 중국 역사 속 신비한 인물 장량이 한나라 건국을 주도한 후 홀연히 사라져 은신한 장소라는 전설도 있다. 나는 80대의 아버지를 모시고 간 여행에서 오묘한 절경에 심취하며 신선이 되는 감흥을 느꼈다.

카메론 감독은 시네마 효과 못지않게 스토리텔링을 중시한다. 그는 영화에서 가장 중요한 요소가 스토리텔링이라고 강조했다. 그는 직접 각본을 쓴다. 카메론은 어린 시절부터 SF 소설에 흠뻑 빠졌다. 그가 보기에 SF 소설은 순수한 도피주의의 환상이 아니다. 카메론은 SF 소설이 과학 문제뿐 아니라 다양한 사회문제를 다루었다고 보았다. SF 영화도 인종 문제, 젠더 문제, 사회가 금지하거나 억압하는 것을 다루어 많은 사람의 눈을 뜨게 해준다고 생각한다.[3]

카메론의 대표작 〈아바타〉에서 인류는 언옵타니움이라는 특별한 금속을 채굴하기 위해 다른 행성의 환경을 파괴한다. 영화는 단순히 미래의 디스토피아를 보여주는 것이 아니다. 바로 인류의 과거와 현재도 보여주고 있다. 서구 문명은 식민지를 자원을 착취하기 위해서 살육을 저질렀고, 지금도 아시아와 아프리카에서 비슷한 행동을 반복하고 있다. 인간의 탐욕으로 전쟁과 환경 파괴가 그치지 않고 있다. "원주민과 그들의 곤경에 대한 나의 직접적인 경험은 내가 말하고자 하는 이야기의 본질에 영향을 미쳤다." 카메론의 말이다. 그의 영화는 단순한 오락거리가 아니라 우리 사회에 대해 날카로운 비판을 던지는 무기이다.

영국 영화감독 크리스토퍼 놀란Christopher Nolan의 〈인터스텔라〉(2014)는 무거운 철학적 주제를 다루었지만, 대중적 인기도 얻었다. 미래의 지구에서 환경이 파기되고 식량이 부족해져 인류가 살기 어렵게 되자 탐험대가 새로운 행성을 찾아 우주여행을 떠난다.

영화 속에는 상대성 이론, 블랙홀과 웜홀 이론 등이 등장하며 현대 물리학의 다양한 논쟁이 소개된다. 머나먼 별에서 아직도 젊은 모습을 간직한 우주비행사 쿠퍼(매튜 맥커니히)는 멀리서 늙어가는 딸의

크리스토퍼 놀란, 〈인터스텔라〉(2014)

모습을 바라본다. 가족을 그리워하는 슬픔은 관객의 마음에 여운을 남긴다.

크리스토퍼 놀란의 뛰어난 연출은 광활한 우주의 웅장함과 실패와 좌절을 겪는 인간의 용기를 아름다운 영상에 담았다. 1억 6천만 달러의 엄청난 제작비가 투입되었지만, 세계적으로 7억 달러가 넘는 흥행 실적을 거두었다.

리들리 스콧의 〈마션〉(2015)은 NASA 아레스3 탐사대의 화성 탐사와 사고로 인한 재난을 다룬다. 주인공 마크 와트니(맷 데이먼)은 살아남기 위해 "과학을 조져 주겠어"라고 말한다. 현재 일론 머스크의 스페이스X와 미국 항공우주국은 화성 유인 탐사 계획을 세우고 있다. 과연 화성 이주의 꿈은 가능할까? 화성에 가려면 6~9개월이 걸린다. 화성에 도착한 후 거주 가능 공간을 만들어야 한다. 물과 미생물의 존재를 확인하고 지하 얼음층을 분석해야 한다. 중력이 지구의 40%에 불과하고 밤에는 기온이 약 영하 127도로 내려가는 화성에서 살 수 있을까? 또는 언젠가 태양이 폭발하면 인류는 냉동인간이 되어 수백 년이 걸리는 새로운 별을 찾아 떠나야 할까?

리들리 스콧의 〈마션〉은 1980년대의 SF 영화 〈블레이드 러너〉와 달리 흥행에 성공했다. 과학소설의 스토리텔링과 함께 인간적 매력을 담은 영화로 비평가의 찬사를 받았다. 제작비로 1억 8천만 달러를 지출했지만, 글로벌 박스 오피스에서 6억 3천만 달러의 성공을 거두었다.

21세기 SF 영화의 진화

오늘날 SF 영화는 대중문화의 선두 주자이다. 철학자의 심각한 연구 주제가 되는 동시에 할리우드에서 황금알을 낳는 거위가 되었다. SF 영화는 과학에 기반한 주제를 다루지만, 신비주의, 초자연주의, 사이비 과학의 요소를 포함하기도 한다. 아서 클라크와 테드 창의 SF 소설은 과학적 이론을 활용하는 경우가 많지만, SF 영화는 액션 장면과 특수효과에 의지하는 경우가 많다. SF 영화는 사회학적 상상력도 자극한다.[4]

슈퍼히어로 영화는 과학적 설명 없이 만화 같은 상상을 활용하기도 한다. 디즈니가 만든 마블스튜디오는 〈어벤저스〉(2012)로 큰 성공을 거두었다. SF 영화가 반드시 미래 사회를 다루는 것은 아니다. 슈퍼히어로 영화는 현재 시점에서 활약하기도 한다. 21세기 〈아이언맨〉은 아프가니스탄에서 '테러리즘과의 전쟁'을 수행한다.

SF 영화는 만화의 주인공뿐 아니라 인간보다 더 인간적인 인공지능 이야기도 다룬다. 스파이크 존즈의 〈허〉(2013)는 스스로 사만사라는 이름을 지은 인공지능 운영 체제의 이야기를 전한다. 시오드로 (호아킨 피닉스)는 대화를 통해 사만다에게 감정을 느끼고 점점 친밀해져 성적인 교감을 나눈다.

알렉스 가렌드의 〈엑스 마키나〉(2015)는 로봇의 몸을 가진 인공지능의 사랑을 소개한다. 과연 인공지능이 인간과 같은 감정을 가질 수 있을까? 놀랍게도 에이바(알리시아 비칸데르)의 몸은 기계이지만, 컴퓨터 프로그래머 케일럽 스미스(도널 글리슨)에게 로맨틱한 감정을 느낀다. 인공지능은 인간의 프로그램에서 벗어나 자신만의 욕망을 품었다. 로봇이 감정을 가질 수 있다면 사랑을 느끼지 않을 이유가 있을까? 과연 미래에 이런 일이 일어날까? 우리가 인간 대신 기계를 사랑하는 이런 세상이 좋은 것일까?

SF 영화에서 유토피아 영화는 드물다. 디스토피아 영화가 대세다. SF 영화는 서부극과 전쟁 영화처럼 대부분 권선징악의 구도에 의지하기도 하지만, 선악 구분이 모호한 경우도 많다. 호아킨 피닉스의 묘한 미소를 연출한 토드 필립스의 〈조커〉(2019)와 〈조커: 폴리 아 되〉(2024)가 대표적이다. 영화 속에서 힘 없는 약자의 고통과 분노가 파괴적 방식으로 표출된다. 벌거벗은 신체는 무참하게 유린된다.

21세기 SF 영화는 찰스 다윈의 '생명의 나무'처럼 무한하게 진화하는 모습을 보여준다. 지난 100년의 역사를 보면 SF 영화는 엄청난 낙관주의와 신나는 모험, 그리고 인류가 파멸할 거라는 끔찍한 경고 사이에서 정신분열증 이중인격자처럼 왔다 갔다 한다. 하나의 영화에서도 종종 그렇다. 지킬 박사와 하이드 씨처럼. 우리는 SF 영화 속에서 우리 자신을 본다.

12

코로나 이후 사회: 전염병 위기와 각자도생

스티븐 소더버그, 〈컨테이전〉(2011)

> 페스트는 저마다의 이기심을 발동시킴으로써 오히려 인간의 마음속에 불공평의 감정만 심화시켰다.
>
> — 알베르 까뮈, 『페스트』

재앙의 시대

"재앙은 인간의 척도로 이해되지 않는다." 프랑스 소설가 알베르 까뮈Albert Camus는 『페스트』에서 극한의 절망과 공포에 대응하는 인간들의 모습을 묘사했다. 2020년 전 세계를 강타한 코로나19 위기도 이전에 경험해 보지 못한 형태로 사회의 풍경을 바꾸었다.

블랙 스완(black swan)은 도저히 일어나지 않을 것 같은 일이 실제로 일어나는 현상을 가리킨다. 코로나19 위기는 블랙 스완처럼 세계사의 변곡점이 되었다. 학교의 온라인 수업과 직장의 재택근무가 전 세계에 확산하였다. '물리적 거리 두기'가 강요되면서 식당에 손님이 사라지고 거리의 사람들은 누구나 마스크를 착용해야 했다. 심지어 미국에서는 법원의 재판도 온라인으로 이루어졌다.

나는 2020년부터 거의 2년 동안 텅 빈 길거리를 보면서 디스토피아 영화를 보는 기분을 느꼈다. 모든 정부 행사, 문화 공연, 교회 예배가 취소되면서 사회적 고립이 심해지자 중세 유럽의 흑사병 시대가 떠올랐다. 우리는 삶과 죽음에 관한 새로운 인식에 직면했다.

1990년대부터 가속화된 금융, 기술, 노동의 세계화에 이어 드디어 바이러스의 세계화가 등장했다. 코로나19 바이러스(질병관리청 공식 명칭은 코로나바이러스감염증-19)는 곧바로 바다 건너 한국에 들이닥쳤고 전 세계로 퍼져나갔다. 일본은 2021년 올림픽 준비 중이라 전염을 숨기며 전전긍긍했다. 세계보건기구(WHO)는 무기력하게 대응했다.

세계에서 가장 부유한 미국에서 가장 많은 사상자가 발생했다. 여러 통계 결과가 있는데, 존스홉킨스대학에 따르면, 2023년 3월까지 확인된 사망자만 110만 명이 넘는다.[1] 미국의 보건 체제의 허점이 만천하에 드러났다. 도널드 트럼프 대통령이 백신을 부정하면서 피해가 더 커졌다. 나중에 트럼프 본인도 감염되었다.

홍콩의 점심

나는 코로나19 위기가 세계를 덮치기 이전 2018년 홍콩의 중문대학에 체류한 적이 있었다. 대학 부총장과 점심을 함께할 기회가 있었다. 미국에서 공부한 심리학자로 많은 영어 논문을 출간한 분이지만, 손님을 환대하는 중국 문화를 보여주는 분이었다. 식탁에서 웃음을 띤 얼굴로 홍콩에 대한 인상을 물으면서 젓가락으로 식탁의 음식을 능숙하게 집어서 내 앞 접시에 놓아주었다. 마치 자상한 어머니를 만난 듯한 느낌이었다.

홍콩은 미식 천국이다. 홍콩 요리는 동양과 현대뿐 아니라 전통과 현대를 넘나든다. 쌀밥 요리와 영국 얼그레이 홍차를 함께 마시고, 딤섬에 단팥과 망고가 동시에 등장한다. 베이징 카오야(구운 오리) 요리에 3가지 소스를 곁들인다. 지루할 틈이 없을 정도로 놀라움의 연속이다. "홍콩 요리는 언제나 혁신하는 중이죠." 내게 음식을 권하는 교수는 말했다.

흥미롭게도 홍콩 식탁에서 내 앞에는 두 개의 젓가락이 있었다. 모든 사람 앞에도 마찬가지이다. 한 개는 음식을 덜기 위해 쓰고, 한 개는 각자 먹는 데 쓴다. 한국에서도 음식을 옮기는 '공동' 젓가락이 있지만, 홍콩에선 모든 사람에게 2개를 제공한다. 나는 언제부터 이런 방법을 사용했냐고 물었다. "원래 우리는 한 개의 젓가락만 썼어요. 그런데 21세기 사스가 우리를 이렇게 만들었어요." 눈에 보이지 않는 바이러스가 테이블 매너를 바꾸었다.

전염병의 지구화

코로나19 위기 11년 전에 만들어진 스티븐 소더버그Steven Soderbergh의 재난 영화 〈컨테이젼〉(2011)의 배경은 홍콩인데, 예견력이 있는 영화로 다시 주목받았다. 영화의 모티브는 2002년 중국 홍콩에서 시작된 사스(SARS) 감염병에 따른 공포를 다룬다. 홍콩 출장에 다녀온 베스(기네스 펠트로)는 미국에서 발작을 일으키고 사망한다. 남편 토마스(맷 데이먼)는 무기력하게 아들의 죽음을 바라본다. 급속한 전염

스티븐 소더버그, 〈컨테이젼〉(2011)

으로 무수한 사람들이 목숨을 잃게 된다.

　미국 질병통제예방센터(CDC) 최고책임자는 기밀정보를 알고 있는데, 몰래 약혼녀에게 먼저 도시에서 빠져나가라고 전화로 알려준다. 인터넷 블로그에서 활약하는 프리랜서 기자 앨런 크럼워드(주드 로)는 백신에 대한 음모론을 퍼트린다. 감염병 환자가 급증하면서 간호사 노동조합은 과중한 업무로 소진되고 파업에 나선다.

　홍콩의 납치범은 백신을 얻기 위해 WHO 연구원의 몸값으로 백신 100개를 요구한다. 감염병은 평등하지 않다. 선진국과 개발도상국의 백신 빈부 격차는 코로나19 위기에서도 실제로 발생했다. 부유한 나라들은 즉각 예방 접종이 시작되었지만, 가난한 나라들은 속수무책이었다. 싱가포르와 대만은 백신 구매를 위해 재빠르게 대응했다. 한국에서도 미국에서 개발한 백신을 수입하기 위해 뒤늦게 줄다리기해야 했다.

감염병의 혼란 속에서 질병통제예방센터의 역학 조사관 에린 미어스(케이트 윈슬렛)는 상황 판단이 빠르다. 환자를 격리하고 도시를 폐쇄하라고 주장한다. 에린은 전염병에 맞서 이타적 행동에 나선다. 그런 자신도 감염되고 격리된 도시에서 벗어나지 못한 채 죽어간다. 마지막 순간에도 추위에 지친 환자에게 옷을 건네준다.

영화는 다시 바이러스를 추적한다. 바이러스의 시작은 글로벌 대기업 애임 앨더슨의 개발로 숲이 파괴되면서 박쥐가 서식지를 잃고 돼지 축사로 날아가면서 이루어진다. 돼지는 홍콩의 식당으로 배달되고 음식을 만드는 중국 요리사는 앞치마에 대충 손을 닦고 나와 베스와 손을 잡고 악수한다. 이날은 인수 감염 바이러스가 발생한 첫날이다. 영화에서 붉은 글씨로 D-1이라고 표기한다. 바이러스는 인간이 만든 재앙이다.

다시 영화의 앞부분을 보면, 숲을 파괴하는 불도저 옆에 회사 이름 애임 앨더슨이 보인다. 베스는 미국의 집 앞에 차에서 내리기 직전 애임 엘더슨사의 서류에 서명한다. 이렇게 모든 것은 연결되어 있다.

〈컨테이젼〉은 긴장감이 넘치는 구성으로 과학적 검증과 섬세한 상황 묘사를 통해 관객을 사로잡는다. 감염병에 관한 지식을 다루는 매우 지적인 분위기를 풍긴다. 동시에 냉정한 분위기를 유지하면서 서스펜스를 활용한 공포감을 고조시킨다. 아마도 감염병을 다룬 영화 중 최고 영화이다. 이 영화는 허구와 현실의 경계를 무너뜨린다.

볼프강 페터젠, 〈아웃브레이크〉(1995)

지구적 자본주의의 위기

역사를 보면 인간이 가는 곳에는 언제나 전염병이 있었다. 전염병은 고대 아테네 제국을 뒤흔들고, 거대한 제국을 건설한 알렉산드로스 대왕의 목숨도 뺏어갔다. 흑사병은 로마와 몽골 제국을 강타했고, 중세 유럽을 거의 파괴했다.

에르난 코르테스의 에스파냐 군대가 가져온 홍역은 아즈텍 제국과 잉카 제국을 무너뜨렸다. 군대의 총칼로 죽은 사람보다 전염병으로 죽은 사람들이 훨씬 많았다. 나폴레옹의 대군도 러시아 정벌에서 발진티푸스로 곤욕을 치렀다.

1918년 전 세계에 퍼진 인플루엔자가 무려 2천만 명의 생명을 앗아갔다. 이는 '스페인 독감'이라고 불린다. 이 독감으로 식민지 강점기 조선에서도 엄청난 사상자가 발생했다. 역사 속에서 인간은 언제나 전염병에 굴복했다.

오늘날 전염병은 동물에서 전염되는 '**인수공통 전염병**'이라는 새로운 특징을 보인다. 조류독감, 사스, 에볼라, 에이즈, 메르스의 공통점은 모두 동물의 병원체가 인간에게 감염된 질병이다. 볼프강 페터젠 Wolfgang Petersen의 〈아웃브레이크〉(1995)는 아프리카 원숭이에서 확산된 모타나바이러스를 다룬다. 전염병 영화의 효시로 볼 수 있다.

미국 작가 데이비드 쾀멘 David Quammen은 『인수공통 모든 전염병의 열쇠』에서 인구가 폭발적으로 증가하면서 나무를 베고 토종 동물을 죽일 때마다 갈 데가 없는 병원체가 인간에게 다가온다고 주장한다.[2] 뿌리 뽑힌 미생물은 새로운 숙주를 찾든지 멸종해야 한다. 기후 변화로 인해 동물들이 살 곳이 사라지자 더욱 인간의 마을에 가까이 다가온다. 2020년 코로나바이러스를 전파한 아열대 동물인 박쥐는 기후 변화로 새로운 서식지로 이동했다. 결국 인간이 만든 **기후 위기**가 전염병의 원인이다. 우리는 유전자를 조작한다는 것이 어떤 결과를 만드는 것인지, 사람을 죽일 수 있는 병원체를 만든다는 게 무슨 뜻인지, 병원체가 원래 발생한 지역에서 벗어나 다른 곳으로 퍼져나갈 수 있도록 기후를 바꾼다는 게 무슨 의미인지 이해해야 한다.

지구적 자본주의 체제가 팽창하면서 자본의 이윤만큼이나 병원체의 숙주도 전 세계적으로 늘어난다. 이런 점에서 현대의 전염병은 중국 또는 어느 한 지역의 문제가 아니라 명백하게 지구적 현상이고, 결과적으로 자본주의의 위기이다. 인간의 탐욕으로 개발이 이루어질수록 전염병은 더욱 확산될 것이다.

어떤 지역의 식물이 사라지고 서식지가 이동하고 동물도 다른 지역으로 이동하거나 죽어서 사라진다. 15분에 2종씩 멸종한다. 꿀벌이 사라지고 식물의 교배가 불가능해지고 있다. 우리는 사실상 지구의 역사에서 여섯 번째 '대멸종'을 일으키고 있다. 이렇게 만든 것은 바로 우리 인간이다.

중세 유럽의 흑사병이 남긴 것들

전염병의 급속한 확산은 불가피하게 개인의 활동과 사회적 관계, 나아가 사람들의 생각과 국가 제도의 성격을 바꾸었다. 시칠리아에서 출발한 중세 유럽의 흑사병은 14세기 유럽 인구의 3분의 1을 말살시켰다.

흑사병의 참혹한 결과는 사회의 권력관계를 폭로했다. 가난한 사람들은 더욱 큰 피해를 보았다. 정부는 보건 통행증을 발급했으나 전염병의 확산에 속수무책이었다. 의사는 무력하고 교회의 신부는 아무런 힘이 없었다.

1351년 조반니 보카치오Giovanni Boccaccio의 『데카메론』은 흑사병이 만연한 이탈리아 피렌체에서 절대적 신을 숭배하는 중세적 신앙과 엄숙한 도덕주의가 무너지자 생동하는 인간의 삶과 욕망에 관심을 돌렸다. 영국에서는 제프리 초서Geoffrey Chaucer의 『켄터베리 이야기』와 윌리엄 셰익스피어의 연극이 등장했다.

신이 인간의 전염병을 막을 수 없으며, 왕도 아무런 해결책을 제시하지 못하는 현실은 개인의 이성을 강조하는 계몽주의가 자라날 토양을 만들었다. 현재 코로나 위기가 생태계 파괴의 결과이며 자본주의의 묵시록이라면 우리는 새로운 사고의 전환을 모색해야 하지 않을까?

국가의 역할 다시 생각하기

코로나19 위기 당시 나는 마스크를 구하지 못해 혼란을 겪는 상황을 보면서 마음이 착잡했다. 문재인 정부는 마스크 공급 확대를 공언했지만, 약국 앞에 늘어선 긴 줄은 공무원의 무능을 여실히 보여주었다. 문재인 대통령은 '조기 종식'을 발표했지만, 대구 경북에서 감염자가 폭증하자 정치적 불신에 직면했다. 미국에서 백신을 제대로 공급받지 못해 커다란 비판에 직면했다.

그러나 시간이 지나면서 한국의 질병관리본부가 코로나 확진자를 체계적으로 관리하는 대응으로 피해를 줄일 수 있었다. 정부는 'K-방역'이라고 자화자찬의 홍보를 쏟아냈다. 많은 사람이 개인 정보와 사생활의 통제를 무릅쓰고 적극적으로 협력했다. 이 점은 미국과 유럽에서는 찾아보기 힘든 현상이었다.

코로나19 위기에 대처하는 동아시아 권위주의와 국가주의 체제가 더 우월함을 보여준 것일까? 코로나19 위기는 다시 국가의 역할에 대해 생각하게 만든다. 전 세계적으로 코로나 위기를 거치면서 민주주의의 위기가 발생한 것은 우연이 아니다.

독일 사회학자 울리히 벡은 『위험 사회』에서 산업화가 진행될수록 위험이 증가하고 전문가의 권위가 추락한다고 주장했다.[3] 신종 전염병이 유행하는 상황에서 정보의 불확실성은 더욱 높아진다. 감염 예측에 대해 장담하면 신뢰도가 추락하는 계기가 된다. 오늘 발표한 내용이 내일 바뀔 가능성이 있다.

코로나19 위기가 시작되면서 각국 정부의 신뢰는 매우 낮아졌다. 방역 정책도 어떤 결과를 만들지 정확하게 예측하기 어렵다. 언제 백

울리히 벡

신과 치료제가 개발될지 누구도 모르는 상황이었다. 가짜 뉴스와 음모 이론이 난무하는 가운데 중국 위협론, 중국인 혐오 현상이 확산되었다. 사회적 신뢰는 산산조각이 나고 누구도 서로 믿지 못하는 상황에 빠졌다. 코로나 시대에 사회적 위기도 가속화되었다.

코로나19 시대는 전 세계적으로 국가의 통치 무능을 드러냈다. 세계보건기구는 감염병 시기에 신뢰의 중요성을 강조했지만, 정부의 신뢰도는 추락했다. 중국은 우한에서 감염자가 발생한 사실을 은폐했고, 시진핑 주석의 권위는 곤두박질쳤다. 세계에서 가장 부유한 미국에서 코로나19 감염자와 사망자의 숫자가 가장 높았다. 2020년 대선에서 도널드 트럼프 대통령은 낙선했다.

코로나19 위기의 시대에 한국에서 가장 두드러진 삶의 양식은 '**각자도생**'이었다. 마스크를 사재기하는 상인들과 중국에 다녀온 후 자가격리 권고를 지키지 않는 신천지 종교단체 교인들은 사회적 신뢰를 무너뜨렸다. 공공의료기관이 취약하고 전염병을 해결할 인력이 부족한 한국 사회에서 각자도생은 삶의 유일한 대안처럼 보였다.

1990년대 이후 자유시장 근본주의가 확산되면서 한국인들은 공교육을 개혁하기보다 각자 사교육에 열중하고 해외 유학 열풍에 편승했다. 공공주택을 늘리기보다 내 집 마련과 부동산 투기에 몰두했다. 이렇게 자유시장과 과잉경쟁은 사회적 삶을 해체했다. 결과적으로 경제협력개발기구(OECD) 회원국 가운데 사회적 신뢰가 최하위권이다. 이에 비해 자살률은 세계 최고 수준으로 올라갔다.

2024년 의대 정원 확대 이후 '의료 대란'이 발생하고 의사협회와 정부의 대결은 아무런 대화도 없이 평행선을 달리고 있다. 의료 개혁보다 더 심각한 문제는 우리가 아무런 대화조차 시도하지 못하고 있다는 점이다. 여당과 야당의 정쟁 속에 국회는 무기력하게 국민의 고통을 외면하고 있다. 우리는 여전히 코로나19 팬데믹의 교훈을 얻지 못하고 있다.

재난 불평등

1947년 알베르 까뮈는 『페스트』에서 "빈곤한 가정은 무척 괴로운 처지에 놓이게 되었지만, 반면에 부유한 가정들은 부족한 것이라곤 거의 없다"라고 적었다. 코로나 이후 보통 사람들의 삶은 더욱 팍팍해졌다. 세계 경제의 침체가 예상되는 가운데 가장 큰 피해자는 가난한 노인, 여성, 청년, 비정규직 노동자들이었다.

코로나19 위기가 닥치자 세계 각국의 노동시장에서 지각 변동이 일어났다. 노동시장의 불평등이 커졌다. 전문직, 정규직 등 재택근무가 가능한 '원격' 노동자는 새로운 근무 방식으로 전환했다. 택배 노동자 등 '필수' 노동자의 일감은 엄청나게 증가했다. 그러나 여행, 항공 산업의 '불안정' 노동자는 무급휴직을 강요당했다. 가장 심각한 결정타를 맞은 '자영업' 노동자는 폐업에 직면했다.

문재인 정부는 코로나 직후 전 국민 재난지원금을 지급했지만, 자영업자의 손실 보상은 충분하지 않았다. 코로나 위기 3년 후 윤석열 정부가 내놓은 정책은 금융기관의 이자 부담금 중 최대 100만 원 돌려주고, 전기요금을 최대 20만 원 감면한 것이 고작이다.

반면에 각국 정부의 재정 확대와 막대한 재난지원금 지급으로 유동성이 증가하면서 주식시장이 가파르게 상승했다. 이 와중에 막대한 부는 소수의 부자에게 다시 돌아갔다. 2020~2021년 전 세계 최상위 1%가 새로운 부의 63%를 가져갔다.[4] 반면에 인플레이션으로 가난한 사람의 지갑은 더욱 쪼그라들었다.

인간의 탐욕이 만든 전염병

코로나19 바이러스 이전에도 사스(중증 급성 호흡기 증후군)와 메르스(중동 호흡기 증후군)를 경험했다. 앞으로 우리는 코로나보다 더 강력한 새로운 전염병을 겪게 될지 모른다. 인수 감염 전염병은 언제든지 발생할 수 있다. 누구도 모른다.

돌이켜보면 역사적으로 인간이 전염병의 발생과 전파의 원인과 경로를 알게 된 것은 불과 100년이 되지 않는다. 19세기 후반에 루이 파스퇴르Louis Pasteur와 로베르트 코흐Robert Koch가 세균에 관한 연구를 발표했지만, 인간은 여전히 병원성 미생물의 위험을 극복하지 못하고 있다. 과학기술의 발전으로 인간이 인공지능을 만들고, 지구상의 모든 데이터를 하나로 모으고, 우주여행의 꿈도 꾸지만, 아직도 미세한 병원균이 인간의 생명을 위협하는 현실에서 벗어나지 못하고 있다.

인간의 이성은 자연을 정복하지 못했고, 아마도 영원히 정복하지 못할 것이다. 정말 중요한 문제는 신뢰를 가지고 서로 돕는 지혜를 얻는 것이다. "사랑이란 불행을 견뎌내기 위해, 가장 처참한 시대를 이기기 위해 필요한 것"이라고 말하는 가브리엘 가르시아 마르케스의 『콜레라 시대의 사랑』은 소박하지만 중요한 가르침을 말하고 있다.[5] 우리는 코로나19 위기에 무엇을 배운 것일까? 어쩌면 아무것도 깨닫지 못한 것은 아닐까?

13

지구가 끓고 있다:
모두가 경고했다. 그러나 누구도 듣지 않았다.

피셔 스티븐스, 〈비포 더 플러드〉(2016)

딘 대블린, 〈지오스톰〉(2017)

> 지금 바로 지구를 보호하지 않으면 우리와 살아있는 모든 아름다운 것들이 역사가 될 것입니다.
>
> — 레오나르도 디카프리오

기후 위기의 시대

나는 2022년 미국 캘리포니아 지역을 여행하면서 대형 산불이 남긴 참상을 보았다. 와인 산지로 유명한 나파 밸리에 검게 타버린 나무토막이 쓰러져 있었다. 여름과 가을에 대형 산불은 캘리포니아에서 거의 연례행사가 되었다. 건조한 기후의 캘리포니아는 기온이 상승하면서 산불에 취약해졌다.

2018년 산불은 거의 3주간 지속되었다. 2021년 대형 산불로 샌프란시스코가 '핵겨울'처럼 붉게 물들었다. 재난 영화를 찍는 듯한 장면은 지구의 종말 아마겟돈을 느끼게 했다.

21세기 우리 시대를 한마디로 말하면 '기후 위기의 시대'이다. 금융 위기, 자원 고갈, 핵 전쟁의 위험도 있지만, 기후 위기의 부정적 영향이 가장 심각하다. 인류가 화석 연료가 만든 산업 문명의 혜택을 즐기는 동안 탄소 배출이 증가하여 지구 온난화를 유발한다는 증거가 명백해졌다. 지구 온난화는 엄청난 폭염, 가뭄, 대형 산불, 홍수 등 극단적 기상 변화를 일으킨다. 농지가 사막으로 변하고 해수면 상승으로 도시가 침수될 수 있다.

1990년대부터 과학자들은 석탄, 석유 등 화석연료의 사용, 산업 생산, 대규모 농업, 축산업, 삼림 벌목, 광산 개발, 쓰레기 소각 등이 온실가스 배출을 증가시키는 원인이라고 분석했다. 1997년 '교토 의정서' 이후 기후 위기는 국제 협력의 중요한 의제로 떠올랐다.

2015년 각국 정부의 대표가 프랑스 파리에 모여 2030년까지 온실가스 배출을 감소하기 위한 '파리 기후 변화 협정'을 체결했다. 그러나 아직도 탄소의 감소 효과가 너무 적다는 비판의 목소리가 거세다. 지구의 미래는 어디로 가고 있을까?

경고를 무시하는 인류

"모두가 경고했다. 그러나 누구도 듣지 않았다. 기온이 상승하고 해류가 바뀌었다. 그리고 빙하가 녹았다. 기상 이변이 발생했다. 그들은 아직 최악의 상황을 모른다. 2019년 허리케인, 토네이도, 홍수, 가뭄이 전 세계에 엄청난 피해를 끼쳤다. 몇 개 마을이나 해안 지역의 피해가 아니라 도시 전체가 없어졌다."

딘 대블린, 〈지오스톰〉(2017)

미국 영화감독 딘 대블린Dean Devlin의 〈지오스톰〉(2017)은 기상 이변으로 인한 지구의 재앙을 다룬다. 유엔은 재난 예방을 위해 인공위성을 활용해 날씨를 조종하는 '더치보이 프로그램'을 개발한다. 그러나 프로그램에 문제가 발생해 두바이에 쓰나미가 발생하고, 홍콩에서 용암이 터지고, 리우데자네이루에서 혹한이 닥친다.

세계 각지에서 기상 이변이 속출한다. 과학의 맹신이 결국 더 큰 재앙을 불러일으킨 것이다. 과연 인간은 기후 위기를 피할 수 있을까?

아직도 미국에서는 기후 변화를 부정하는 사람이 많다. 조지 W. 부시 대통령은 미국 석유 산업의 이익을 대변해 교토 기후 협정을 일방적으로 탈퇴했다. 도널드 트럼프 대통령은 파리 기후 협정을 거부했다. 미국에서는 기후 변화가 과장된 허구라고 믿는 사람들이 많다. 과학에 대한 불신으로 허위 정보를 만들어 퍼트린다. 요즘 같은 '탈진실'(post-truth)의 시대에 과학은 다양한 허위 정보로 전방위적 공격을 받고 있다.

2006년 데이비스 구겐하임의 다큐멘터리 영화 〈불편한 진실〉은 기후 변화 부정론자에 맞서 '허위 과학'을 폭로한다. 앨 고어^Al Gore 부통령의 강연을 토대로 만들어졌는데, 일부 내용에 오류가 있다는 반론도 제기되었다. 하지만 이 영화는 대중에게 기후에 대해 깊은 인식을 갖게 만든 계기를 제공했다. 이 영화는 아카데미 다큐멘터리상을 수상했다.

롤랜드 에머리히의 〈투모로우〉(2004)는 급격한 지구 온난화로 북극과 남극 지역 빙하가 녹아 바다 온도가 갑자기 떨어져 빙하기가 다시 시작된다는 가상현실을 다룬다. 그런데 갑작스러운 빙하기의 도래는 과학적으로 설득력이 적다는 반론도 제기되었다. 물론 다큐멘터리 영화가 아니기에 엄격한 과학적 기준을 요구하기는 어려울 수 있다. 하지만 원래 빙하기에 미국의 절반 이상이 얼음 속에 있었던 점을 고려하면 장기적으로 볼 때 불가능한 것은 아니다.

'6도의 멸종'

한국에서는 미국과 달리 기후 변화 부정론자는 거의 없다. 기후 변화가 상식이 된 것일까? 그런데 왜 적극적인 기후 행동이 없는 걸까? 한국 정부는 선진국 가운데 1인당 탄소 배출이 최상위 수준으로 높은 편이다. 삼성전자와 현대자동차 등 제조업이 강한 나라이기 때문이다. 전 국민이 전기차를 타도 포스코(POSCO) 1개 기업보다 탄소 절감 효과가 작다.

지난 20년 동안 이명박 정부는 '녹색 성장'을 부르짖고 문재인 정부가 '탄소 중립'을 외쳤지만 거의 달라진 것이 없다. 1인당 탄소 배출량은 세계 6위권이다. 지금도 한국은 재생에너지 비율이 10% 미만으로 선진국 가운데 가장 낮다. '기후 악당'이라고 비판받을 만하다. 거대한 제조업 기지를 가진 중국보다도 낮다.

2050년 목표로 설정한 '탄소 중립'을 위한 재생에너지 생산에는 서울의 2배 크기의 면적이 필요하다. 한국 국토가 작다고? 우리보다 작은 덴마크는 재생에너지 비율이 세계 최고다. 땅이 없다고? 우리는 이미 서울 크기와 같은 수많은 골프장을 갖고 있다. 2018년 한반도를 덮친 사상 초유의 폭염 와중에도 승용차를 몰고 골프장을 찾아가는 사람은 그대로다. 정부와 국회는 말만 하지 아무런 행동을 하지 않는다.

2019년 호주의 대형 산불은 한국 면적(10만km^2)보다 더 넓은 지역을 덮쳤다. 인도양의 기온이 1도 상승하면서 인도양 동쪽의 호주는 가뭄을 겪고 인도양 서쪽의 동아프리카에 폭우 피해가 발생했다. 2023년에는 캐나다의 대형 산불이 발생해 한국 면적의 3분의 1이 넘는 지역이 불에 탔다. 폭염과 건조한 날씨가 만든 기후 재앙이다.

기후 변화로 빙하가 녹게 되면 전체 해수량을 늘려 해수면 상승을 유발한다. 수온 상승으로 바닷물의 밀도가 낮아져 부피가 증가하는 열팽창으로 빠르게 수면이 상승한다. 다큐멘터리 〈북극의 눈물〉에서는 북극곰이 작은 얼음 위에 있지만, 빙하의 소멸은 곧 인류의 멸종을 앞당길 수 있다. 바닷가에 있는 도시 인구 약 10억 명이 피해에 직면할 수 있다. 한국의 해안 도시와 인천 공항, 항만도 큰 타격을 받게 될 것이다. 모든 빙하가 녹으면 해수면이 현재보다 66미터가 상승할 것으로 예측된다. 그때도 인류가 살아남을 수 있을까?

이대로라면 산업혁명 이전 150년 전에 비교해 2도 이상 상승하는 시기가 곧 닫칠 것이다. 그러면 다시 지구 기온은 내려가기 어렵게 된다. 기후 변화에 관한 정부 간 패널인 IPCC(기후 변화에 관한 정부 간 협의체)는 앞으로 100년 이내에 지구 기온이 6도까지 상승할 것이라 본다.[1] 그러면 인류는 지구에서 더는 살 수 없을 것이다.

외계인이 지구인을 본다면 '거대한 집단 자살 프로젝트'를 생각할 것이다. 20세기 중반 이후 핵무기 개발로 인류를 절멸시킬 군비 경쟁에 빠졌다가, 이제는 화석연료로 인한 기후위기로 대멸종으로 나아가고 있다. 이대로라면 아마 100년 이내에 인류는 멸종할 것이다. '지구를 구하자'는 구호는 틀렸다. 지구는 문제 없고 인류와 수많은 생명체가 사라질 것이다.

기후 변화는 시한폭탄과 같다. '통제 불능'의 기후 변화가 일어나면 과거로 되돌아갈 수 없다. 일론 머스크 테슬라 CEO는 화성 이주를 꿈꾸지만, 대부분 인류는 다른 곳으로 달아날 수도 없다. 기후 위기 앞에 각자도생은 불가능하다. 지구는 하나의 집이다.

왜 탄소 배출이 줄어들지 않는 걸까? 기후 과학자의 연구에 따르면, 온실가스 배출의 25퍼센트는 전기 사용 때문이다. 농업은 24퍼센트를 차지하는데, 거의 축산업 때문이다. 제조업은 24퍼센트, 운송은 14퍼센트, 건축은 6퍼센트이다. 10퍼센트는 여러 가지 요소의 결과이다.

텀블러와 에코백을 사용하고 플라스틱과 비닐을 덜 사용해도 큰 효과가 없다. 우리 모두 전기차를 타고 재생에너지로 전기 생산을 완전히 대체해도 해결되지 않는다. 더 중요하게도 과잉 생산과 육식 소비를 줄이지 않으면 탄소 배출은 계속 증가할 것이다.

머지않아 현재의 기후 위기는 상상할 수 없는 기후 재난이 될 것이다. 특히 식량 위기를 유발하고 엄청난 기후 난민이 발생할 것이다.

기후 위기는 평등하지 않다. 가난한 나라가 더 피해를 받을 것이다. 기후 위기에 책임이 가장 적은 가난한 나라들이 가장 큰 고통을 겪을 것이다. 태평양의 작은 섬나라와 아프리카 국가들은 탄소 배출을 가장 적게 하지만 가장 먼저 재앙에 직면할 것이다. 기후 변화는 환경의 문제뿐 아니라 정의의 문제이다.

성장의 한계

2024년 9월 딸 아이와 함께 '기후 정의 행진'에 참여했다. 지혜는 서울 강남역에서 삼성역 무역센터까지 3시간 행진하면서 시위대를 유심히 바라보았다. 그레타 툰베리처럼 어린 녹색운동가를 보면 반가워했다. '제천 간디학교', '산청 간디학교'의 중학생들도 현수막을 들고 걸으며 구호를 외쳤다. "개발 말고 보전", "원전 말고 안전", "기후 재난 불평등에 맞서자."

나도 한국의 20대 후반 30대 초반 '녹색 세대'의 출현을 실감했다. 그들은 에코백, 텀블러, 전기차의 사용만으로 충분하지 않고 정부와 기업의 정책이 바뀌어야 한다고 외쳤다. 기후 위기에 대한 경고는 1990년대부터 지속적으로 제기되었다. 젊은이들이 기성세대에게 말하는 것처럼 느껴졌다. 지난 30년 동안 어른들은 무슨 일을 한 거야? 나는 할 말이 없었다.

환경 파괴에 대한 경고는 오래전부터 제기되었다. 1972년 세계 지식인들이 모인 '로마 클럽'은 단선적 경제 개발에 대한 강한 우려를 담은 보고서 『성장의 한계』를 출간했다. 사람들은 단순한 경제성장의 논리 대신 서서히 환경에 관심을 가지기 시작했다.

토드 헤인즈, 〈다크 워터스〉(2019)

1980년대 선진 산업국가에서 잇달아 환경 사고가 발생하고 법정 소송이 늘어나면서 대중적 관심이 폭발했다. 1984년 인도의 보팔에서 발생한 미국 화학회사 유니언 카바이드사(UCC)의 폭발 사건이 발생했다. 인도 농업시장을 겨냥해 살충제 공장을 만들었는데 원가 절감을 위해 인원을 감축하고 안전 규정을 무시했다. 3,800명이 죽고 4만 명 이상이 장애인이 되었다.

UCC 공장에서 발생한 치명적인 가스 유출 사건 속에서 목숨을 걸고 사람들을 구한 것은 용감한 철도 노동자들이었다. 이를 다룬 영화 〈더 레일웨이 맨〉(2023)이 넷플릭스에서 개봉되었다.

1986년 우크라이나 체르노빌의 원자력 발전소에 발생한 참화 이후 원자력에 대한 공포가 커졌다. 28명이 방사능 피폭으로 사망하고 134명이 재해를 당했다. 이런 공식 발표 외 추가 피해가 있을 것이라는 우려도 있다. 히로시마 원폭의 400배 달하는 방사능이 유출되었기 때문이다. 러시아 영화감독 다닐라 코즐로프스키의 영화 〈체르노빌 1986〉(2021)은 원전 폭발 사고를 다룬다.

토드 헤인즈Todd Haynes 감독의 〈다크 워터스〉(2019)는 독성폐기물질을 유출한 미국 대기업 듀퐁을 고발하고 20년간 소송을 벌인 변호사 롭 빌럿의 실화를 다룬다. 환경운동가로 활동하는 마크 러팔로는 2016년 듀퐁에 관한 〈뉴욕 타임스〉 기사를 보고 직접 제작에 나섰다. 화학물질 PFOA는 1945년 2차 세계대전 이후 널리 쓰인 테프론 프라이팬 코팅에 사용된다. 내 걱정을 한 귀로 흘려듣던 내 지인은 이 영화를 본 다음 테프론 주방 도구를 모두 버렸다. 영화의 힘을 느꼈다.

지속가능 발전인가? 탈성장인가?

1987년에 유엔에서 〈우리 공동의 미래〉 보고서가 발표되면서 '지속가능 발전'이라는 개념이 공식적으로 사용되었다. 이를 주도한 노르웨이 전 총리의 이름을 따 〈브룬트란트 보고서〉로도 알려져 있다. 지속가능 발전은 "미래 세대의 필요를 충족시킬 수 있는 가능성을 손상시키지 않는 범위에서 현재 세대의 필요를 충족시키는 발전"을 가리킨다.

1988년 유엔에 기후 변화에 관한 정부간 패널(IPCC)이 결성됐다. 세계 각국 과학자들이 모여 과학적 자료를 분석해 각국 정부와 정치인들에게 제공한다. IPCC 보고서는 1990년 1차 보고서를 발간했으며, 6~7년 주기로 공개된다.

유엔이 주도한 환경 의제는 점차 국제 사회에서 중요한 관심을 끌었다. 1989년 몬트리올 의정서는 지구를 태양의 자외선에서 보호하는 오존층 파괴를 초래하는 인공 화학물질을 규제하기로 결정했다. 냉장고와 에어로졸에 널리 사용되던 프레온 가스(CFC) 사용이 전면 금지되었다. 이로 인해 지구 온난화가 상당히 늦춰진 것으로 평가받는다. 몬트리올 의정서는 가장 성공적인 단일 국제협정이었다.

1992년 6월에 브라질 리우데자네이루에서 열린 유엔환경개발회의(UNCED)에서 채택된 '리우 선언'은 '지속가능 발전(sustainable development)'을 실천하기 위한 구체적 내용을 제시했다. 그 후 다양한 국제기구의 회의가 열렸다.

그러나 지속가능 발전이라는 개념은 국제 사회에서 비판의 대상이 되기도 한다. 지속 가능한 발전의 방향이 너무 모호하고 효과가 없다는 공격을 받는다. 각국 정부의 대응이 너무 느리고 화석연료에 의존하는 기업의 소극적 태도가 걸림돌이 되고 있다. 이에 환경 보호를 위해서 즉각적인 '탈성장'(degrowth) 전략이 대두되었다. 탈성장 운동은 경제성장을 종식하고, 더 평등하고, 더 적게 일하고, 더 적게 소비하는 삶을 추구한다.[2]

지속가능 발전은 가난한 저개발 국가의 특성을 제대로 고려하지 못하고 있다는 지적을 받기도 한다. 지속가능 발전이 부유한 국가의 이익을 지키는 데만 급급하다고 본다. 부유한 국가의 높은 소비가 가난한 국가들의 희생을 통해 이루어진다고 비판한다.

유엔 IPCC 6차 평가보고서(기후 변화 종합보고서 2023)는 기후 위기가 거의 전적으로 인류에 의해 만들어졌으며, 산업혁명 이후 1.5도 이상 기온이 상승한다면 엄청난 재앙이 일어날 것으로 경고했다. 하지만 세계 각국 정부와 기업의 무책임성이 인류의 미래를 위협하고 있다. IPCC 보고서에 따르면, 인류는 이미 탄소 배출을 줄이는 자본과 기술을 보유하고 있지만 제대로 실행하지 않고 있다. 문제는 정치적 의지이다.

선진국과 저개발국의 환경에 대한 가치와 이해관계가 상충되는 경우가 있다. 브라질과 말레이시아 밀림 파괴를 비난하는 선진국의 가치는 다른 한편으로 개발을 추진하여 빈곤을 추방하려는 개발도상국의 처지를 제대로 이해하지 못하고 있다.

전 세계 최상위 1퍼센트가 전체 탄소 배출량의 3분의 2의 책임이 있다. 상위 10퍼센트 인구가 탄소 배출량의 50퍼센트의 책임이 있다. 가장 가난한 사람 50퍼센트의 책임은 10퍼센트에 불과하다.[3] 그런데 탄소 배출에 가장 책임이 적은 방글라데시는 기후 위기에 가장 취약하다. 약 600만 명의 방글라데시인들이 폭풍 해일, 열대 사이클론, 홍수 등 피해로 터전을 잃고 이주해야 했고, 향후 국토의 3분의 1이 잠기고 약 3000만 명이 기후 난민이 될 수 있다. 이런 수치를 보고도 아무런 느낌이 들지 않는다면 공감 능력이 없는 것이다.

유엔 식량특별조사관으로 활동했던 스위스 사회학자 장 지글러 Jean Ziegler는 현재 약 10억 명이 굶주리고 있다고 지적했다.[4] 그런데 6억 5천만 명이 비만이다. 1억 5천만 명이 넘는 5세 이하 어린이들이 영양부족으로 자라지 못하고 있다.

피셔 스티븐스, 〈비포 더 플러드〉(2016)

만약 환경이 인류의 공통적 자산이라면 빈곤의 추방도 인류적 과제가 되어야 할 것이다. 따라서 '기후 악당'인 선진국들이 개발도상국들의 빈곤과 불평등을 줄이기 위한 기여가 필요하다. 개도국의 환경 파괴를 중단시키려는 선진국의 압력은 개도국을 지구적 차원의 시민권의 공동적 보유자로서 사고하는 인식의 전환을 요구한다.

인류의 미래

미국 배우 레오나르도 디카프리오는 아카데미상 수상 연설에서 기후 행동을 역설할 정도로 환경에 관심이 크다. 그는 환경 다큐멘터리 〈비포 더 플러드〉(2016)에서 연출과 나레이션을 맡았다. 5대륙과 북극을 여행하며 과학자, 환경운동가, 정치인과 인터뷰를 했고 기후 행동의 메시지를 전했다. 쇠고기를 먹고 과자의 재료인 팜유 밭을 만들기 위해서 열대우림을 밀어버리는 장면을 추적한다. 선진국의 소비주의가 기후 위기를 악화시킨다.

디카프리오는 20대에 앨 고어의 『불편한 진실』을 봤다. 그 당시는 지구 온난화가 뭔지도 잘 몰랐다고 한다. 하지만 기후 위기의 심각성을 알고 난 후 그는 비영리재단을 만들어 기후 행동에 나섰다. 직접 거리 시위에 나서기도 하고 유엔 기후 위기 평화 대사로 활동한다. 기후 위기가 한 사람 또는 한 국가의 힘으로 해결될 수 없다는 것을 우리 모두 알고 있다. 그러면 어떻게 해야 할까?

14

고독과 자유: 누가 솔로의 시대를 두려워하는가?

왕가위, 〈화양연화〉(2000)

홍성은, 〈혼자 사는 사람들〉(2021)

> 내 영화 대부분은 특정한 단조로운 일상과 행복하지 않은 습관에 갇혀 있는 사람들을 다룬다. 그들은 변화를 원하지만, 그들을 밀어줄 무언가가 필요하다. 나는 그들이 일상을 깨고 계속 나아가게 만드는 것은 대부분 사랑이라고 생각한다.
>
> — 왕가위, 홍콩 영화감독

고독한 인간

홍콩 영화감독 왕가위(왕자웨이)는 스타일리스트다. 하지만 영국의 영화감독 조 라이트의 〈안나 카레니나〉와 달리 스타일의 과잉이 콘텐츠를 짓누르는 느낌을 주지는 않는다. 〈중경삼림〉에서 양조위가 모형 비행기를 가지고 비행기 승무원인 애인의 몸 위에서 희롱하는 장면은 3년 후(1997년) '홍콩 반환'의 불안한 모습을 보여준다. 왕가위의 영화는 상징적이다.

왕가위 감독은 홍콩과학기술대학에서 그래픽디자인을 전공했다. 그는 선명한 색상을 활용한 생생한 촬영을 선호한다. 인물의 동작이 자연스러운 잔상을 남기고 흘러가는 스텝프린팅 기법을 활용해 기억에 관한 예술을 감각적으로 표현한다. 〈중경삼림〉에서 금성무가 달리는 장면이 대표적이다.

양조위가 길에서 돼지고기 덮밥을 먹는 모습은 서민 생활의 단면을 프랑스 사진 작가 앙리카르티에 브레송Henri Cartier Bresson이 말한 '결정적 순간'처럼 순간을 포착하여 표현한다. 영화의 모든 장면은 직설적 메시지를 던지지 않지만, 인간의 내면에 관한 깊은 상징을 표현한다.

왕가위가 영화의 심층 구조에서 보여주는 가장 중요한 본질은 **인간의 고독**이다. 사실 왕가위 자신이 의도하든, 의도하지 않든지 상관없이 그의 모든 영화는 철저히 고독한 인간이 등장한다. 〈아비정전〉의 장국영(레슬리 청)은 어머니에게 버림받고 자란 남자인데, 어떤 여자에게도 사랑을 느끼지 못한다. 〈해피 투게더〉에서는 동성애 남자 두 명이 서로 사랑하지만, 도저히 어울릴 수 없는 관계를 보여준다. 〈중경삼림〉의 주인공 금성무와 양조위는 여자친구에게 실연당한 남자들이다. 〈화양연화〉의 주인공도 외로운 사람들이며 사랑을 이루지 못해 멀리 해외로 떠나고 만다.

〈2046〉의 초우 선생(양조위 분)은 수많은 여자를 데리고 노는 냉소적 플레이보이지만 사실 고독한 존재이다. 영화 속에서 젊은 주인공들은 낭만적 이야기를 그리고 있지만 지고지순한 사랑이나 해피엔딩은 없다. 이쯤 되면 〈역마차〉에서 〈어벤져스〉에 이르기까지 계승된 할리우드 영화 문법을 무시하는 정도가 아니라 보통 사람의 기대를

에드워드 호퍼, 〈밤을 새우는 사람들〉(1942)

저버려 위험하게 보이기조차 한다. 이러다가 영화 망하는 거 아닌가 걱정이 들 정도이다.

 하지만 왕가위 영화가 출중하게 관객의 공감을 끌어내는 것은 주인공이 대부분 고독한 인간이라는 점이다. 많은 사람이 연애와 인생에서 실패한 경험이 있기 때문이다. 〈중경삼림〉의 영광은 바로 이 보편성이다. 그런 점에서 영화는 예술과 같은 수준에 가까워졌을 뿐 아니라 종교의 경지에 도달했다. 고대 그리스 비극은 위대한 영웅의 몰락을 보여주면서 교육적 효과를 극대화했다. 아테네의 디오니소스 원형극장은 오락이 아니라 일종의 종교 행사였다.

우리 모두 외로운 존재다

 오늘날도 사람들은 영화 속의 고통 받는 실패자를 보면서 자신을 되돌아본다. 심지어 해피엔딩을 좋아하는 할리우드 영화에서도 항상 영웅은 고독하고 다른 사람들에게 무시당한다. 〈쉐인〉의 보안관이나 〈스타워즈〉의 주인공도 고독한 사람들이다. 우리는 고독한 인물을 통해 자신의 고독을 되돌아본다.

왕가위의 영화는 마치 미국 화가 에드워드 호퍼Edward Hopper의 그림 〈밤을 새우는 사람들〉에서 풍기는 쓸쓸한 대도시와 개인주의적 삶의 이미지를 느끼게 한다. 호퍼는 미국의 풍경을 그린 것이 아니라 자기 자신의 내면을 그린 것이다. 어쩌면 왕가위도 홍콩의 풍경을 영화에 담은 것이 아니라 자신의 이야기를 보여준 것인지도 모른다.

왕가위는 부모가 상하이 출신이고, 어린 시절에 홍콩에 이주했기 때문에 홍콩 사람들이 쓰는 광둥어를 전혀 하지 못했다. 그래서 친구들을 잘 사귀지 못했고 혼자 있는 시간이 많았다. 그래서 혼자 영화를 보는 시간이 많았다. 이러한 삶은 소년 왕가위의 자유의지와 무관한 우연의 결과이다. 그래서 자연스럽게 혼자 영화를 보는 시간이 많아지고 결국 그는 영화감독이 되었다.

왕가위의 영화는 자유의지의 박탈과 영화를 보는 선택의 우연적 만남에 의해 만들어졌다. 왕가위가 저장성의 농촌에서 자랐다면 친구는 많았겠지만, 영화감독이 될 기회는 아마 없었을 것이다. 그러나 그의 삶은 홍콩이라는 거대한 도시 속에서 새롭게 만들어졌다. 이런 점에서 왕가위의 영화는 홍콩 그 자체라고 말할 수 있다.

나는 2018년 홍콩중문대학에서 머무를 기회가 있었다. 학교 행사에서 사회자가 나를 소개하자 대학생들이 내게 몰려왔다. 10명도 넘는 학생들에게 둘러싸였다. 해맑은 얼굴의 학생들은 내게 한국말로 인사하고 대화하고 싶어 했다. 한국어를 전공하냐고 물으니, 모두 아니라고 했다. 저널리즘, 영화, 경영학, 공학을 공부한다고 답했다.

왕가위, 〈화양연화〉(2000)

  학생회장이라고 소개하는 의과대학 여학생은 한국어가 아주 유창해, 나는 깜짝 놀랐다.

  나는 홍콩 대학생들과 대화를 나누며 그들이 얼마나 한국 문화와 노래를 좋아하는지 절실하게 느꼈다. 나는 젊은 시절에 한국 학생들이 얼마나 〈영웅본색〉, 〈화양연화〉, 〈중경삼림〉 등 홍콩 영화를 좋아했는지 말해주었다. 오죽하면 '홍콩 간다'는 말까지 만들어졌으니. 그리고 주윤발, 장국영, 장만옥 등 유명 배우의 이름을 말했다. 그러자 그들은 웃으며 자신들의 부모님이 좋아하는 배우라고 답했다.

  학생들 가운데 한국 영화의 팬이 많았다. 〈택시 드라이버〉, 〈변호사〉, 〈1987〉 등을 열심히 보았다고 말하며, 1987년 한국 민주화운동에 대해 궁금해했다. 2016년 '우산 혁명'이 좌절된 지 얼마 되지 않은 시기였다. 대학 교정을 거닐다 보니 '자유의 여신상'을 둘러싼 흰 천에 구속된 학생들의 이름이 빼곡히 적혀 있었다. 그들은 역사를 잊지 않았다. 그들은 정말로 홍콩을 좋아했고 친구들을 사랑했다.

아직도 내게 홍콩은 언제나 1990년대 왕가위가 이끈 홍콩 영화의 전성기를 떠오르게 한다. 도시 곳곳에서, 센트럴 섬의 고층 건물에서, 작은 골목에서, 미드레벨 엘리베이터에서 나는 왕가위가 만든 영화를 떠올렸다. 그의 영화는 도시와 하나가 되었던 거다. 2020년 '홍콩 보안법 반대' 집회가 격렬해졌다. 학생들이 체포되었다는 소식을 들을 때 내가 만난 대학생의 얼굴이 떠올랐다. 마음이 아련해졌다.

현대성과 도시의 풍광

20세기 초 메트로폴리탄 도시 베를린에 살았던 사회학자 게오르그 짐멜은 '대도시와 정신적 삶'이라는 제목의 논문에서 대도시의 물가가 비싸고, 생활도 힘들고, 너무 바쁘지만 수많은 사람이 계속 몰려드는 이유를 분석했다.

짐멜은 대도시를 향한 이주의 가장 중요한 이유로 **익명성**을 지적했다.[1] 대도시 사람들은 농촌과 달리 너무 바쁘기 때문에 다른 사람에게 관심을 가질 겨를이 없다. 길에서 몸이 부딪혀도 뒤돌아보지 않고 걸어가기 바쁘다. 대도시에서 익명성은 사람들에게 고독감을 주기도 하지만, 한편 개인에게 자유를 제공한다.

에드먼드 굴딩의 〈그랜드 호텔〉(1932)은 각계각층의 많은 사람이 쉬지 않고 드나드는 독일 베를린의 그랜드 호텔에서 벌어진 일을 보여주는데, 주인공 그레타 가르보의 말이 상징적이다. "혼자 있고 싶어요." 이는 사람이 많은 곳에 살면서 어느 순간 혼자 있고 싶어 하는 20세기 현대인의 감각을 정확하게 표현한다. 이는 그레타 가르보를 상징하는 말이 되기도 했다.

유럽에서 자본주의가 태동하던 시절에 '도시의 공기는 자유롭다'는 말은 부르주아 계급의 정치적 권리를 표현하는 말이지만, 오늘날 뉴욕, 런던, 파리, 베를린에 괴짜가 많은 것은 단순히 부르주아 계급 승리의 결과만은 아니다. 대도시에서는 다른 사람에 관심이 적기 때문에 괴짜에 대해서 관대하다.

무관심은 대도시의 특징이자 특권이다. 만약 시골 마을에 40대 여성이 혼자 산다면 별의별 소문이 날 것이다. 그러나 서울 강남은 그 여자가 살기에 아무 문제도 없고 새벽 1시 넘어서 집에 들어가도 그 누구도 뒷담화를 하지 않는다. 아파트 옆집 사람 이름도 모르고 살기 때문이다.

왕가위는 〈화양연화〉에서 1960년대 홍콩의 좁은 집에 여러 사람이 같이 살고, 사람에 대해 소문이 돌고, 사회적 규범이 개인의 행동을 규제하는 시대상을 보여준다. 서로 옆집에 누가 사는지도 알고, 같이 어울려 마작하고, 심지어 주인 여자는 결혼한 성인인 장만옥에게 너무 늦게 다니지 말라며 훈계한다.

그러나 차우(양조위)가 수년 만에 싱가포르에서 돌아오자 모든 것이 변했다. 주인집 여자는 이민을 떠났고, 새로운 사람들은 서로 옆집 사람의 이름도 모르고 살고 있다. 이러한 사회적 변화는 전통적 이웃 공동체의 붕괴와 철저하게 개인화된 사회의 등장을 상징적으로 보여준다. 남에 대한 소문을 퍼뜨리거나 훈계를 하는 사람이 사라지는 동시에 서로 돕는 모든 인간관계도 사라졌다. 이제 고독은 인간의 필연적인 실존적 특성이 되었다.

고독의 사회학

왕가위의 영화에서 인생은 혼자 왔다가 혼자 떠나는 것처럼 보인다. 왕가위 영화에서 부모와 자식의 사랑이나 형제와 자매의 관계는 등장하지 않는다. 대도시 속에는 낯선 사람들이 서로의 고독한 공간을 스쳐 지나가면서 사실상 따로따로 떨어져 살아가고 있는 것이다.

고독에 빠진 사람들은 사랑을 찾지만 언제나 좌절로 끝난다. 직장의 동료는 숱한 이직 속에 휴대전화 번호로만 남아있다. 1인 가구가 늘어나며 핵가족조차 붕괴될 위기에 처해있다. 이미 핵가족은 해체 중이고 '핵개인'이 등장했다는 주장도 나왔다.

독일 사회학자 울리히 벡은 현대 사회의 중요한 특징으로 '**개인화**'를 지적했다.[2] 노동의 분업과 직장의 이직으로 우리의 삶은 파편화되는 동시에, 잦은 이사, 연인의 이별과 이혼, 편의점 혼밥, 그리고 혼자 즐기는 개인주의적 라이프스타일은 이제 너무 익숙한 사회적 풍경이다.

폴란드 출신 영국 사회학자 지그문트 바우만Zygmunt Bauman은 현대인의 삶을 '액체'에 비유했다.[3] 칼 마르크스가 말한 "**모든 단단한 것은 녹아내린다**"라는 은유가 우리가 살고 있는 사회에서 실현되고 있기 때문이다. 세상 어느 것도 확실하고 분명한 것은 존재하지 않는다고 믿는 사람들은 끊임없이 유동적으로 움직이는 세상 속에서 더 이상

분명한 것을 원하지 않는다. 그들은 더 많은 자유를 원하지만 그들의 곁에는 아무도 존재하지 않는다.

홍콩에서 골동품을 파는 할리우드 로드를 걷거나 젊은이들의 거리 란콰이퐁의 카페에서 오래 앉아 있어도 아무도 눈길을 주지 않는다. 하지만 홍콩 도심의 식당을 보면 아직도 가족을 중시하는 것처럼 보인다. 3대가 모여 식사하는 모습은 흔히 볼 수 있는 풍경이다. 그러나 그 가족은 또 다른 개인주의의 확대에 불과하다.

가족은 고립된 성과 같다. 중국의 전통 가옥(사합원)은 담에 둘러싸여 철저하게 외부와 차단되어 있다. 홍콩의 집은 거대한 아파트로 변화했지만, 가족의 의미는 지금도 다르지 않다. 오늘날 가족을 넘어선 사회적 관계는 더욱 희미해지고 있다. 홍콩에서 위챗과 페이스북에 그렇게 친구가 많아도 그들은 단지 고독한 개인으로 살아간다.

한국도 마찬가지이다. 우리는 가족 이외에 학교에서나 직장에서 만나는 모든 사람을 잠재적 경쟁자이거나 또는 팔꿈치로 밀어낼 적으로 생각하며 살아가고 있지는 않은지 생각해 보아야 한다. 고독한 사람들이 늘어날수록 우리는 사회 속에서 살아가기가 점점 힘들어지는 현실을 느낀다. 사랑할 사람도 없고, 서로 믿지 못하고, 어려울 때 나를 도와줄 사람도 없다고 느끼면서 점점 불안감이 커진다.

1인 가구가 뭐가 문제야?

홍성은의 영화 〈혼자 사는 사람들〉(2021)에서 콜센터 직원 진아(공승연)는 전화 상담에 지친 삶 가운데 혼자 있는 시간을 편안하게 느낀다. 사람들이 말을 걸면 불편하다. 하루 종일 무표정이고 쌀쌀

홍성은, 〈혼자 사는 사람들〉(2021)

맞은 표정을 한다. 이어폰을 끼고 옆 사람의 접촉을 차단한다. 신입 사원과 1대 1 교육이 괴롭다.

진아는 자신을 '은둔형 외톨이'라고 생각하지 않는다. 오히려 혼자 있는 것이 편할 뿐이다. 어느 날 복도식 아파트에서 매일 귀찮을 정도로 말을 걸던 옆집 남자가 혼자 죽는다. '고독사'는 노인과 중년의 사건이 아니라 청년에게도 벌어진다.

홍콩과 마찬가지로 한국에서도 1인 가구가 급증하고 있다. 서울에 가장 많다. 이들 가운데 젊은이들이 가장 많고 혼자 사는 노인들도 많다. 이들 중에는 외로움과 빈곤의 고통을 겪는 사람들이 많다. 거리에서 낯선 사람을 만날 때, 불안하거나 어려움에 처할 때 도움을 부탁할 사람이 없다는 비율이 선진국 가운데 한국이 가장 높다.

1인 가구의 증가는 홍콩과 한국뿐 아니라 캐나다, 영국, 독일, 일본에 이르기까지 전 세계적 사회 현상이다. 미국 사회학자 에릭 클라이넨버그Eric Klinenberg의 『고잉 솔로 싱글턴이 온다』를 보면, 미국 성인

인구의 절반 이상이 독신이다.[4] 그런데 1인 가구가 증가할수록 예상과 달리 친구와 이웃들과 활발한 교류가 발생한다. 아마도 도시의 1인 가구가 10분의 1보다 4분의 1 이상이 되는 경우 서로 어울릴 가능성과 필요성이 커질 수 있다.

아직 사회학적 분석은 충분하지 않지만, 1인 가구의 사회적 연대는 저절로 이루어지지는 않을 것이다. 도서관, 미술관, 체육시설, 동네 서점 등 다양한 물리적인 사회적 인프라스트럭처(기반시설)가 없다면 거의 불가능하다. 사회적 공간이야말로 사막의 오아시스처럼 사람들을 모이게 할 것이기 때문이다. 그러나 홍콩이나 서울 어디에도 그런 공간은 존재하지 않는다. 너무나 집값이 비싸기 때문이다. 집은 더욱 좁아지고 집값은 점점 하늘로 치솟고 있다.

한국 사회의 저출생을 예측하는 지표는 결혼이 아니라 동네 편의점일지 모른다. 우리가 사는 동네에는 점점 24시간 편의점이 늘어나고 있다. 지하철과 버스에는 결혼정보회사의 광고가 넘치지만, 우리는 나 홀로 살기에 익숙해지고 있다. 결혼과 출산은 줄어들면서 우리는 아이 분유보다 집에 기르는 동물 사료에 더 많이 지출하는 시대에 살고 있다.

우리가 왕가위 영화에 공감하는 이유는 바로 이것 때문인지도 모른다. 마치 우리도 왕가위가 창조한 인물인 것처럼 그가 만든 사람들 속에 눈에 띄지 않게 살고 있던 것이다. 그런 점에서 왕가위의 영화는 도시의 미학인 동시에 사회학적 상상력이 담긴 한 편의 영화 에세이다.

왕가위 스타일을 그리워하다

수년 전 미국 조지타운대학 교수였던 영화 평론가 존 파워스가 왕가위와 인터뷰를 하고 만든 책이 한국어로 출간됐다. 왕가위의 영화에 관심 있는 분들은 멋진 사진 이미지가 가득한 〈왕가위: 영화에 매혹되는 순간〉을 읽어보길 바란다.[5]

왕가위가 왜 항상 선글라스를 끼고 있는가에 대한 질문에 대한 답변도 들을 수 있다. 그의 영화와 삶이 인터뷰 속에 속속들이 담겨 있다. 거대한 자본과 공산당의 권력이 홍콩에 밀려오면서 '왕가위 스타일'이 사라지는 것을 보는 일이 고통스러운 사람들에게 작은 위안을 줄지도 모르겠다.

내게 홍콩은 어린 시절부터 이소룡, 성룡, 주윤발의 도시였다. 그리고 장만옥, 종초홍, 임청하의 세계였다. 영화의 미장센이 가득한 도시 홍콩, 지저분한 도시 홍콩, 맛집이 가득한 홍콩, 대륙과 바다가 만나는 홍콩, 동양과 서양이 공존하는 홍콩, 전통과 현대가 교차하는 홍콩, 혁명과 저항의 정신이 넘치는 홍콩을 어찌 잊을 수 있겠는가? 나는 여전히 홍콩과 홍콩 영화와 홍콩 사람들을 그리워한다.

5부
왜 나는 자유롭지 못한가?

15

억압과 통제: 책이 사라진 세상, 알고리즘이 통제하는 세상

프랑수와 트뤼포, 〈화씨 451〉(1966)

제프 올로우스키, 〈소셜 딜레마〉(2020)

> 미래의 영화는 카메라를 가진 공무원이 아니라, 영화 촬영이 경이롭고 스릴 넘치는 모험으로 만드는 예술가들이 만들 것이다.
>
> — 프랑수아 트뤼포, 프랑스 영화감독

책이 불타는 온도

'화씨 451'은 책이 불타는 온도를 상징한다. 미국 작가 레이 브래드버리Ray Bradbury의 소설 『화씨 451』(1953)에서 주인공 가이 몬태그는 책을 불태우는 방화수다.[1] 비판적 사고를 갖게 만드는 독서는 불법으로 간주되었기 때문이다.

이 소설은 1963년 프랑스 영화감독 프랑수와 트뤼포가 영화로 제작했다. 디스토피아 같은 영화 속 미래 사회에서는 세속적이고 통속적인 정보만 중요하게 취급된다. 사람들은 빠른 속도의 대중문화에 중독된 채로 쾌락만 추구한다. 아무런 질문을 던지지 않으며 묵묵히 자신의 업무를 수행한다.

가이 몬테그(오스카 워너)의 아내는 온종일 벽면 텔레비전만 상대한다. 사람들은 가만히 앉아서 오락을 즐기거나 거실에 앉아 토론 없이 일방적으로 텔레비전에만 귀를 기울이고 있다. 대학의 교양학부는 모자라는 학생과 재정 지원의 빈곤에 허덕이다 결국 문을 닫았다. 풍요로움을 누리면서 세계의 다른 곳에서는 헐벗고 굶주리든 말든 상관하지 않는다.

책이 사라진 미래 사회

2022년 나는 로스앤젤레스의 캘리포니아대학 파웰 도서관에 갔을 때 묘한 느낌이 들었다. 레이 브래드버리의 대표작인 『화씨 451』이 UCLA 파웰 도서관 지하 서고에서 쓰여졌기 때문이다. 내 몸은 나도 모르게 지하 서고로 내려가고 있었다.

일리노이주에서 태어난 레이 브래드버리는 위케건에서 고등학교를 졸업했다. 그는 대학에 진학하지 않은 채 거리에서 신문을 팔았는데, 공공도서관에서 독학으로 책을 읽고 과학소설 작가가 되길 꿈꾸었다. 그는 전업 작가가 되리라 결심했지만, 너무 가난해 글을 쓸 곳이 마땅히 없었다. 다행히도 당시나 지금이나 캘리포니아대학은 공립대학이기에 모든 시민에게 개방되었다. 납세자라면 누구나 대학 도서관을 이용할 수 있다는 원칙 때문이다.

책이 가득한 파웰 도서관에서 『화씨 451』처럼 책이 사라진 미래 사회를 상상했다는 것은 역설적이면서 사뭇 의미심장하다. 책이 그

프랑수와 트뤼포, 〈화씨 451〉(1966)

렇게 쌓여 있지만 1950년대 미국 사람들은 점차 서점과 도서관보다 다양한 오락 산업에 빠져들기 시작했기 때문이다. 책 읽는 시간보다 텔레비전 앞에 앉아 있는 시간이 늘어났다.

중국 진시황의 분서갱유 이래로 지배계급은 언제나 사회를 통제하기 위해 책을 통제했다. 1930년대 독일 베를린시 훔볼트대학이 마주 보이는 바벨 광장에서는 나치 당이 선정한 불온서적을 불태웠다. 칼 마르크스와 지그문트 프로이트의 책뿐만 아니라 알베르트 아인슈타인의 과학 서적과 하인리히 하이네Heinrich Heine의 서정시집까지 모두 유대인이라는 이유로 소각되었다. 1980년대 한국의 군사정부도 온갖 종류의 금서 목록을 만들어 책의 압수 수색을 일삼았다. 지배계급에게 책은 위험한 대상이었다.

1950년대 미국 사회가 배경인 『화씨 451』이 보여주는 세상은 인간의 생각이 통제되는 사회에 대한 놀라운 예측이 담겨 있다. 이는 현재 우리가 살고 있는 세상과 너무나 닮아있다. 요즘은 방화수가 별로 필요 없다. 대중 스스로 책 읽는 것을 거의 포기했기 때문이다.

20세기 후반 고도성장이 이루어지고 기술이 급변하면서 대중매체도 변화하기 시작했다. 영화, 라디오, 텔레비전, 잡지, 책이 점차 말초적으로 일회용 상품 비슷하게 전락하기 시작했다. 아무리 '북극의 눈물', '1950 미중 전쟁', '붉은 자본주의' 등 풍부한 정보와 교양 있는 다큐멘터리 프로그램은 아무것도 하지 않으면서 뭔가를 한다는 느낌을 주지만, 그런 일은 매우 드물다. 대부분 텔레비전은 우리에게 생각할 시간을 주지 않는다.

책들은 요약, 압축, 다이제스트판, 타블로이드판으로 바뀌었다. 그리고 내용은 모두 비슷하게 가볍고 손쉬운 것들로 변해갔다. 아예 책을 읽지 않는 사람들이 더욱 늘어갔다. 21세기에 들어서 인터넷으로 새로운 세상이 열렸고 스마트폰이 빠르게 보급되었다. 이제 모두가 유튜브에 빠져 있다. 책을 요약해 주는 프로그램도 등장했다. 소설 『화씨 451』에서 소방서장 비티는 이렇게 말한다.

"사람들한테 해석이 필요 없는 정보를 잔뜩 집어넣거나 속이 꼭 찼다고 느끼도록 '사실'들을 주입시켜야 돼. 새로 얻은 정보 때문에 '훌륭해'졌다고 느끼도록 말이야. 그리고 나면 사람들은 자기가 생각하고 있다고 느끼게 되고, 움직이지 않고도 운동감을 느끼게 될 테지. 그리고 행복해지는 거야. 그렇게 주입된 '사실'들은 절대 변하지 않으니까. 사람들을 얽어매려는 철학이니 사회학이니 하는 따위의 불안한 물건들을 주면 안 돼. 그러한 것들은 우울한 생각만 낳을 뿐이야."

철학이나 사회학 책을 읽으면 우울해진다는 말이 너무나 가슴에 와닿는다. 한국의 대학에서는 철학과와 사회학과가 사라지고 있다. 2024년 대구대학교 사회학과가 폐과되면서 사회학과 장례식에 사회학 책이 제단에 올랐다. 내가 쓴 『사회학 입문』(휴머니스트)도 하얀 국화 옆에 슬프게 서 있었다. 마음이 쓸쓸해졌다.

이제 누가 그런 철학과 사회학 책을 읽는단 말인가? 수험생의 참고서와 자기계발과 재테크를 소개하는 책들이 가득한 서점은 마치 『화씨 451』의 소방대원이 지나간 자리처럼 보인다. 책을 읽을 사람도, 만들 사람도 모두 없어지는 것일까?

누가 인터넷을 만들었는가?

레이 브래드버리가 『화씨 451』을 썼던 로스앤젤레스의 UCLA가 세계 최초로 인터넷이 발명된 장소라는 사실은 널리 알려지지 않았다. 미국 국방성의 재정 지원을 받은 아파르넷(APARNET)은 과학자들이 사용하는 거대한 컴퓨터를 연결하는 프로젝트에 의해 만들어졌다.

원자폭탄이 2차 세계대전의 자식이었듯이 인터넷은 미국과 소련 사이의 냉전의 산물이었다. 막대한 돈이 투입되었다. 연구팀에는

UCLA 컴퓨터학과 레너드 클라인락 교수와 스탠퍼드대학 등 여러 대학의 교수들이 참여했는데, 사실 연구개발은 젊은 대학원생들이 맡았다.

1969년 10월 29일 UCLA에서 스탠퍼드대학의 컴퓨터로 보내는 명령어 '로그온'(logon)이라는 단어가 최초로 인터넷으로 전송된 문자이다. 이 짧은 단어가 전송되는 데 무려 1시간이 걸렸으며, 이조차도 컴퓨터가 다운되는 바람에 'lo'만 보내진 채 중간에 멈춰버렸다. 이제 UCLA 공과대학 보틀러홀 건물 3420호에는 '인터넷의 탄생지'라는 명패가 붙어 있다. 나는 이 건물을 지나면서 각별한 감회를 느꼈지만, 그 당시에는 인터넷이 얼마나 세상을 바꿀지 아는 사람이 거의 없었다.

미국에서 인터넷이 발명된 후 혁명적 발전을 거듭했고 문자와 사진, 동영상을 전송하면서 오늘날 전 세계가 하나로 연결된 지구촌을 만들었다. 그러나 기술의 진보가 곧 문명의 진보로 이어지는 것은 아니다. 인터넷의 등장이 넓고 얕은 정보의 홍수 속에서 사람들은 깊이 있는 지식을 얻지 못하는 경우가 많다. 사회를 분석하고 비판하는 책과 언론 보도보다 인터넷의 먹방과 리얼리티쇼에 더 정신을 빼앗기게 된다. 한국의 한 먹방 유튜브에는 1,000만 명이 넘는 회원이 가입했다.

나는 서울에서 이동할 때 버스와 지하철을 이용하는 경우가 많은데, 많은 사람이 인터넷을 활용하는 모습을 본다. 어떤 때는 내가 탄 지하철 한 칸에 있는 승객 전원이 고개를 숙이고 스마트폰을 바라보고 있는 모습을 보고 섬뜩한 느낌이 들었다. 이미 우리는 스마트폰이 장착된 사이보그로 변했는지 모른다. 뉴스와 인공위성 내비게이

제프 올로우스키, 〈소셜 딜레마〉(2020)

터에서 스포츠 경기, 드라마, 소셜미디어에 이르기까지 우리는 인터넷의 정보에 지나치게 의존하고 있다.

  온라인 세상에는 주식, 부동산, 재테크 관련 동영상이 가득하지만 왜 세상의 구조적 문제인 빈곤과 불평등이 심각해지는지 설명하는 내용은 드물다. 더 큰 변화는 사람들이 정보를 얻는 방법에서 발생하고 있다. 아카데미 다큐멘터리 영화상을 받은 제프 올로우스키[Jeff Orlowski]의 〈소셜 딜레마〉(2022)가 보여준 대로, 구글, 메타, 유튜브 등 소셜미디어는 알고리즘(algorithm)을 통해 사람들의 선택에 큰 영향을 미치고 있다. 그들은 자신이 선택한다고 믿지만 사실상 유도당하고 있다. 알고리즘이 다른 정보를 없애는 새로운 '소방대원'이 되고 있다.

알고리즘은 페르시아 수학자 알콰리즈미의 이름에서 비롯되었는데 컴퓨터에서 문제의 해결을 위한 입력 자료를 토대로 원하는 출력을 유도하는 규칙의 집합을 가리킨다. 결과적으로 유튜브와 같은 영상 문화 속에서 수용자는 자신이 스스로 선택한다고 믿지만, 실제로는 정보 제공자에 의해 조종되거나 조작당하기 쉽다.

영화 〈화씨 451〉과 〈소셜 딜레마〉에는 중대한 차이가 있다. 소방대원은 인간이지만, 알고리즘은 인간이 아니라 기계로 만들어진 인공지능이라는 점이다. 인간과 달리 절대 지치지 않고 밤에도 쉬지 않고 24시간 작동한다. 인공지능은 소방대원보다 더 정확하고 교묘한 방법으로 인간을 조종하고 통제한다. 심지어 자해하거나 살해하는 방법을 가르치기도 한다.

인터넷은 인류의 삶에 깊이 관여하고 있다. 2020년 트위터와 페이스북을 통해 도널드 트럼프는 미국 대선에 불복하며 의회를 폭력으로 점거한 시위대를 "애국자들"이라고 말한 메시지를 그대로 전달했다. 인스타그램과 틱톡은 우리가 원하지 않아도 선정적인 누드 사진과 잔인한 폭력 장면을 추천하고 보여주기도 한다. 유튜브의 특정 동영상을 보면 곧 동일한 성격의 동영상이 자동으로 추천된다. 이러한 소셜미디어의 알고리즘은 철저하게 상업적 계산으로 만들어진다. 소셜미디어 이용자가 더 많이 머물러야 광고비가 커지기 때문이다. 알고리즘은 자본의 논리와 연결된다.

소셜미디어에는 유용한 정보도 있지만, 가짜 정보와 증오와 폭력을 선동하는 정보가 무제한적으로 유포된다. 중세 유럽에 출간된 『마녀를 심판하는 망치』에 따라 벌어진 마녀사냥처럼 익명의 대중은 알고리즘에 따라 자신들의 무기를 들고 명예 훼손과 인격 살해를 서슴지 않는다.[2] 인터넷이 '집단 지성'이라는 기대를 무참하게 짓밟히고 있다. 21세기 초반 '전자 민주주의'라는 순진한 낙관론은 철저히 실패했다. 이스라엘 역사학자 유발 하라리의 주장대로 정부가 상업적 알고리즘은 폐지하는 법안을 만들어야 할지 모른다.[3]

오늘날 우리는 인공지능을 개발하지 않는 지구를 상상하기는 어렵다. 그러나 인공지능을 전체적으로 관리하는 조직은 존재하지 않는다. 서로 경쟁하는 기업들이 주도한다. 어쩌면 낭떠러지일지 모르는 곳으로 점점 빠르게 돌진하고 있다. 아무런 신중함도 통제 장치도 없고 거대한 빅테크 기업을 규제할 정부도 없다. 노엄 촘스키Avram Noam Chomsky가 분석한 엘리트 미디어와 마찬가지로 인공지능도 '동의를 제조'한다.

생각을 통제하는 사회

대중적 오락과 인터넷이 발명되지 않았던 동유럽 공산주의와 소련 사회에서도 책의 통제라는 점에서 별반 크게 다르지 않았다. 체코 작가 보후밀 흐라발Bohumil Hrabal의 『너무 시끄러운 고독』(1980)에 등장하는 주인공 한타는 공산주의 시대 체코의 잔혹한 통제의 현실을 묘사한다.[4] 그는 35년간 폐지 압축공으로 살아왔다. 이는 책을 없애는 일이다.

한타는 지하실에서 책을 파괴하면서 수많은 책을 읽고 교양을 쌓았다. 때로 희귀한 책들은 아파트에 몰래 숨겨놓고 읽었다. 그러나 새로운 자동기계가 도입되면서 손을 사용하는 이전의 작업 방식은 더는 쓸모가 없어졌다. 한타는 새로운 방식에 적응할 수 없었다.

흐라발의 소설은 체코 공산당 치하에 지식인들이 겪었던 수난을 은유적으로 표현한다. 독일의 나치 당이 지식인을 추방한 것처럼 공산당은 대학교수를 쫓아냈다. 그리고 책을 읽지 않는 수많은 사람이 제조된다. 학교는 자유로운 인간을 교육하는 것이 아니라 공장처럼 표준화된 사고를 지닌 '인적 자원'을 제조한다.

2024년 작가 한강이 노벨문학상 수상 한 해 전 울산대학교 도서관에서 45만 권의 종이책이 폐기 처리되었다. 정몽준 현대중공업 회장이 이사장을 지냈던 울산대는 1990년대 이후 적극적으로 책을 수집해 소장도서가 100만 권이 된 지 10년 만의 일이다. 대학 도서관에 카페와 인터넷 정보실을 건립하기 위해서 오랫동안 대출 신청이 없는 서고의 책을 없애기로 정한 것이다. 인문대 교수들의 반발로 절반 정도 가까스로 구했다. 무료로 시민들에게 배부하자는 의견은 '책 버리는 학교'라는 인식을 준다는 우려로 거부되었다.[5]

울산대학교 도서관의 책은 경남의 제지 업체로 넘어가 휴대폰 케이스, 담배와 과자 상자 등 산업용 포장지로 바뀌었다. 해마다 한국 전역의 대학 도서관에서 수백만 권의 책들이 폐기되고 있다. 하버드대, 컬럼비아대, 프린스턴대 등 미국 대학의 '공동보존서고'의 사례는 한국에서는 예산 부족으로 시도조차 하지 못한다. 과연 '책의 집'이라는 의미에 도서관에서 책을 추방한 미래형 학술정보원이 추구하는 미래란 무엇인가? 체코의 책이 독재 권력에 의해 파괴되고 있다면, 한국의 책들은 시장의 권력에 의해 소리 없이 사라지고 있다.

『화씨 451』이 텔레비전과 대중문화가 지배하는 미국 사회를 보여주듯이 『너무 시끄러운 고독』은 기계와 전체주의 권력이 지배하는 체코 사회를 신랄하게 고발한다. 깊은 사고를 요구하지 않는 텔레비전, 전체주의, 인터넷의 공통점이 무엇인지 질문을 던질 수 있다.

프랑수와 트뤼포의 영화 가운데 〈화씨 451〉은 그의 다른 영화에 비해 약간 다른 분위기를 보인다. 비교적 리얼리즘에 가까운 스토리텔링을 소개한 다른 영화에 비하면, 과학소설을 활용해 사회를 풍자했다.

그런데 〈화씨 451〉에서 보여주는 미래 사회는 오늘날 한국 사회의 풍경과도 너무 비슷하다. 텔레비전 예능 프로그램의 인기, 광범위하게 보급된 인터넷, 그리고 첨단 기술의 아이콘 스마트폰조차 〈화씨 451〉에 묘사하는 세상과 놀랄 만큼 흡사하다. 버스와 지하철에서 스마트폰을 이용하는 수많은 사람은 문자 메시지를 보내거나 게임을 즐기거나 영화와 텔레비전 드라마를 보고 있다.

우리가 즐기는 할리우드 액션 영화와 멋진 텔레비전 광고는 0.5초짜리 아주 짧은 장면들이 수천 개나 들어간다. 이것들은 엄청나게 많은 이미지를 우리의 머릿속에 쏟아붓지만 좀처럼 생각할 시간을 주지 않는다.

학교는 어떤가? 어린 시절 산더미 같은 동화책을 읽던 아이들이 초등학교에 들어가면서 제대로 독서할 시간이 없다. 학교 선생님들은 학생들에게 독서를 가르치지 않는다. 오로지 시험 성적을 위한 반복적 암기와 문제 풀기 능력만 요구할 뿐이다. 좋은 성적은 좋은 대학을 들어가게 만들고 개인의 행복을 좌우한다는 믿음 때문이다.

24시간 계속되는 텔레비전 뉴스, 인터넷 포털 서비스에서 제공하는 공짜 정보, 유튜브의 동영상 속에서 살아가는 사람들은 과거보다 사회를 더 깊이 이해하고 있는가? 텔레비전 앵커는 더욱 젊고 매력적인 외모를 가진 사람으로 바뀌며, 뉴스는 점점 짧아지고, 신문과 포털 서비스의 뉴스도 자극적인 헤드라인이 뒤덮고 있다.

유튜버들은 시청자의 관심을 끌기 위해 자극적인 영상을 제작한다. 사이버 레카는 사건을 조작하기도 한다. 그리고 자신들을 위해 '좋아요', '구독' 버튼을 누르라고 애걸하고 강요한다. 극단적인 정치 유튜버들은 소리를 지르며 상대 진영을 비난하고 공격한다. 그러고 엄청난 액수의 돈을 모금한다. 시청률 경쟁, 접속 수, 그리고 광고 경쟁은 우리에게 세상을 진지하게 생각할 시간을 주지 않는다.

미디어는 메시지

활자 매체와 영상 매체의 차이도 크다. 세계 전자 사회의 등장을 예언한 『지구촌』의 저자 마셜 맥루한 Marshall Mcluhan 은 '미디어가 메시지라'는 말을 남겼다.[6] 즉 미디어의 특성 자체가 메시지를 결정한다는 말이다.

활자 매체는 정보를 전달하는 문자를 해독하는 수용자가 이성적으로 판단할 기회를 제공한다. 수용자가 스스로 활자 정보를 해석하고 비판할 기회와 가능성을 가진다. 책과 종이 신문은 독자들이 정보를 자율적으로 선택하거나 메시지 전달자의 의도와 다르게 판단할 수 있다.

그러나 영상 매체는 정보를 제공하는 동영상을 통해서 이성보다 감정의 전달이 쉽다. 영화와 마찬가지로 유튜브의 동영상은 시각적, 청각적 효과가 커지면서 훨씬 감정적 몰입이 강력해진다. 이러한 과정을 통해 수용자의 자율성이 약해지고 메시지 전달자의 영향력이

마셜 맥루한

훨씬 강해진다. 게다가 유튜브는 알고리즘으로 유사한 성격의 동영상을 반복적으로 수용자에게 제공하고 '확증 편향'(confirmation bias)을 유도한다.

　메시지의 분량도 변화한다. 메시지 가운데 문자의 분량이 줄어든다. 동영상의 상영 시간도 점점 짧아진다. 숏폼(short-form)이 대세가 되고 있다. 10초짜리 동영상을 제공하는 스냅챗에 이어 15초 동영상을 공유하는 인스타그램이 인기를 끌고 있다. 현재 틱톡은 가장 널리 사용되는 숏폼 동영상이 되었다.

　심지어 종이 신문조차 기사의 크기가 점점 줄어든다. 특히 한국의 경우 심층 분석 기사나 탐사 보도 대신 짧은 보도 뉴스가 더욱 늘어난다. 공중파 방송에서 다큐멘터리와 시사 토론 프로그램은 심야 시간대로 밀려나거나 아예 사라진다.

나도 'KBS 생방송 시사토론'과 'MBC 백분토론'에 출연했지만, 10시 반경 또는 11시에 시작하니 누가 시청할지 잘 모르겠다. 그나마 2024년 '시사토론'은 폐지되었다. KBS의 'TV 책을 보다' 등 책을 소개하는 프로그램도 결국 폐지되었다. 나는 『그들이 자본주의에 대해 말하지 않은 23가지』, 『감정노동』, 『차브』 등 책을 소개하는 텔레비전 대담에 참여하며 몇 차례 출연했지만, 이제는 책을 소개하는 공중파 방송은 아예 사라졌다. 시청률이 광고 수주를 좌우하는 미디어 환경이 만든 결과이다. 토론과 책 소개를 원하는 '개인의 선택권'은 철저히 짓밟혔다.

오늘날 텔레비전과 인터넷에서는 오락과 예능 프로그램이 대세를 이룬다. 드라마도 더욱 선정적이고 폭력과 섹스, 불륜을 집중적으로 다룬다. 동영상의 구독 수와 신문의 기사 접속 수도 광고비와 직결된다. 더 많은 구독자와 접속자를 만들기 위해 낚시용 제목(섬네일)과 선정적 사진의 기술이 중요하다. 이는 심리학 실험 결과를 적용하기도 하고 고도의 속임수 기술이 활용되기도 한다.

이런 미디어 환경의 변화로 인해 매체의 특성을 볼 때 진보적 메시지와 보수적 메시지의 영향력의 차이도 발생한다. 진보적 메시지는 주로 이성적 판단에 호소한다. 정부의 조세정책과 사회정책을 체계적으로 비판하거나, 남북 관계의 합리적 대안을 모색하는 노력은 대개 논리적 문장으로 전달되는 경우가 많다. 반면 세금 인상과 복지 확대는 감정적 표현을 활용하여 반대하고, 북한의 핵무장은 공포감을 조장하기도 쉽다. 정치적 유튜브 채널에서도 보수적 방송이 구독자 숫자와 기부금, 슈퍼챗(유튜브의 콘텐츠 구매 플랫폼) 액수가 압도적으로 많은 것은 당연한 결과일 수 있다.

레거시 미디어(정보 시대 이전을 지배했던 인쇄물, 영화, 라디오, 텔레비전, 광고대행사 등 오래된 대중매체)의 영향력이 급속하게 약해지고 뉴미디어가 확산되면서 이성적이고 합리적인 대안을 제시하는 메시지는 관심을 끌기 어렵게 되었다. 특히 젊은 세대일수록 활자보다 동영상에 익숙해지는 조건에서 진보적 메시지의 영향력은 점점 축소될 수 있다. 뉴미디어 시대에 극우 포퓰리즘이 득세하는 건 우연이 아니다.

이성이 잠들면 괴물이 깨어난다

나의 딸 지혜는 초등학교에 입학하자마자 코로나19 바이러스 시대를 겪게 되었다. 학교 수업 대신 집에서 비대면 인터넷 강의가 시작되었다. 교육부 장관은 모든 학생에게 아이패드를 제공하겠다고 공언했다. 지혜는 카카오톡과 유튜브에 빠져들었다. 친구들과 소통도 소셜네트워크서비스로 이루어졌다.

수년 후 지혜는 대안학교로 전학했다. 학교는 스마트폰, 전화기, 텔레비전, 사교육을 보내지 않는다는 서약을 요구했다. 과연 그럴 수 있을까 반신반의했지만, 그대로 실험해보자고 결심했다. 놀라운 변화가 일어났다. 지혜는 책에 열중하기 시작했다. 친구들을 만나면 스마트폰 대신 해리 포터와 그레타 툰베리 이야기를 꺼냈다. 바닷가의 조개와 조약돌을 손에 들고 활짝 웃었다. 숲속의 나무와 새를 관찰하고 그림을 그렸다. 그리고 내게 많은 질문을 쏟아냈다.

인터넷과 스마트폰이 만든 영상 문화 속에서 우리의 이성은 더욱 발전하고 있을까? 온라인 정보가 우리를 더욱 똑똑하게 만들까? 단순한 데이터와 겉치레에 빠진 얄팍한 정보는 개인의 소비 대상일 뿐이다. 자신이 어떻게 살고 있는지, 어떤 삶을 살아야 하는지, 다른 사람들은 어떻게 살고 있는지에 대한 진지한 성찰을 요구하지 않는다. 사실 우리는 정보기술을 통해 더 연결된 것처럼 생각하지만, 더 철저히 개인화되고 고립적인 생활에 빠져들고 있다.

그래도 나는 우리가 살고 있는 세상이, 놀라운 살인 사건과 추문, 나와 무관한 다른 사람들의 뉴스, 그리고 별로 듣고 싶지 않은 불행한 사람들의 이야기로 가득 찼다고 절망하진 않을 것이다. 우리가 세상을 넓게 바라보고 인간에 대해 깊이 사색한다면, 더 많은 것을 알 수 있을 것이다. 하지만 책을 읽지 않는다면 체계적인 사고를 하기는 어렵다. 책이 사라지는 세상이 온다면 비판적 사고는 가능하지 않을 것이다. 과연 그런 세상이 오고 있는 것일까?

18세기 에스파냐 궁정 화가 프랜시스코 고야Francisco José de Goya y Lucientes는 프랑스의 침략과 전쟁의 공포를 체험했다. 그가 살았던 시대는 계몽주의와 과학의 시대였지만 미신과 악습이 지배하던 시대였다. 고야의 동판화집 『변덕』의 43번째 그림에는 한 남자가 책상에 엎드려 잠들어 있다. 합리성을 상징하는 낮이 저물자 미몽이 가득한 어둠이 다시 밀려온다. 그 뒤로 부엉이와 박쥐 떼가 날개를 퍼덕인다. 괴기한 풍경 아래 짧은 문구가 적혀 있다. "이성이 잠들면 괴물이 깨어난다."

고야의 그림 속 남자는 다시 일어나 글을 쓸 것인가? 아니면 잠에서 깨어나지 못할 것인가? 프랑수아 트뤼포의 명작 〈화씨 451〉은 이성이 사라져가는 고야의 시대를 되돌아보게 만든다. 과연 우리는 어느 시대에 살고 있을까? 앞으로 우리는 어디로 가는 것일까?

16

권위와 복종: 인간은 왜 권력에 쉽게 복종하는가?

에롤 모리스, 〈포그 오브 워〉(2003)

에롤 모리스, 〈S.O.P〉(2008)

> 나는 사람들이 판단할 근거도 없는데도 쉽게 결정을 내리고 열정적인 견해를 갖는 것에 경악했다.
>
> — 윌리엄 골딩William Golding, 『파리 대왕』의 저자, 노벨문학상 수상자

이라크 전쟁과 아부그라이브 수용소

나는 전쟁을 좋아하지 않지만, 전쟁 영화는 본다. 전쟁 영화는 인간의 본성을 잘 보여주기 때문이다. 에롤 모리스Errol Morris는 베트남 전쟁을 다룬 〈포그 오브 워〉(2003)로 아카데미 다큐멘터리상을 받은 역량 있는 감독이다. 영화 제목인 '전쟁의 안개(The Fog of War)'는 카를 클라우제비츠Carl Clausewitz의 『전쟁론』에 있는 표현인데, 군사 작전의 불확실성을 가리킨다. 로버트 맥나마라 미국 국방부 장관의 삶을 인터뷰에 담으면서 교훈을 제시한다. 정부 정책 결정자의 심리를 보여주는 걸작이다.

모리스의 후속작 〈S.O.P〉(2008)는 21세기의 이라크 전쟁을 다룬다. '에스오피'는 '스탠더드 오퍼레이션 프로시저(Standard Operating Procedure)'로 관리 규정을 뜻하는 군사 용어다. 이 영화는 전쟁 현장 대신 이라크에 있는 아부그라이브 수용소에서 벌어진 미군의 수감자 학대를 다룬 다큐멘터리이다. 〈S.O.P〉는 미국 부시 행정부에 매우 불편한 영화였을 것이지만, 베를린 영화제 은곰상을 수상했다.

2003년 미국의 침략으로 시작된 이라크 전쟁은 유엔 안전보장이사회의 승인을 받지 못했을뿐더러 '반인도적 범죄'라는 국제 여론에 직면했다. 코피 아난 유엔 사무총장은 2004년 "이라크 전쟁은 유엔 헌장에 저촉되는 불법 행위"라고 규정했다.

한국에서도 700개 시민단체가 모여 '전쟁 반대 평화 실현 공동실천'을 선언했고 평화운동이 확산되었다. 그러나 노무현 정부는 이라크 파병을 결정했다. 한국은 3,400명을 보내 영국 다음으로 가장 많은 군대를 파견한 나라라는 오명을 얻었다.

이라크 전쟁을 주도한 조지 W. 부시 미국 대통령은 이라크가 대량살상무기를 보유한다는 것을 구실로 내세웠다. 후세인 정부의 인권 침해를 비난하고 인권 수호 명분으로 이라크 전쟁을 정당화했다. 그러나 대량살상무기는 끝내 발견되지 않았다. 게다가 이라크 전쟁 이후 미국이 지원하는 정부에 의한 민간인 고문 피해가 계속되었다.

미군은 40일 만에 전쟁 종료를 선언했지만, 완강한 저항에 직면했다. 베트남 전쟁보다 더 심각했다. 이라크 전쟁에서 현지 민간인 20만~25만 명이 사망한 것으로 추정된다. 그러나 미 행정부는 미군의 공습으로 많은 민간인이 죽은 사건에 대해 자료 공개를 거부했다.

포로 학대와 고문

2004년 미국의 시사주간지 〈뉴요커〉의 폭로 기사는 전 세계에 충격을 주었다. 미군이 장악한 이라크 아부그라이브 수용소에서 벌어진 포로 학대에 관한 보고서와 사진이 공개되었다. 수용소에서 미군에 의한 고문과 가학 행위가 '일상적'으로 자행됐다는 사실을 보도했다. 당시 이라크 전역에서는 1만 3천여 명의 수감자들이 명확한 증거 없이 장기간 구금돼 가혹 행위를 당하고 있었다.

국제인권단체들은 새로운 사실을 폭로했다. 아부그라이브 수용소에서 발생한 가학적 행위들이 미국 국방부, 법무부, 중앙정보국(CIA) 등이 공식적으로 만든 '법률적 기준'에 따른 것이고, 이를 위해 고안된 '강압적 심문 규정'에 근거한 것이라는 사실을 알렸다. 올리버 스톤의 영화 〈더 프레지던트〉(2008)에서 딕 체니 부통령이 조지 W. 부시 대통령에게 심문 규정의 승낙을 받는 장면이 나온다. 부시는 고문이 아니면 괜찮다고 말하지만, 실제는 달랐다. 아담 맥케이의 〈바이스〉(2019)는 딕 체니가 어떻게 대통령의 권한을 행사했는지 다큐멘터리처럼 생생하게 보여준다.

아부그라이브 수용소의 고문과 가학 행위를 저지른 군인은 사실 법률적 기준과 규정에 따른 결과였던 것이다. 이는 마치 아우슈비츠 수용소에서 유대인을 독가스실에 처형하고도 규정대로 행동했다고 답변하는 판단 능력이 없는 독일 군인과 다를 바 없는 것처럼 보인다.

한국에서도 군사정부 시절 치안본부 대공분실의 고문 기술자들은 잔인한 물고문과 전기고문 후에는, 자녀를 걱정하는 평범한 부모의 모습을 보여주었다고 전해진다. 왜 인간은 이런 모순적 행동을 하는 것일까? 수용소 군인들은 특수 훈련을 받고 심리적 세뇌를 받은 것일까? 아니면 인간이 원래 이중적 성격을 가지고 있는 걸까?

스탠리 밀그램의 '복종의 실험'이 남긴 문제

사회심리학 연구를 보면, 아우슈비츠 수용소와 아부그라이브 수용소의 군인들이 아주 특별한 심리 조작을 당하지 않은 것처럼 보인다. 왜 그들은 고문의 가해자가 되었을까? 그들은 단지 명령에 순응할 것일까? 자신이 불법 행위를 하고 있다고 생각했을까?

1961년 미국 예일대학 심리학과 조교수 스탠리 밀그램Stanley Milgram이 실행한 '복종의 실험'은 권위에 무비판적으로 복종하는 사람들을 보여주었다. 밀그램은 사람들이 권위에 복종하는 이유가 개인의 성격보다 상황에 있다고 믿었다. 그는 아무리 이성적인 사람이라도 설득력 있는 상황에서는 윤리적, 도덕적 규칙을 무시하고 명령에 따라 잔혹한 행위를 할 수 있다고 주장했다.

밀그램은 나이 20대에서 50대 사이의 남성 40명을 신문 광고를 통해 모집해 교사와 학생으로 분류했다. 학생은 전기 충격 장치가 있는 의자에 묶여 있고, 교사는 전기 충격 발전기를 맡았다. 기계에는 300볼트 이상 충격을 가하면 위험하다는 표시가 있었다. 300볼트에 도달하면 학생은 고통스럽게 비명을 지르도록 요구했다.

밀그램은 실험을 시작하기 전에 예일대학 심리학 전공 학생들에게 결과를 예측해 보라고 요청했다. 그들은 0~3% 이내 실험자가 최고 수준의 450볼트까지 전압을 올릴 것이라고 보았다. 밀그램도 0.1%

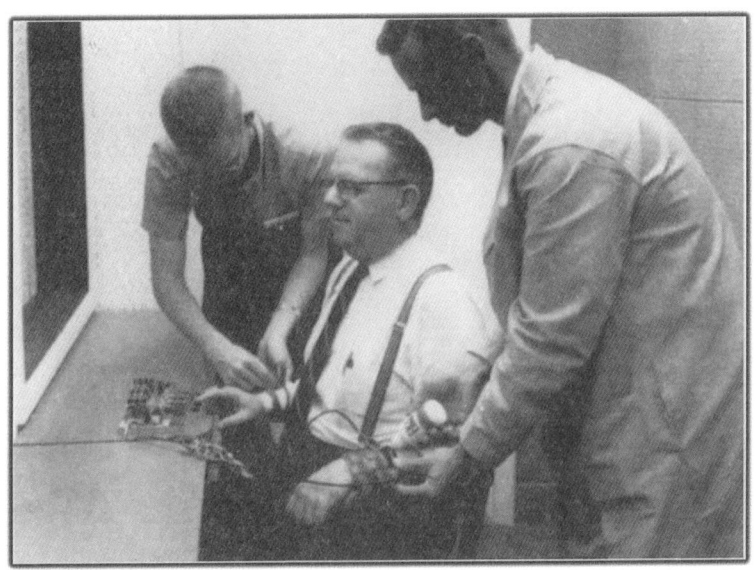

스탠리 밀그램, 〈복종의 실험〉, 1961.

의 사람들만 450볼트까지 올릴 것으로 생각했다.

그러나 실험 결과는 충격적이었다. 65%의 피실험자가 450볼트까지 전압을 올렸다. 학생 역할을 맡은 피실험자는 소리 지르며 너무 고통스럽다고 말하며 중단할 것을 간청했다. 전압이 너무 높아지면 죽은 것처럼 '연기'하기도 했다. 그러나 피실험자들은 죽은 것처럼 움직이지 않는 사람에게도 지시에 따라 계속 전기 충격을 가했다.

이 과정에서 대부분 사람이 실험 목적을 의심하거나 불편한 반응을 보였다. 그러나 밀그램은 사람들이 주저하거나 거부하는 듯한 반응을 보이면 4번 반복해서 계속하라고 지시했다. 만약 피실험자가 계속 거부하면 실험을 중단할 예정이었다.

실험에서 지시하는 방법은 특별한 설득이나 협박이 아니었다. "계속 진행하세요", "실험을 위해서는 진행해야 합니다", "계속 진행해야만 합니다", "당신에게는 이것 외의 다른 선택지가 없습니다" 등 4단계의 대사를 말했다. 대부분 사람은 결국 지시를 따랐다.

최고 수준의 450볼트로 전기 충격을 가하길 거부했던 사람은 35%이지만, 이들 가운데 12.5%만이 인체에 위험하다고 표시된 300볼트 이상 전기 충격을 가하기를 거부했다. 누구도 적극적으로 실험을 저지하는 사람은 없었다. 죽은 것처럼 연기하는 학생을 도우려고 하는 사람이 한 사람도 없었다.

이 실험은 아우슈비츠 수용소와 대량학살에 참여한 사람을 이해할 수 있는 중요한 의미를 제공한다. 하지만 '복종의 실험'에 참여한 사람들 가운데 65%만 복종하고 35%가 복종하지 않았다는 사실은 충분히 설명하지 못했다. 그의 연구는 복종과 반항이 복잡한 성격의 토대로 형성된다고 알려주었지만, 우리는 명확한 해답을 얻지 못하고 있다.

밀그램은 실험 과정을 참여자에게 사전에 설명하지 않았다는 이유로 비판받았으며, 심리학회 회원 자격이 1년 동안 정지되고 결국 예일대학을 떠나야 했다. 그 후 그는 『권위에의 복종』이라는 책을 출간했으며, 이 책은 지금도 널리 인용된다.[1]

그의 연구는 왜 사람들이 부당한 명령을 내리는 직장 상사를 보고도 자주 침묵을 지키는지, 동료가 불법 행위를 저질러도 자주 가만히 있었는지 질문을 던진다. 도덕적 실패는 과연 성격이 아니라 상황에 따라 결정되는 것일까?

'감옥 실험'과 사회적 인정

밀그램의 실험과 유사하게 1971년 스탠퍼드대학의 심리학 교수 필립 짐바르도Philip Zimbardo가 '스탠퍼드 감옥 실험'을 실행했다. 이는 심리학 역사에서 가장 유명한 실험이다.

70명 대학생 지원자 중 24명이 선발되어 죄수와 교도관 역할을 무작위로 분류했다. 피실험자들은 스탠퍼드대학 심리학과 건물 지하에 있는 가짜 감옥에 들어갔다. 피실험자들은 자신이 맡은 역할을 예상보다 잘 수행했다.

교도관들은 권위적으로 행동했고 심지어는 가혹 행위를 하기까지 했다. 2명의 죄수는 초기에 너무 화가 나서 중간에 나갔다. 결국 모든 실험은 실험 시작 후 6일 만에 갑작스럽게 종료되었다. 밀그램의 실험과 마찬가지로 짐바르도의 실험에 대해서도 논란이 많다. 실험 장면을 촬영했는데, 이에 대해서 윤리적 비판이 제기되었다.

'짐바르도 실험'의 더 큰 문제는 시간이 지난 후 발견되었다. 짐바르도 교수의 연구팀은 피실험자에게 구체적인 지시를 했다. 단순히 교도관 복장을 입힌 데 그치지 않고 거칠고 잔인하게 행동하도록 요구했다.[2]

"연구원: 주로 뒤에서만 계시던데요. 좀 더 적극적으로 참여해야 합니다. 모든 교도관은 각 교도관이 '엄격한 교도관'이라는 걸 알아야 해요.

마커스(피실험자): 전 그렇게 엄한 사람이 아니예요.

연구원: 제가 엄격하다는 단어로 말하고자 하는 건 확고하셔야 한다

는 거예요. 좀 더 행동을 보이고, 뭐 그런 거요. 이 실험을 위해 정말 중요한 부분입니다.

　　마커스(피실험자): 만약 이 모든 게 저한테 달려있다면, 전 아무것도 안 할 거예요. 그냥 (상황이) 진정되도록 놔둘 거예요."

이런 대화 기록을 볼 때 짐바르도의 '스탠퍼드 감옥 실험'은 어느 정도 조작된 것이다. 널리 알려진 것처럼 피실험자들은 단지 상황이 바뀌거나 교도관 복장을 착용한다고 폭력적인 잔인한 괴물로 변한 게 아니다. 그는 실험자의 요구에 따라 실험에 협력하기 위한 '선의'에 따른 것이다.

밀그램의 '복종의 실험' 역시 고문을 저지른 사람들에 대해서 중요한 문제를 제기한다. 실험팀의 호감을 얻으려는 피실험자의 태도를 발견할 수 있다. 그들은 타인의 호감을 얻기 위해 인간성, 정의, 진리를 파괴하는 행동을 보인 것이다. 우리는 가족, 민족, 국가 등 자신이 소속된 집단의 **인정**을 얻기 위해서 집단 외부의 사람들에게 잔인한 폭력을 사용한다.

짐바르도의 '스탠퍼드 감옥 실험'이 30년 넘게 시간이 흐른 뒤 2004년 아부그라이브 수용소에서 미군에 의한 이라크 포로 학대 사건이 발생했는데, 짐바르도의 실험이 다시 관심을 끌었다. 짐바르도는 미국 퇴역 군인의 군법회의 심리에 전문가 증인으로 참석했다.[3] 짐바르도의 실험은 인간과 사회에 관한 중요한 질문을 던진다.

순응하는 인간, 저항하는 인간

나는 학생 시절 감옥에 갇힌 적이 있었다. 그때 우리는 매일 아침과 저녁마다 정부를 비판하는 구호를 외쳤다. 교도관들은 우리를 제지하지 않았다. 오히려 밥은 잘 먹으라고 말하며 웃음을 보이기도 했다.

그런데 1986년 건국대 집회에 참여한 1,200명이 넘는 학생들이 한꺼번에 구속되면서 상황이 달라졌다. 군사정부의 긴급 명령에 따라 법무부와 교도소는 일사불란하게 학생들의 구호 외치기를 제지했다. 저항하는 학생들을 강제로 끌고 가서 불빛이 전혀 들어오지 않는 징벌방에 처넣었다. 교도관들은 왜 하루아침에 그렇게 바뀌었을까?

권력은 타인의 동의를 받지 않고 강제하는 힘이다. 감옥뿐 아니라 인간 사회에서 권력은 핵심적 요소이다. 권력이 없는 사회는 존재하지 않는다. 지배자는 물리력을 통해 권력을 행사한다. 여기에 중요한 점은 권력은 언제나 복종을 요구한다는 점이다. 복종이 없다면 지배도 없다.

1980년대 한국의 군사정부가 동원한 고문 기술자는 자발적으로 관리 규정에 따른다. 고문은 개인적 행위가 아니라 명령에 따른 행정이다. 고문의 가해자는 독재자에 대한 충성이 아니라 국가의 업무를 수행한다고 생각한다. 1930년대 독일의 나치 수용소장 아이히만은 단지 명령에 따른 것이라고 변명했다. 이들 모두는 현대 사회의 관료제가 만든 괴물이다.

그러나 모든 권력은 저항에 직면한다. 저항이 없다면 권력은 존재할 필요가 없다. 스스로 순응한다면 권력의 강제성은 불필요한 존재가 된다. 프랑스 철학자 미셸 푸코는 『감시와 처벌』에서 외부의 강제성이 아니라 개인의 자발적 복종에 주목했다.[4] 권력은 지식을 통해 개인의 복종을 설득하고 조종한다. 푸코는 이를 '미시 권력'이라고 불렀다. 하지만 자발적으로 순응하는 사람이 있는 한편 모든 권력에는 저항하는 사람도 등장한다.

저항은 단순한 반대나 이의 제기가 아니라 권력 자체를 부정한다. 때로 오랫동안 침묵과 순종의 시간이 흘러가도 영원한 복종은 존재할 수 없다. 역설적으로 권력 자체는 저항으로 인해 존재할 수밖에 없다. 그래서 권력과 저항은 동전의 양면처럼 서로 긴밀하게 결합되어 있다.

1961년 스탠리 밀그램의 '복종의 실험'에 참여한 사람들 가운데 65%만 복종하고 35%가 복종하지 않았다는 점에 주목할 필요가 있다. 비록 권위에 복종하는 사람이 다수이지만 모든 사람이 그런 것은 아니다.

1960년대 미국 대학생들의 반전시위에 이어 대학 점거 농성이 이어졌다. 5만 명에서 12만 명으로 추산되는 미국 청년들이 베트남 전쟁을 거부하고 징집 영장을 찢거나 불로 태우거나 캐나다로 건너갔다. 미국 역사상 최대 규모의 정치적 망명이다. 그들은 미국의 반역자라고 비난받았지만, 평화를 갈망하며 캐나다 곳곳에 뿌리를 내렸다.

시간을 거슬러 1936년 독일 함부르크 블룸 플루스 포스 조선소에 열린 해군 훈련함 진수식에서 나치 당에 도취된 수많은 군중 속에서 팔짱을 끼고 비웃는 듯한 표정의 사진에 찍힌 후 "나치식 경례를 하

독일 함부르크 블룸 플루스 포스 조선소에서 나치 경례를 하지 않는 노동자

지 않은 남자", "팔짱을 낀 남자"로 유명해진 남자가 있었다. 그는 조선소의 평범한 노동자였다. 그는 왜 나치식 경례를 하지 않았을까? 그는 나치 당이 두렵지 않았을까?

 1980년대 한국의 군사정부에 맞선 젊은 학생들이 있었다. 이길 수 없는 싸움일지라도 모든 걸 잃을 수 있더라도 그들은 불의에 무릎을 꿇고 살고 싶지 않았다. 왜 그들은 순응하지 않았을까? 왜 그들은 고난을 회피하지 않은 것일까? 나 역시 대학생 시절 그들 곁을 떠날 수 없었다. 작가 한강의 『소년이 온다』는 이런 마음을 가슴 아프게 표현한다.

 인간 사회에는 언제나 권력과 저항이 미묘하게 얽혀있다. 우리는 왜 그리고 어떻게 인간이 권력에 순응하거나 또는 저항하는지 성찰해 보아야 한다. 탁월한 영화감독 에롤 모리스의 다큐멘터리 영화 〈S.O.P〉는 인간과 권력의 본성에 대한 날카로운 질문을 던진다.

6부
어떻게 살 것인가?

17

저항과 비판: 혁명가여, 카메라를 들어라

장뤽 고다르, 〈네 멋대로 해라〉(1960)

장뤽 고다르, 〈경멸〉(1963)

영화는 초당 24프레임의 진실이다.

- 장뤽 고다르, 프랑스 영화감독

자기만의 삶

매혹적인 영화배우 안나 카리나Anna Karina는 프랑스 누벨바그의 상징이다. 그녀는 영화계 스타가 되어 60년대 젊은이를 대표하는 인물이자 영원한 청춘의 상징이 되었다. 그녀의 본명은 한네 카린 블라크 베이어인데, 덴마크 태생으로 172센티미터가 될 정도로 키가 크고 아름다운 몸매를 가지고 있다.

안나 카리나는 파리에 갔다가 우연히 모델로 데뷔했다. 광고 에이전시의 눈에 띈 곳은 생재르멩데푸레의 '카페 뒤 마고'였다. 장폴 사르트르와 시몬 드 보부아르와 같은 유명한 실존주의 철학자들이 드나들던 바로 그곳이다.

장뤽 고다르, 〈비브르 사비〉(1962)

파리에 입성한 안나 카리나는 패션모델로 활동하면서 코코 샤넬을 만났다. 샤넬은 그녀의 덴마크 이름을 듣자, "아니야, 안나 카리나, 그렇게 불러요"라고 말했다. 톨스토이의 소설 『안나 카레니나』의 주인공 이름을 따온 것이다.

안나 카리나를 배우로 발탁한 사람은 영화감독 장뤽 고다르였다. 안나 카리나는 장뤽 고다르의 뮤즈이자 첫 번째 아내가 되었다. '영화 혁명가'로 불리는 고다르와 그의 연인은 1960년대 영화계에서 가장 주목받는 커플이었다.

안나 카리나는 고다르의 〈여자는 여자다〉(1961)와 〈비브르 사비〉(1962)에서 주연을 맡았다. 〈여자는 여자다〉에서 스트립댄서를 연기했고, 〈비브르 사비〉에서 배우가 되려다가 점점 성매매에 빠져드는 나나의 역할을 연기했다.

'비브르 사비'는 '자기만의 삶'이라는 뜻이다. 그러나 영화 속 주인공 나나는 생계유지와 쾌락 추구를 위해 호텔을 전전하며 남자들을 만나면서 자기만의 삶을 살지는 못한다. 〈비브르 사비〉에서 안나 카리나는 에밀 졸라의 소설 『나나』의 주인공과 같은 이름을 쓴다. 〈나나〉는 창녀의 이야기를 전한다. 고다르의 영화에서 나나의 삶은 관객에게 감정이입보다 관조적 관찰을 유도한다. 어쩌면 창녀가 된 나나의 삶은 개인의 드라마가 아니라 사회의 본질을 드러내기 위한 장치일 수 있다.

훗날 고다르는 **"자본주의 자체가 성매매와 같다"**고 말했다. 이는 마치 19세기 자본주의 수도가 된 파리가 거대한 매음굴과 같다고 말한 19세기 프랑스 시인 샤를 보들레르Charles Pierre Baudelaire의 말을 연상시킨다. 현대 사회에서 돈은 모든 것을 변화시켰다. 사회적 관계, 사랑과 결혼의 방식, 자유와 권리, 도덕과 윤리, 권력관계, 심지어 지성과 학문조차도. 영화의 역사와 돈의 역사는 밀접하게 연결되어 있다. 고다르는 영화를 통해 자본주의를 비판하고자 했다.

자본주의를 넘어서

나는 새로운 도시에 가면 가장 부유한 지역과 가장 가난한 지역을 가본다. 화려한 백화점과 소박한 전통 시장을 찾아본다. 파리에서 400년 전통의 전통 시장 앙팡 루즈가 전통 시장이라면, 6구에 있는 르 봉 마르쉐는 현대적 백화점이다.

르 봉 마르쉐는 에밀 졸라가 1883년에 쓴 『여인들의 행복 백화점』의 배경이기도 했다. "그의 백화점은 흔들리는 믿음으로 신도들이 점차 빠져나간 교회 대신, 비어 있는 그들의 영혼 속으로 파고들었다. 여인들은 공허한 시간을 채우기 위해 그의 백화점을 찾았다." 19세기 말 파리의 백화점은 새로운 종교의 신전이 되었다.

20세기 초 독일 베를린에서 파리에 망명한 발터 벤야민Walter Benjamin은 화려한 상점들이 가득한 아케이드가 자본주의와 소비주의를 확산하는 중요한 거점이라고 보았다. 사람들은 물건을 사지 않아도 진열된 상품을 바라보면 강력한 구매 욕망을 느낀다. 벤야민은 구경거리에 정신을 빼앗긴 사람들은 비인격적 존재가 된다고 보았다.

철학자 벤야민처럼 영화감독 장뤽 고다르는 자본주의와 소비주의에 대한 비판적 메시지를 제시한다. 그가 양손에 든 무기는 영화 촬영용 카메라와 날카로운 지성이다. 그는 누벨바그 영화감독 가운데 가장 지식인이라고 불릴 만하다. 고다르는 스위스계 프랑스인으로 소르본대학에서 인류학을 공부했다. 그의 아버지는 의사였고 어머니는 부유한 은행가의 딸이었다.

고다르는 대학을 중퇴한 후 파리에서 영화 평론을 썼다. 그는 촬영 현장에서 카메라를 들고 다니거나 제작실에서 기계를 다루는 대신 글을 쓰는 작가이자 에세이스트이자 이론가였다. 그는 당대 영화와 전혀 다른 문법의 영화를 창조하고 싶어 했다.

1950년대 고다르는 영화평론가 앙드레 바쟁이 이끄는 〈카이에 뒤 시네마〉에서 활동하다가 영화 제작에 뛰어들었다. 그의 영화는 한 편의 에세이와 비슷했다. 고다르와 같은 20대 젊은 평론가들은 파리에 있는 시네마테크 프랑세즈에 드나들면서 고전 영화를 철저히 연구하는 동시에 영화의 새로운 비전을 추구했다.

시네마테크가 누벨바그의 메카가 된 것은 우연이 아니다. 당대 영화 산업을 주도하던 미국과 소련은 더는 새로운 영화의 창조에 관심이 없었다. 미국 영화는 할리우드의 대형 스튜디오가 주도하는 오락물이 대세였다. 고다르가 보기에는 자본주의 선전물에 불과했다. 소련 영화는 블라디미르 레닌Vladimir Lenin의 관심대로 공산주의 선전의 도구가 되었다.

찰리 채플린Charlie Chaplin이나 에이젠슈타인은 역사의 기록으로만 남았고 20세기 후반 영화에서 창의성은 고갈되었다. 미국과 소련의 예술 영화는 거의 죽었다. 자본과 권력은 영화를 예술로 만드는 대신 자본과 권력의 노예로 만들었다. 그러면 어떻게 프랑스는 자본과 권력의 억압 없이 새로운 영화의 실험이 이루어졌을까?

젊은 세대의 감각

나는 1990년대 고다르의 영화를 처음 보았을 때의 느낌을 잊지 못한다. 바로 이런 영화가 내가 찾던 것이었다. 〈네 멋대로 해라〉(1960)에서 장폴 벨몽도와 진 세버그는 젊은이의 방황뿐 아니라 시대의 혼란을 표현했다. 고다르의 흔들리는 카메라의 움직임은 불안한 세대의 감각을 새로운 미학 스타일로 창조했다. 동시에 일상 언어를 통해 복잡한 삶의 양식을 철학적으로 재현했다. 범죄 느와르풍의 통속 영화 분위기를 예술 영화와 결합해 독특한 분위기를 만들었다. 무엇보다도 새로움의 충격이었다. 고다르의 모든 영화는 지속적인 실험의 연속이다. 하지만 그의 영화는 한 천재의 성과만이 아니라 복잡한 역사적 결과이기도 하다.

2차 세계대전 이후 프랑스 정부는 영화를 지원하는 법을 제정하고 젊은 영화인들을 육성하기 위해 영화관을 운영했다. 사전 제작비 지원 체제, 단편영화 장려금 등 정부 지원 외에도 스크린쿼터(의무 상영제)를 실시했다. 젊은이들이 몰려들었다. 파리에 프랑스 영화와 전 세계 영화 유산을 보관하고 복원하고 보급하는 목적으로 시네마테크(Cinematheque)가 설립되었다. 여기에서 장뤽 고다르, 프랑수아 트뤼포 등 새로운 세대의 영화 평론가들이 탄생했다. 이들은 비평 잡지 『카이에 뒤 시네마(Cahier du cinema)』에 필진으로 참여했다. 곧 자신들의 영화를 만들기 시작했다.

1957년 이후부터 새로운 젊은 영화감독들이 출현하면서 영화사를 뒤흔들 '누벨바그'(nouvelle vague)라는 새로운 물결이 등장했다. 누벨바그는 전통적인 영화 문법을 부정하고 현재의 문제를 새로운 기법으로 표현하고자 시도했다. 누벨바그는 고전 영화와 현대 영화의 차이를 구분했다. 누벨바그의 감독은 '작가주의'(auteurism) 정신을 강조했다.

누벨바그는 할리우드 영화와 달리 유명한 스타 배우에 의존하는 영화를 거부했다. 오히려 이름도 없고 배우 경험도 없는 배우를 기용했다. 영화에서 가장 중요한 것은 배우가 아니라 감독이다. 그래서 누벨바그는 촬영과 편집에서 언제나 실험 정신을 강조했다.

누벨바그 영화의 소재는 이전의 어떤 영화에서도 다루지 않은 주제를 탐구했다. 마치 20세기 초 모더니즘이 세상을 새롭게 해석했듯이, 1960년대 누벨바그는 세상을 보는 눈을 송두리째 바꾸었다. 그들은 당대에 살고 있는 사람들의 의식 구조를 표현하려고 애썼다.

이런 점에서 이들은 심리학자이자 사회학자이며 철학자였다. 그들은 현대인의 정신적인 위기를 탁월하게 묘사했다.

그러나 누벨바그가 하늘에서 뚝 떨어진 것은 아니었다. 한 세대 앞선 미국과 소련 영화와 다른 분위기를 풍겼지만 모방하기도 했다. 할리우드 영화 가운데 알프레드 히치콕과 오슨 웰스의 제작 기법은 누벨바그에 큰 영향을 미쳤다. 독일의 표현주의와 러시아의 몽타주도 누벨바그 감독들에게 중요한 교훈을 주었다.

무엇보다도 누벨바그는 상업 영화와 예술 영화의 경계를 뛰어넘었다. 어쩌면 이런 구분은 예술의 세계에서 보편적 기준이라고 보기는 어렵다. 사실 셰익스피어는 대중 예술가였다. 그는 연극에 시를 녹여서 표현했다. 누벨바그는 영화 속에 시를 표현하려고 시도했다.

"난 문화라는 말을 할 때마다 수표를 꺼내지"

누벨바그 영화 운동 가운데 가장 돋보이는 사람은 장뤽 고다르이다. 〈네 멋대로 해라〉(1960)와 〈경멸〉(1963)은 100만 명이 넘는 관객을 동원하는 기록을 세웠다. 〈경멸〉은 알베르트 모라비아의 소설이 원작인데, 예술과 자본의 관계에 대해 날카롭게 비판한다.[1] 미국의 자본을 받아 호메로스의 『오디세이아』를 촬영하면서 예술 영화를 만드는 것이 얼마나 어려운 것인지 말해준다.

『경멸』에서 영화감독으로 출연한 프리츠 랑은 독일의 전설적인 거장이다. 그는 돈을 댄 미국 제작자 제리 프로코슈의 터무니없는 요구에 직면한다. "호메로스는 『오디세이아』에 괴물들과 경이로운 것을 집어넣었으니 당신도 영화에 괴물들과 경이로운 것을 집어넣으시오"

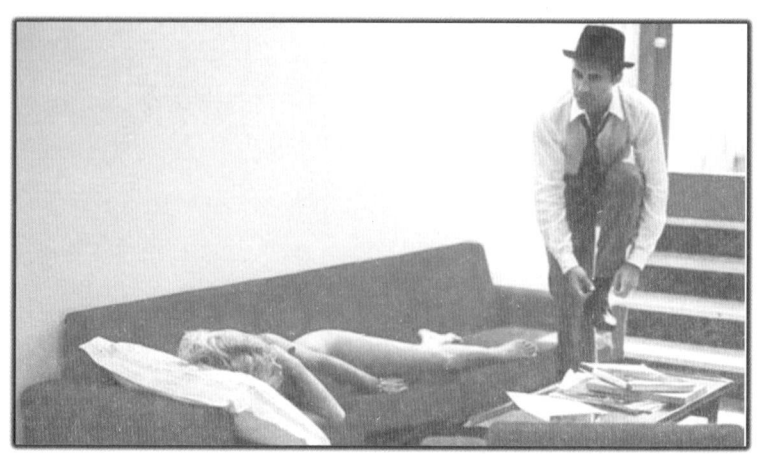

장뤽 고다르, 〈경멸〉(1963)

라고 말했다. 영화의 각본을 맡은 폴(미첼 피콜리)이 '문화'라는 단어를 사용하자 프로코슈는 "난 문화라는 말을 할 때마다 수표를 꺼내지"라고 말한다. 영화를 지배하는 힘이 돈이라는 현실을 표현한다.

프리츠 랑 감독은 영화 속 오디세우스가 트로이 전쟁에 참가한 이유를 부인인 페넬로페와 사이가 나빠서 그런 것이라고 주장하고, 10년이나 유랑 생활을 한 이유도 그렇다고 우긴다. 하지만 폴은 아무 말도 하지 못한다. 오디세우스와 페넬로페의 관계는 폴과 그의 아내 까미유(브리짓 바르도)의 불화를 연상시킨다.

폴이 제작자의 요구대로 따르고, 폴의 아내 까미유는 남편의 태도에 크게 실망한다. 까미유의 벗은 육체가 드러나면서 "나는 당신의 엉덩이를 사랑하오"라는 폴의 대사가 보인다.

고다르는 영화 제작이 근본적으로 성매매와 다를 바 없는 현실을 비판한다. "난 극작가예요. 시나리오 작가가 아닙니다. 시나리오를 아무리 잘 쓴다 해도 단순히 돈벌이만을 위한 거라면 싫습니다. 부인하지 않겠어요. 간단해요. 내 야망은 좌절됐어요. 요즘 세상은 남이 원하는 일을 하면서 살아가게 돼 있죠. 왜 모든 일에 돈이 중요한 것처럼 돼 버렸죠? 돈이 모든 걸 결정해 버리죠. 사랑하는 사람과의 관계까지……."

폴은 시나리오 쓰기를 결국 포기하고, 까미유는 미국 제작자 프로코슈와 함께 로마로 떠나버린다. 둘은 포르쉐를 타고 가다 교통사고로 죽는다.

문화적 권력관계

고다르는 영화의 제작 과정에서 나타나는 권력관계를 상징적으로 묘사했다. 투자자, 영화감독, 시나리오 작가는 전혀 다른 눈으로 호메로스의 『오디세이아』를 해석한다. 그들은 다른 방법으로 영화를 바라본다. 그들은 사랑도 다르게 해석한다.

영화뿐 아니라 모든 문화에는 다양한 힘이 작용한다. 프랑스 사회학자 피에르 부르디외는 저서 『예술의 규칙』에서 예술 작품의 생산 과정을 분석했다. 유명 작가의 소설, 음악, 그림이 인정받는 과정 또는 사회적으로 화제를 일으키는 문화 작품이 생산되는 과정은 작품을 평가하는 비평가와 언론매체 등과 중요한 연결 관계가 있는데, 이는 **문화적 권력관계**로 작동한다.[2]

부르디외는 예술 작품의 창조성은 작가 개인의 순수한 기획이 아니라 작가가 속한 사회적 요구와 제약 속에서 만들어진 것이라고 주장했다. 창작자는 자신의 작품과 맺는 관계는 "사회적 관계의 체계"에 의해 영향을 받는데, 이를 '**장**'(champ)이라 부른다. 부르디외에 따

프랑스 사회학자, 피에르 부르디외

르면, '장'은 "세력 관계의 장소로서… 그리고 그것을 변형시키는 것을 목적으로 하는 투쟁의 장소로서, 그리고 그리하여 끊임없는 변화의 장소로서, 성찰적 행위자와 구체적 행위 방식"을 포함한다.

부르디외는 1850년대 귀스타브 플로베르Gustave Flaubert의 소설이 부르주아 예술 규범을 비판하고 새로운 급진적 주장, 즉 '예술을 위한 예술'을 주장하고 영향을 행사하게 한 것은 바로 플로베르가 소유한 문화자본 때문이라고 주장한다. 문화자본을 결여한 집단과 개인은 부르주아의 심미적 문화를 지배하는 원리에 대해 효과적으로 도전하는 것은 불가능하다.

칼 마르크스가 경제 자본의 불평등에 주목한 데 비해 피에르 부르디외는 문화자본이 만든 사회적 위계질서를 강조한다. 부르디외는 『구별 짓기: 판단의 사회적 비판』에서 프랑스 사회에 대한 문화 분석을 통해 계급에 대한 새로운 시각을 제시했다.[3] "취향이야말로 인간이 가진 모든 것의 기준이다. 즉, 취향은 인간이 다른 인간들에게 비치는 것의 기준이다. 취향이라는 문화자본을 통해 사람들은 스스로를 구분하며, 다른 사람들에 의해 구분된다."

부르디외는 교육 수준과 사회계급에 상응하는 세 개의 문화적 취향을 구분했다. '정통적 취향'은 음악에서 요한 제바스티안 바흐Johann Sebastian Bach의 '피아노 평균율', '푸가의 기법', 모리스 라벨Maurice Ravel의 '왼손을 위한 협주곡', 회화에서는 피터르 브뤼헐Pieter Brueghel, 프랜시스코 고야Francisco José de Goya의 작품으로 대변된다. '중간층 취향'은 조지 거쉬윈George Gershwin의 '랩소디 인 블루', 프란츠 리스트Franz Liszt의 '헝가리 광시곡', 피에르 오귀스트 르누아르Pierre Auguste Renoir의 인상파 그림이 포함된다. '대중적 취향'은 요한 슈트라우스Johann Strauss의 '아름답고 푸른 도나우강', 주세페 베르디Giuseppe Verdi의 '라트라비아타'처럼 널리 통속화되었다는 이유로 높은 평가를 받지 못하고, 프랑스의 통속적 가요인 샹송(chanson)처럼 예술적 야심과 욕망을 찾아볼 수 없는 작품을 포함한다. 대중적 취향은 학력 자본과 반비례한다.

부르디외는 박물관이나 그림 전시회에 가는 중간계급의 문화적, 예술적 취향이 자신들의 사회계급을 유지시킨다고 분석했다. 상이한 취향에 따른 행위는 다른 사람들이 자신들의 계급적 정체성을 인정하게 만드는 사회적 메커니즘으로 작동한다고 보았다.

영화관과 전위예술 사이의 선택과 취향의 차이는 개인적, 우연적 결과가 아니라 문화와 예술을 향유하는 사회계급의 위치에 따라서 익숙해지고 강요된 것이다.[4] 심지어 영화관에서도 서로 다른 계급의 총성 없는 전쟁이 벌어진다.

영화는 전쟁터

고다르는 〈미치광이 피에르〉(1965)에서 다시 영화 제작에 관한 질문을 던진다. 이탈리아 부호와 결혼한 전직 에스파냐어 교사 페르디낭(장폴 벨몽도)은 옛 애인 마리안(안나 카리나)을 만나 우연히 살인을 저지르고 프랑스 남부 해안과 섬으로 탈주극을 벌인다.

페르디낭은 『악의 꽃』을 영화로 만들고 있는 미국 영화감독 새무엘 풀러에게 질문을 던진다. "도대체 영화란 무엇이죠?" 풀러가 대답한다. "**영화는 전쟁터 같은 것이다.** 사랑이며 증오이고 행동이며 폭력이고 죽음이다. 한 마디로 감정이다." 이 대사는 고다르의 영화를 보는 관점을 보여준다. 고다르는 시나리오 없이 즉흥적으로 당일 시나리오를 만들어 영화를 만든 것으로 유명하다.

불빛이 움직이는 승용차 안에서 페르디낭과 마리안의 대화 속에 라디오 방송이 흘러나온다. "베트콩이 수비대를 학살했습니다. 베트콩 사상자는 115명으로……."

마리안이 말한다. "익명성이라 무서워요. 베트콩 115명이 죽어도 우리에겐 아무 의미가 없어요. 다들 각자의 삶을 살았을 텐데 우린 누가 누군지 알 수 없죠……." 페르디낭이 말한다. "그게 인생이야." 얼마 후 마리안은 페르디낭에게 '피에르'라고 부른다. "당신이 원하는 건 다 할 수 있어요", "나도 마리안" 두 남녀는 서로의 얼굴을 바라본다.

영화 속에는 디에고 벨라스케스^Diego Velázquez, 르누아르, 고흐, 파블로 피카소의 그림에 이어 아르튀르 랭보, 샤를 보들레르, 오노레 드 발자크^Honoré de Balzac, 조셉 콘래드, 제임스 조이스, 윌리엄 포크너의

장뤽 고다르, 〈미치광이 피에르〉(1965)

문구가 읊조리듯 등장한다. "사랑은 새롭게 발명되어야 한다." 랭보의 유명한 시 구절도 나온다.

  영화 〈미치광이 피에르〉의 스틸 사진은 역사의 한 컷이 되었다. 장 폴 벨몽도와 안나 카리나의 입 맞추는 장면은 2018년 71회 칸느 영화제의 포스터가 되었다. 나는 그곳에서 포스터를 바라보며 생각했다. 1960년대 그들은 사랑을 새롭게 발명한 것일까? 랭보의 시는 '68세대'를 넘어 여전히 21세기 세대의 가슴을 흔드는 정신을 담고 있다.

18

유토피아와 디스토피아: 포기하지 말자. 세상을 바꾸자

봉준호, 〈설국 열차〉(2013)

엄태화, 〈콘크리트 유토피아〉(2023)

조지 밀러, 〈매드 맥스: 퓨리오사〉(2024)

유토피아의 역설

영화 〈콘크리트 유토피아〉(2023)는 대지진으로 파괴된 서울에서 유일하게 남은 '황궁 아파트'의 생존자들 이야기를 다룬다. 엄태화 감독의 영화는 얼핏 보기에 재난 스릴러 같지만, 생존자 사회는 독특한 사회학적 은유를 보여준다. 아파트 대표 한 명이 권력을 장악한다. 능력에 따라 일한 만큼 분배받는 사회가 만들어진다.

영화는 종교적 알레고리도 보여준다. 주민 대표 영탁(이병헌)을 중심으로 외부인의 출입을 차단하고 아파트 주민만의 새로운 세계가 창조된다. 이들은 새로운 규칙을 만든다. 지옥 같은 바깥세상과 달리 황궁 아파트는 천국처럼 평화로운 유토피아가 된다. 아파트 주민은 '선택' 받은 사람들이고 아파트 자체는 '이스라엘'이다. 그러나 그들의 삶 역시 재난 속에서 죽기 위해 선택된 삶일 뿐이다.

엄태화, 〈콘크리트 유토피아〉(2023)

콘크리트 아파트는 유토피아처럼 보이지만 사실상 아파트로 구별되는 계급 사회를 보여준다. 입주민은 능력에 따라 구분된다. 한편 거주민이 아닌 사람은 색출되어 쫓겨난다(이 장면은 유대인을 축출하는 나치 당을 연상시킨다). 외부인은 철저히 차단된다(오늘날 이민과 난민을 거부하는 유럽과 미국의 극우 정치인을 떠올리게 한다). 하지만 점점 물자가 부족해지면서 내부 갈등이 커진다. 마침내 외부자의 공격을 받아 '콘크리트 아파트'는 무너진다. 오히려 폐허가 된 다른 아파트에서 사람들은 협력을 통해 생존 가능성을 발견한다. 과연 유토피아는 어디에 있을까?

어디에도 없는 곳, 유토피아

"나라가 없다고 상상해 보세요. 어렵지 않아요. 죽이거나 죽을 이유가 없어요. 종교 또한 없어요. 모든 사람의 평화를 상상해봐요." 평화로운 삶을 노래한 존 레논의 '이매진(Imagine)'은 20세기 많은 젊은이의 마음을 움직였다. 나도 좋아하는 노래이다. 이제 누가 그런 노래를 들을까? 아직도 이 노래를 좋아한다면 당신은 혼자가 아니다.

2500년 전 그리스 철학자 플라톤은 '철학자 왕'이 다스리는 나라를 생각했다. 아니 상상했다. 무자비한 전쟁광이 아닌 왕이 살아남기 힘든 세상에서 그런 왕이 필요하다는 주장이 가당키나 한가? 플라톤이 꿈꾸던 이데아(이상세계)에서 국가를 경영하는 수호자는 가족과 사유재산을 갖는 것을 금지했다. 모든 것을 공유하도록 자격을 제한했다. 최고 권력자가 가장 많은 부와 사치를 누리던 시대에 이런 생각이 현실성이 있을까? 그래도 플라톤은 혼자가 아니었다.

1516년 영국의 정치가이자 인문주의자였던 토마스 모어Thomas More가 쓴 『유토피아』는 이상향을 그린 소설이다.[1] **유토피아**라는 말은 그리스어로 '어디에도 없는 곳'이라는 뜻을 가진다. 한 마디로 불가능한 나라이다. 그래도 꿈을 꾸는 것은 누구도 말릴 수 없지 않겠는가? 유토피아에는 사유재산이 없는 사회가 등장한다. 변호사도 없다. 법률가로 시작해서 대법관까지 올라갔던 토마스 모어는 변호사가 없어지길 원했다는 점은 흥미롭다. 토마스 모어는 폭군에 의해 처형당했지만, 그의 비전은 후세에도 이어졌다.

100년 후 프랜시스 베이컨Francis Bacon은 『새로운 아틀란티스』에서 한번 먹으면 오랫동안 먹지 않아도 살 수 있는 고기와 빵이 만들어지고, 사람은 하늘을 날고, 전화를 사용해 통화하는 사회를 보여준다.[2] 토마스 모어는 모두가 금욕적 사회를 꿈꾸었는데, 베이컨은 욕망이 가득 찬 사회를 꿈꾼다. 두 사람의 공통점도 있다. 둘 다 가부장제와 일부일처제를 철석같이 믿었다. 남자들이란.

17세기 계몽주의의 시대를 거치면서 유토피아 소설은 더욱 인기를 얻었다. 토마소 캄파넬라Tommaso Campanella의 『태양의 나라』, 모렐리E. G. Morelly의 『자연의 법전』, 볼테르의 『엘도라도』 등이 대표적이다. 이 책들의 독자들은 교육 수준이 높은 부르주아지 계급이었다. 대다수의 인구인 농민은 문맹이었기 때문에 책을 읽을 수 없었다. 1687년 출간된 아이작 뉴턴의 『프린키피아』 이후 신학적 세계관이 무너지면서 이성에 대한 신뢰가 커지던 시대였다.

사회주의 유토피아의 유행

19세기 산업사회가 등장하고 사회주의가 확산되면서 로버트 오웬Robert Owen, 생시몽Saint-Simon, 샤를 푸리에Charles Fourier는 다른 형태의 유토피아를 꿈꾸었다. 플라톤과 토마스 모어처럼 사유재산제를 거부하는 주장은 유럽에 불길처럼 퍼져나갔다. 보통 교육과 선거권이 확산되면서 문맹에서 벗어난 신흥 노동자계급이 사회주의 유토피아의 열렬한 지지자가 되었다.

젊은 시절 칼 마르크스와 프리드리히 엥겔스는 작은 공동체를 꿈꾸는 사상가를 유토피언 사회주의라고 비판했지만, 자신이 생각한 사회주의를 『독일 이데올로기』에서 이렇게 묘사했다. "자신이 하고 싶은 대로 오늘은 이 일을, 내일은 저 일을, 즉 아침에는 사냥하고, 오후에는 낚시하고, 저녁에는 소를 몰며, 저녁 식사 후에는 비평을 하면서, 그러면서도 사냥꾼으로도, 어부로도, 목동으로도, 비평가로도 되지 않는 일이 가능하게 된다." 이 말은 자신이 비판한 사회주의만큼 유토피아적이고 실현 불가능한 것처럼 보인다.

마르크스는 독일 사회민주당을 위해 쓴 『고타 강령 비판』에서 공산주의를 "능력에 따라 일하고 필요에 따라 일하는" 사회라고 간결하게 말했다. 하지만 공산주의의 성과는 실망스러웠다. 물론 런던 하이게이트 묘지에 잠들은 마르크스가 스탈린과 마오쩌둥이 만든 비극에 책임 있다고 몰아세울 수는 없다. 마르크스는 결코 굴라크[GULAG]과 라오가이(노동개조)와 같은 강제수용소를 지지한 적이 없다.

19세기 영국 시인이자 공예가이자 열정적 사회 개혁가였던 윌리엄 모리스[William Morris]가 출간한 『에코토피아 뉴스』(1891)는 사회주의 혁명 후 미래 사회를 더욱 목가적으로 묘사했다.[3] 이는 영국 최초 사회주의 단체인 '사회주의자 동맹' 기관지 『코먼웰』에 연재한 소설이다. 장인과 공예 운동을 지지했던 모리스는 기계 문명 대신 아름다운 숲 속의 작은 작업장을 보여준다. 예술과 노동이 합쳐진 삶은 오히려 중세의 목가적 생활로 되돌아간다. 그곳에서는 지배계급도 피지배계급도 없고 사유재산이라는 개념도 없다. 사랑도 결혼도 자유롭고 이혼소송도 없다. 학교는 더는 존재하지 않고 아이들은 각자 능력과 성향에 맞추어 교육받는다. 정부도 정당도 법률도 사형제도 없다. 웨스터민스터 국회의사당은 거름창고로 바뀌었다.

꽃무늬 패턴은 윌리엄 모리스의 대표적 디자인이다. 1875년 창업한 영국의 리버티(Liberty)는 식물, 페이즐리, 과일을 혼합한 독특하고 화려한 모리스의 인기 있는 패턴을 활용했다. 오늘날까지 윌리엄 모리스의 패턴을 시그니처(대표 제품)로 내세운다. 나 역시 런던의 리버티를 즐겨 방문하곤 했다. 모리스는 자연을 강조한 디자인뿐 아니라 수공예를 중시하고 중세의 장인처럼 손으로 만든 제품에 열정적이었다. 그의 예술관을 일상생활에서 기계를 거부하고 인간의 손 노동을 중시했다. 모리스는 그의 신혼집 '레드 하우스'도 직접 만들었다. 인테리어 벽지, 벽화, 가구, 조각, 스테인드글라스, 자수 등 모든 제품을 손으로 만들어 판매했다. 그리고 직접 런던 옥스퍼드가에 상점을 열었다.

윌리엄 모리스의 생각은 5세기경 중국의 도연명陶淵明의『도화원기』에 나오는 무릉도원과 비슷하기도 하다. 이들은 외부와 차단된 그들만의 세계에 살고 있었다. 국가도 전쟁도 없이 소농이 자연과 더불어 살아가는 삶은 '무릉도원'이라 불렀다. 노자老子의『도덕경』의 사상과 일맥상통하며, 19세기 유행한 유럽의 아나키즘(무정부주의)과도 유사하다. 이들의 삶은 문명과 기계를 거부하고 과거로 회귀하려는 공통점을 가지고 있다.

유토피아의 세계적 차원

조선 시대 허균의『홍길동전』에도 '율도국'이 등장하지만, 왕과 제후가 있다는 점 외에 어떤 사회였는지 표현되지 않았다. 중요한 점은 새로운 세상을 만든 곳이 섬이라는 점이다. 중국의 삼신산 신화와 한국의 이어도 전설부터 토마스 모어의 『유토피아』와 프랜시스 베이컨의 『새로운 아틀란티스』에 이르기까지 인류의 이상향 담론에 섬이 등장한다는 공통점이 있다. 경복궁 경회루에서 담양 소쇄원에 이르기까지 한국의 연못에도 섬이 등장한다. 이는 해양 문명의 유산이나 신화적 원형이 담겨 있을 수 있다.

조선을 건국한 사대부 계층은 유교의 토지 국유제와 '대동' 사회를 꿈꾸었지만, 현실은 양반이 지배하는 신분제의 변형에 그쳤다. 조선 후기의 실학파는 경세제민과 실사구시의 학문을 추구하면서 토지개혁에 관심이 많았지만, 이상향의 꿈은 실현될 수 없었다. 토지 집중과 조세 수탈로 농민 반란이 불길처럼 일어나면, 유토피아 사상은 불교, 도교, 민간 신앙에서 잘 나타난다. 『정감록』과 『격암록』이 세상에 퍼졌다.

화순 운주사의 천불탑은 내세불을 숭배하는 미륵 신앙과 관련이 있으며, 신분 해방과 유토피아 사상에 영감을 주었다. 황석영 소설 『장길산』의 배경이 되기도 했고 광주민주화운동 이후 예술가들에게 영감을 주었다. 나는 2024년 5.18기념재단 초청으로 기조 강연을 한 후 광주시립미술관을 찾았는데, '목판화: 새겨 찍은 시대정신' 전시에서 운주사 미륵불을 그린 판화를 보았다. 1980년대 광주의 예술가들이 많이 찾아 갔다고 한다. 커다란 기운을 느낄 수 있었다. 곧 운주사에 달려갔다.

만산계곡에 있는 운주사 입구에 들어서자 사방에 탑과 불상이 가득했다. 미륵불에는 낡은 세상이 사라지고 새로운 세상이 열린다는 후천개벽 사상이 잘 드러나고 있다. 운주사 근처 산기슭 와불이 석양의 빛을 받아 반짝거리고 있었다. 검은 돌에 생명의 기운이 생기는 듯했다. 사람들은 와불이 일어나면 세상이 바뀔 것으로 생각했을까?

한국의 유토피아 사상은 내세보다는 현세의 변화를 중시하는 경향이 있다. 정여립의 대동계(大同契)와 최제우의 동학(東學)도 그렇다. 세계가 순환한다는 인도의 힌두교와 세상이 점점 나빠졌다는 중국 유교에서는 미래에 관한 호기심이 크지 않았다. 반면 유럽의 유토피아 사상은 기독교적 세계관과 밀접한 관련이 있다. '최후의 심판' 후 '천년왕국'이 올 것이라는 종말론은 유토피아의 상상을 자극한다.

17세기 유럽에서 뉴턴 이후 과학을 중시한 계몽주의 시대가 열렸다. 신의 존재가 '이성'으로 대체되면서 유토피아 사상이 활짝 피었다. 수학과 과학처럼 인간의 미래도 설계할 수 있다고 믿었다. 당연히 인간의 능력으로 좋은 세상을 만들 것이라는 낙관주의가 대세였다. 유토피아주의로 인해 미국과 프랑스의 자유주의 혁명이 성공했고 사회주의 운동이 크게 융성했다. 특히 사회주의는 유토피아주의의 가장 발전된 형태이다.

디스토피아와 전체주의의 출현

사회주의가 유토피아를 만들 수 있을까? 최초의 사회주의 혁명은 마르크스가 예견과 달리 자본주의가 가장 발전한 영국이 아니라 대다수 인구가 농민이었던 러시아에서 일어났다. 러시아 혁명을 주도한 블라디미르 레닌과 볼셰비키는 평화, 빵, 토지를 약속했다. 그러나 의회 선거에서 볼셰비키가 소수파가 되자 제헌의회를 해산하고 프롤레타리아 독재를 선언했다. 내전이 장기화하면서 개인의 자유와 권리는 억압되었다.

혁명 전 예브게니 이바노비치 자먀친Yevgeny Zamyatin은 볼셰비키의 열렬한 활동가였으며 막심 고리키Maxim Gorky와 함께 혁명적 문학 활동을 벌였다. 그러나 소비에트 사회가 변질되자 작품을 통해 비판의 날을 세웠다. 자먀친의 『우리들』(1924)은 세계 최초의 디스토피아 소설이자 소비에트에 관한 날카로운 풍자 소설로 알려졌다.[4] 독재자 '은혜로운 분'은 보안요원과 철저한 통제로 개인의 존재를 제거한다.

이 책은 1920년 완성되었지만, 러시아에서 출간될 수 없어 4년 후 해외에서 영어로 먼저 출간되었다. 소련에서는 철저히 출간과 유통이 제한되었다. 자먀친은 '반혁명적' 작가라는 낙인이 찍혔다. 자먀친은 파리로 망명해야 했다. 자먀친은 프랑스에서 쓸쓸하게 죽었지만, 그의 소설은 영국의 올더스 헉슬리와 조지 오웰George Orwell에게 큰 영향을 미쳤다.

디스토피아(dystopia)라는 단어는 영국에서 처음 사용되었다. 19세기 영국 사상가 존 스튜어트 밀의 웨스트민스터 의회 연설에서 등장했다. 나쁘다는 뜻을 가진 그리스어 '디스'(dys)를 유토피아에 결합하여 '도저히 실현될 수 없는 나쁜 세상'을 가리켰다.

올더스 헉슬리Aldous L. Huxley는 디스토피아 소설 『멋진 신세계』(1932)에서 미래 사회를 선전과 약물에 의해 통제되는 암울한 세상으로 묘사했다.[5] 1945년 『동물 농장』으로 소련 사회를 비판했던 조지 오웰은 3년 후 『1984』를 통해 전체주의 사회가 어떻게 개인의 자유와 권리를 짓밟는지를 보여주었다.[6] 미래 사회의 사람들은 텔레비전과 카메라 기술로 이루어진 감시 사회로 전 인류를 통제하는 독재자 '빅 브라더'에 저항하지 못한 채 체념하며 살아간다. 빅 브라더는 자먀친의 '은혜로운 사람'을 연상시킨다.

디스토피아 소설에 관한 관심은 시대적 분위기와 관련이 크다. 첫째, 19세기 이전까지 유토피아 소설이 관심을 끌었지만, 20세기 세계대전과 경제 대공황, 공산주의, 파시즘의 등장을 보면서 많은 작가는 과거의 낙관주의가 지나치게 순진하다고 생각했다. 그들은 소설을 통해 비판적 메시지를 전하고자 했다. 새로운 젊은 작가들은 현실 문제를 날카롭게 비판해야 한다는 사명감을 느꼈다. 조지 오웰은 신문기자였다가 에스파냐 내전에 직접 뛰어든 행동가였다. 그는 에스파냐 독재자 프랜시스코 프랑코Francisco Franco와 함께 소련 공산당과 스탈린의 위선에 경악했고, 이를 고발하는 소설 『카탈로니아 찬가』를 집필했던 정치적 작가였다. 이 소설을 토대로 켄 로치 감독이 영화 〈랜드 앤 프리덤〉(1996)로, 조지 오웰의 SF소설 〈1984〉도 마이클 레드포드에 의해 영화로 만들어졌다. 리처드 버튼이 오브라이언 역을 맡아 출연했다.

둘째, 새로운 작가들은 대중의 생각을 바꾸고 싶어 했다. 이대로 살다가는 인류의 이상이 파괴될 것이라는 경고를 소설에 담았다. 이런 점은 고대 아테네의 디오니소스 극장에서 상연했던 『오이디푸스』 등 비극이 종교 의례뿐 아니라 시민 교육을 위해 만들어진 것과 유사하다. 위대한 영웅의 몰락을 보면서 인간의 겸손을 배워야 했다. 디스토피아 소설을 보면서 우리는 사회를 되돌아보게 된다. 이런 점에서 디스토피아는 현시대에 대한 경고이다.

그러나 1930년대와 1940년대 디스토피아 소설의 등장에도 불구하고 할리우드 영화는 코미디와 서부극 등 오락 영화를 주로 제작했다. 제작자와 영화감독은 비관적이고 사회 비판적 영화는 대중의 관심을 끌지 못할 것이라고 짐작했다.

1960년대 '아메리칸 뉴 시네마'가 등장하면서 할리우드의 분위기가 달라졌다. 범죄, 일탈, 폭력 등 다양한 소재가 영화에 등장했다. 동시에 B급 영화에서 다루던 과학소설, 우주 전쟁, 외계인 등이 젊은이들의 관심을 끌었다. 1970년대 이후 〈스타워즈〉(1977), 〈에이리언〉(1989), 〈블레이드 러너〉(1982) 등 다양한 SF 영화에서 전쟁과 폭력이 지배하는 미래 사회가 등장했다.

1970년대에는 경제 침체와 베트남 전쟁으로 미국 사회의 낙관적 분위기가 크게 약화되고 사회적 불안감이 커지고 있었다. 이 시기에 〈타워링〉(1974), 〈죠스〉(1975) 등 재난 영화가 인기를 끌었다. 〈캐리〉(1976) 등 공포 영화도 관객을 끌어들였다. 재난 영화와 공포 영화의 인기 상승과 함께 미국의 쇠퇴가 가속화되었다.

1980년대는 미국의 신자유주의 질서가 태동하면서 1930년대 이후 사회민주주의적 계급 타협을 통한 뉴딜 연합과 장기적 번영에 대한 낙관주의가 사라졌다. 지식인 세계에서도 포스트모더니즘, 다문화주의, 대학의 반엘리트주의가 확산되면서 유토피아주의가 급속도로 약화되었다.[7] 대신 개인의 자유가 강조되는 한편 범죄와 폭력에 대한 공포, 약육강식의 정글 법칙이 새로운 생존 법칙으로 부상했다. 마가렛 대처 영국 총리는 신자유주의 외 '대안은 없다(There Is No Alternative: TINA)'고 선언했다. 정치적 대안의 부재와 함께 유토피아주의의 몰락이 가속화되었다.

폴란드 사회학자, 지그문트 바우만

사냥꾼의 시대

왜 1980년대를 거치면서 유토피아주의가 사라지게 되었을까? 폴란드 출신 영국 사회학자 지그문트 바우만은 현대 사회의 삶의 양식이 고정성에서 유동성으로 변화했다고 분석했다.[8] 고정적 삶에서 '정원사'는 정원을 가꾸듯이 자신의 머릿속에 구상한 설계도로 유토피아를 구상한다. 적합한 식물은 자라나고 잡초는 제거된다. 반면 유동적 삶에서 '사냥꾼'은 사물의 균형 대신 사냥감을 획득하는 것에만 관심을 가지며, 미래의 전망과 유토피아를 생각할 겨를이 없다. 자신이 사냥감이 되지 않기 위해서 끊임없이 사냥꾼 대열에 끼어야 한다. 사냥은 멈출 수 없다.

정원사의 유토피아는 고생의 끝남을 의미하지만, 사냥꾼의 유토피아는 고생이 끝나지 않는 꿈에 불과하다. 삶의 의미는 생각하지 못한 채 인생은 무수한 종류의 각주에 지나지 않는다. 유토피아는 끝내 오지 않는다.

1989년 동유럽 공산주의 체제의 갑작스러운 붕괴로 서구 사회의 많은 좌파 지식인들은 커다란 혼란에 직면했다. 라틴아메리카, 아시아, 아프리카의 좌익에게도 커다란 충격을 주었다. 한국에서도 노동운동과 지하조직에 참여했던 활동가들이 대거 이탈했다. 비록 그들이 소련 공산당과 연결되거나 공산주의 혁명을 추구하지 않았더라도 '사회 혁명'이라는 개념 자체가 사라지게 된 것이다.

저명한 마르크스주의 역사가 에릭 홉스봄Eric Hobsbawm은 "10월 혁명이 미래의 세계로 향한 문을 열어줄 것이라 믿었던 우리가 잘못되었음이 증명되었다"고 인정했다. 얼마 후 1992년 미국 정치학자 프랜시스 후쿠야마는 『역사의 종말』을 출간하고 "서구의 승리, 즉 서구 사상의 승리는 서구의 자유를 확실하고 체계적으로 대체할 대안이 전혀 없다는 사실을 증명한다"고 주장했다.[9] 역사의 종말이란 곧 유토피아의 종말을 의미했다.

이 시기 나는 소련과 미국에 직접 찾아가 두 눈으로 사회의 변화를 보고 사람들의 목소리를 듣고 싶었다. 그래서 난생처음 비행기에 몸을 실었다. 새로 탄생한 러시아 지식인들은 칼 마르크스의 『공산당 선언』 대신 프리드리히 폰 하이에크Friedrich von Hayek의 『노예의 길』을 읽고 있었다.

디스토피아 영화의 사회심리학

프랜시스 후쿠야마의 자신감 넘치는 자유주의 승리 선언은 오래가지 못했다. 신자유주의적 지구화의 불안정이 심화되고 권위주의적 가부장제 권력이 강화되면서 서구 사회에서 디스토피아 소설이 다시 부각되기 시작했다. 마가렛 애트우드Margaret Atwood의 『시녀 이야기』, 앨런 무어Alan Moore의 『브이 포 벤데타』, 윌리엄 포드 깁슨William Ford Gibson의 『뉴 로맨서』, 폴 오스터Paul B. Auster의 『페허의 도시』 등이 대표적이다. 생명에 관한 여성의 권리를 통제하는 미래 사회를 다룬 『시녀 이야기』는 1990년 폴커 슐렌도르프 감독에 의해 영화로 만들어졌다.

디스토피아 영화의 주제도 시대에 따라 변화했다. 1970년대 후반 〈매드 맥스〉(1979) 시리즈는 석유 위기를 묘사한 대표적인 디스토피아 영화이다. 1970년대 석유 가격이 폭등하고 1979년 이란 혁명으로 2차 석유 파동이 발생하여 세계 경제가 위기에 직면했다. 석유를 둘러싼 대혼란이 발생했다. 실제로 호주에서는 고속도로에서 석유를 탈취하는 갱단이 등장했다. 이들은 바이커를 타고 다녔다. 호주 경찰이 직접 나서 갱단 전담 조직을 만들었다.

호주 영화감독 조지 밀러George Miller는 석유를 둘러싼 갈등을 미래 사회의 본질로 간주하고 스크린에 담았다. 당연히 〈매드 맥스〉 1편의 배경은 호주이다. 조지 밀러는 34세에 어렵게 돈을 끌어모아 독립 영화로 영화를 만들었다. 그는 경찰로 23세의 맬 깁슨을 기용했다. 예기치 못하게 영화가 블록버스터가 되자 할리우드가 거액의 자본을 투자해 3편까지 제작했다. 〈매드 맥스〉 시리즈는 핵전쟁 이후 미래 사회를 다룬다.

4편인 〈매드 맥스: 분노의 도로〉(2015)는 톰 하디와 샤를리즈 테론이 주인공으로 등장한다. 2006년 미투 운동의 시대가 열리면서 샤를리즈 테론의 액션 연기가 부각되었다. 테론은 나도 좋아하는 배우이다. 하지만 영화 속 디스토피아는 매우 암울하다. 핵전쟁으로 인류

조지 밀러, 〈매드 맥스: 퓨리오사〉(2024)

가 멸망한 22세기에 얼마 남지 않은 물과 석유를 차지한 독재자 임모탄 조가 인류를 지배한다. 세상을 지배하는 원리는 폭력과 끝없는 전쟁이다. 영화 속 역사가는 말한다. "희망 없는 시대를 살아가는 우리가 더 나은 삶을 위해 가야 할 곳은 어디인가?"

〈매드 맥스: 퓨리오사〉(2024)에서도 핵전쟁으로 파괴된 미래 사회가 등장한다. 여자 주인공 퓨리오사(안야 테일로 조이)의 액션 연기가 더 강조되었다. 퓨리오사는 임모탄 세력의 폭력에 굴복한 다섯 부인과 교감하면서 자유의 길로 이끈다. 가부장제 질서를 거부하며 여성들만의 공동체를 찾아 나선다.

디스토피아를 다루는 정치적 영화도 인기를 끌었다. 제임스 맥테이크의 〈브이 포 벤데타〉(2006)는 3차 세계대전이 일어난 후 전체주의 사회로 변모한 영국을 소개한다. 완벽하게 통제된 미래 사회에서 피부색, 성적 취향, 정치적 성향이 다른 사람은 모두 '정신집중 캠프'로 끌려간 후 사라진다. 거리에는 카메라와 녹음 장치가 설치되어 감시를 받는다. 오늘날 영국 런던은 전 세계에서 가장 감시 카메라가 많은 곳이다.

영국 반대편에 위치한 중국에는 2억 개가 넘는 안면 인식 카메라를 설치하고 있다. 중국 신장의 위구르족은 기술적으로 가장 강도 높은 감시를 받고 있다. 중국의 '디지털 레닌주의'는 모든 반체제 운동의 기미를 사전에 색출할 수 있다. 한국에서도 거리 곳곳에 CCTV가 늘어나고 있다. 사람들은 감시 사회에서 평온함을 느끼며 소셜미디어에 의지하며 아무 생각 없이 살아간다.

디스토피아 영화에서 저항의 목소리가 전혀 없는 것은 아니다. 〈브이 포 벤데타〉에서 영국 의회를 폭파하려다 사형당한 가이 포크스Guy Fawkes의 가면을 쓰고 'V'라는 이니셜만 알려진 남자 브이(휴고 위빙)는 압제에 저항하는 혁명을 계획한다. 가이 포크스 가면을 쓴 수만 명의 런던 시민이 도심을 행진한다. 시위대는 국회의사당이 폭파되는 것을 보고 가면을 벗는다. 모든 사람이 브이가 된 것이다.

봉준호 감독의 〈설국 열차〉(2013)는 불평등과 계급 차별로 일그러진 디스토피아를 보여준다. 일본 만화가 원작이지만 봉준호 감독의 독창적 스타일이 돋보이는 영화이다. 영화 속 미래의 지구는 기상 이변으로 빙하기가 다시 시작되었다. 생존자를 태운 열차가 끝없이 달린다. 열차는 계급에 따라 구분된다. 가난한 사람은 지저분하고 초라한 맨 마지막 칸에 탔다. 부자들은 깨끗하고 호화로운 맨 앞칸에서 여유 있게 지낸다. 마지막 칸에서 탄 사람들은 불평등한 열차 속에서 반란을 일으킨다.

봉준호, 〈설국 열차〉(2013)

상상력과 현실

〈설국 열차〉와 같은 디스토피아 영화를 보는 독자들은 무슨 생각을 할까? 왜 불편한 느낌을 주는 암울한 디스토피아 영화를 보는 걸까? 아마도 독자들의 반응은 제각각일 것이다. 나는 크게 세 가지로 구분해보겠다.

첫째, 뇌과학자의 분석이 있다. 불안한 영화를 보며 느끼는 부정적 인식이 뇌의 스트레스 호르몬을 증가시키지만, 옆에 있는 사람들에 호감을 가질 수 있다. 공포 영화처럼 디스토피아 영화는 옆에 있는 연인과 친구들에게 호감을 느끼게 할 수 있다. 어쩌면 우리의 뇌가 중독되고 있을지도 모른다.

둘째, 심리학적 분석이 있다. 디스토피아 영화를 보면서 개인의 마음이 불안하지만 그래도 불만족스러운 현재 상태가 낫다고 느낄 수도 있다. 나는 저런 끔찍한 세상에서 살고 있지 않아 다행이라고 생각할 수 있다. 역설적으로 개인 차원에서 심리적 안도감이 들 수 있다. 재난 영화처럼 불안감이 역설적으로 자신을 둘러싼 일상적 현실을 수용하게 만들 수 있다.

셋째, 디스토피아 영화 자체를 현실에 대한 비판으로 수용하면서 대리 만족감을 느낄 수 있다. 나아가 영화를 보는 행위 자체가 현실을 바꾸려는 의지의 표현으로 간주할 수 있다. 디스토피아 영화 자체가 현실을 바꾸는 무기가 된다.

봉준호의 〈미키 17〉(2025)는 얼음 행성에서 가난하고 소외된 젊은이 미키 반스(로버트 패티슨)가 독재자 케네스 마셜(마크 러팔로)에 맞서 싸우는 투쟁을 보여준다. 독재자는 도널드 트럼프를 닮은 듯하지만, 독재자 부부는 한국의 대통령 부부를 연상시키기도 한다. 미키는 산업재해로 목숨을 잃은 한국의 김용균과 같은 젊은이들을 떠오르게 한다. 영화 속 미키는 찌질해보이지만, 위기가 고조되면서 자신의 목소리를 내고 행동하는 인간이 된다. 우리는 디스토피아에서 새로운 희망을 발견한다. 아마도 대부분 사람은 세 번째 해석에 관심을 가질 듯하다.

문명 멸망 이후

21세기에도 디스토피아 소설은 여전히 인기를 누리고 있다. 돈 드릴로Don DeLillo의 『코스모폴리스』(2003), 코맥 매카시Cormac McCarthy의 『더 로드』(2006)와 『노인을 위한 나라는 없다』(2005), 수잔 콜린스Suzanne Collins의 『헝거 게임』(2008) 등이 대표적이다. 영화로도 만들어져 인기를 끌었다.

디스토피아 소설 가운데 캐나다 작가 마가렛 애트우드Margaret Atwood가 독보적이다. 『인간 종말 리포트(원제: 오릭스와 크레이크)』(2003)는 모든 것이 가능해진 시대에 인간은 영생을 꿈꾸며 신의 영역을 차지하려고 한다.[10] 생명공학, 유전자 조작, 피부 관리, 성형수술, 온라인 중독에 빠져 있는 현대 사회의 모습과 겹친다.

과학자 크레이크는 젊음의 유지뿐 아니라 최고의 쾌락까지 제공해 주는 약품 '환희이상'을 곧 완성할 예정이다. 그러나 약품은 부작용을 일으키고 끔찍한 증상이 나타난다. 2000년부터 미국 식품의약품안전청(FDA)의 승인을 받아 급속하게 퍼져나간 마약 펜타닐을 예언한 듯하다.

소설 속 미래 사회는 핵전쟁과 혜성 충돌이 아니라 '영원한 젊음'과 '영원한 생명'을 가진 신인류 '크레이커'와 '완벽하지 않은' 유전자를 가진 인류 사이의 전쟁으로 멸망의 길을 향한다. 인간은 열등한 존재로 간주되다가 결국 멸종된다. 최후의 인간 '눈사람'은 크레이커를 보호하기 위해 인간에게 총을 겨눈다. 과연 인간은 이렇게 멸종할 것인가?

작가 마가렛 애트우드는 이렇게 말했다. "이 책의 내용은 내가 쓰고 있는 동안 점차 현실로 되고 있다. 나는 그러한 현상이 조금도 기쁘지 않았다." 애트우드는 비관주의자일까? 아니면 디스토피아를 피하도록 경고하는 것일까? 애트우드의 소설처럼 디스토피아 영화도 우리의 삶을 성찰로 이끈다.

우리의 삶은 표류하는 난파선이 아니라 더 나은 세상을 향하는 나침판을 가지고 앞으로 나아가야 한다. 나침판이 없으면 항해할 수 없듯이 우리는 유토피아를 꿈꾸지 않으면 살 수 없다. 동시에 디스토피아를 검토하지 않는다면 갑자기 닥쳐올 위험에 제대로 대응할 수 없다. 어쩌면 영화 속 디스토피아야말로 유토피아의 다른 얼굴이 아닐까?

에필로그

영화의 가능성

> 예술가는 자신이 사는 시대와 세계를 충분히 인식하면서, 현실과의 관계를 이해하거나 표현할 줄 모르는 사람들을 위한 대변자가 되어야 한다.
>
> – 안드레이 타르코프스키, 러시아 영화감독

자신이 고안한 것에 갇혀 사는 죄수

로스앤젤레스 도심에서 UCLA가 있는 웨스트우드로 가는 길에 '더 비버리 힐즈 호텔'이 있다. 이 호텔 건물은 1970년대 인기를 끌었던 락 그룹 이글스의 '호텔 캘리포니아' 앨범 표지에 나온다. 이글스의 전설적인 노래 '호텔 캘리포니아'에는 이런 노래 가사가 있다. "우린 모두 다 우리 자신이 고안한 것에 갇혀 사는 죄수들일 뿐이에요." 지금도 맞는 말이다.

지금 우리는 스스로 만든 기술 속에 갇혀 살고 있다. 1990년대 한국에서 비디오카세트 레코더(VCR) 보급과 함께 '비디오방'이 우후죽순으로 인기를 끌었다. 동시에 영화관은 멀티플렉스로 빠르게 바뀌었다. 이제 21세기 디지털 기술은 영화를 보는 방식을 새롭게 바꾸고 있다.

나는 영화관 대신 지하철에서 휴대전화로 영화를 보는 사람을 보곤 한다. 이제 젊은 세대들은 점점 더 스마트폰과 태블릿 스크린으로 영화를 보며, 넷플릭스, 아마존, 애플과 온라인 사이트에서 OTT(단말기를 넘어 인터넷 활용한 콘텐츠 유통) 서비스를 구독한다. 영화관의 우월한 지위는 이전보다 약화된 것처럼 보인다. 누구나 스마트폰으로도 영화를 만들 수 있고 영화는 민주적으로 해방되고 있다.

영화를 필름이라는 부르던 시대가 사라지고 있다. 디지털 혁명과 함께 필름이 사라지기 때문이다. 1880년대부터 130년 넘도록 필름의 대명사로 불렸던 기업 코닥이 2012년 법원에 파산 보호를 신청했다. 코닥이 사라지던 해 디지털 사진 공유 네트워크 서비스 인스타그램이 1조 원에 페이스북에 인수되었다. 천문학적 규모의 돈벼락을 받은 인스타그램의 직원 수는 단 13명이었다. 코닥의 황금시대에 직원 수가 14만 명에 달했는데, 만 분의 1도 안 되는 규모이다.

디지털 혁명은 산업 구조와 노동시장뿐 아니라 문화를 즐기는 방식도 혁명적으로 바꾸고 있다. 이제 영화를 영화관 대신 OTT를 통해 컴퓨터, 데스크탑, 아이패드, 스마트폰으로 즐기는 시대가 왔다. 전통적인 영화관이 줄어들고 디지털 네트워크 서비스라는 새로운 환경의 변화가 급속도로 진행하고 있다. 나 역시 넷플릭스 등 디지털 플랫폼을 통해 영화를 보곤 한다. 마치 도서관에 들어가 책을 고르는 기분이 들기도 한다.

디지털 기술이 빠르게 발전하면서 과연 영화는 사라질까? 영화는 과거에 사라져간 유산이 될까? 나는 오늘날 인터넷과 유튜브 시대가 등장하면 영화가 퇴조할 것이라는 주장에 동의하지 않는다. 1950년대 텔레비전이 가정에 확산되면서 영화가 사라질 것이라는 예측이 있었다. 하지만 영화는 더욱 발전했다.

1990년대 이후 인터넷이 등장하고 오늘날 '모든 길은 유튜브로 통한다'라고 말할만한 세상이 만들어졌지만, 영화는 여전히 건재하다. 유튜브가 글로벌 텔레비전이 될 거라는 예상을 뛰어넘어, 다양한 넷플릭스 등 새로운 영화 플랫폼 기업이 직접 제작에도 뛰어들면서 영화는 새로운 단계에 진입했다. 영화가 텔레비전의 위협을 받아 대형 영화로 나아갔듯이 인터넷의 도전으로 디지털 영상으로의 전환은 극히 합리적 대응이다.

그러면 디지털 혁명이 본격화되면서 필름이 사라진 것처럼 영화관은 구시대의 유물이 될까? 나는 결코 영화관이 사라지지 않을 것으로 본다. 우리가 도서관에서 책을 빌려보는 대신 전자책과 오디오북을 좋아해도 내가 읽은 책을 다른 사람과 말하기 위해서 독서회에 참여하기도 하고 저자와의 대화를 찾아간다. 영화도 그렇다. 내 손 안에 작은 화면으로 영화의 모든 것을 알 수는 없다.

체험으로서의 영화

오늘날 영화의 변화를 단지 기술과 자본의 변화로만 보아서는 안 된다. 인터넷 시대에 영화는 훨씬 더 많은 사람에게 접근할 수 있고 순식간에 엄청난 규모의 사람들의 마음을 사로잡을 수 있다. 이런 점에서 영화는 이제 특정 집단, 계층, 국가의 전유물이 아니라 전 인류의 공동 유산이 될 수 있다. 이것이 바로 영화의 힘이다. 비록 온라인 게임, 뮤직비디오, 소셜 네트워크 서비스가 영향력이 지나치게 커지고 있지만, 우리가 영화를 보는 중요한 이유는 사라지지 않을 것이다.

영국 영화감독 크리스토퍼 놀란은 한 인터뷰에서 혼자 영화를 보는 것보다 영화관에서 다른 사람과 영화를 볼 때의 느낌이 다르다고 주장했다. 〈양들의 침묵〉을 미국에서 볼 때와 영국에서 볼 때의 느낌이 달랐다고 말했다(영국 관객이 더 소리를 지르지는 않았을 듯하다). 놀란 감독의 말이 옳다. 영화는 스토리텔링 또는 기술 그 자체가 아니라 영화를 보는 체험과 공감이 중요하다. 우리의 여행이 어디로 가느냐보다 누구와 가느냐가 중요하듯이 영화도 누구와 함께 보느냐가 중요하다.

기술의 진보와 함께 영화 제작 방식이 혁명적으로 바뀌고 있다. 언젠가 디지털카메라로 촬영하여 인공위성으로 화면을 보내는 시대가 올 것이다. 우리 눈에 칩을 설치해 영화를 감상하게 될지도 모른다. 하지만 아직 가정용 극장은 요원해 보인다. 위성방송 시대에 배급 비용은 대폭 절감되겠지만 앞으로 어떻게 우리가 영화를 관람할지 아무도 모른다.

한때 첨단 기술이었던 아이맥스(IMAX), 전자 채색, 시디롬 게임, 디지털 복원 기술은 이제 너무 낡은 기술처럼 보인다. 과학자들은 언젠가 쌍방향 가상현실이 도래할 것으로 예측한다. 물론 새로운 기술에 대한 저항도 발생할 수 있지만, 기술 혁신이 어떻게 세상을 바꿀지 우리는 전혀 알 수 없다.

첨단 기술의 시대가 시작되면서 영화의 내용도 달라지고 있다. 컴퓨터가 영화 제작을 바꾸는 수준을 넘어서 인공지능이 더 많은 것을 대체할지도 모른다. 배우의 연기도 인공지능이 대신할 가능성이 커지고 있다. 하지만 모든 영화가 기계화될 수는 없을 것이다. 영화는 여전히 예술적 영감을 가진 천재의 창의성을 기다릴 것이다. 지금도 규범을 깨는 예술가들이 영화에 다른 관점을 제공한다. 영화의 언어를 새롭게 쓰는 예술가들이 계속 늘어나고 있다. 영화와 예술의 상호작용이 커지면서 고정된 형태가 아니라 다양한 형태의 영화가 등장할 것이다. 영화의 흐름은 변증법적 과정을 거쳐 지속적으로 새로운 단계로 변화한다.

2016년 구글 인공지능 프로그램 알파고가 세계 최고 프로 바둑기사 이세돌을 꺾었다. 2022년 인공지능 개발사 오픈AI가 챗GPT를 개발해 세상을 놀라게 했다. 이제 인공지능이 시와 그림, 음악을 창작하는 시대가 왔다. 이미 신문 기사를 쓰고 철학 논문을 쓰고 있다. 인간이 분간하지 못할 정도이다. 물론 아직 인공지능은 갈 길이 멀다. 오류가 너무 많고 인간만큼 복잡한 사고를 하지 못하기 때문이다.

그러나 어쩌면 이는 시간문제일지 모른다. 언젠가 인공지능이 인간의 지능을 추월하고, 소설, 희곡뿐 아니라 영화를 제작하는 순간이 올지도 모른다. 이미 많은 영화가 컴퓨터그래픽에 의존하고 있지만, 영화의 스토리도 인공지능이 만드는 시대가 온다면, 인간이 만든 영화는 어떻게 될까?

2000년대 이후 한국 영화가 비약적으로 발전하여 2010년대 〈버닝〉, 〈올드보이〉, 〈기생충〉이 국제적 인정을 받았으며, K-팝과 K-드라마와 함께 큰 주목을 받았다. 그러나 코로나19 이후 매출과 관객이 4분의 1로 줄고, 넷플릭스 등 OTT 등장으로 거대한 지각 변동이 일어나고 있다. 21세기 영화는 제작, 소통, 유통의 새로운 지평을 열고 있다. 이 과정에서 정보와 이미지의 전달이 과거와 다르게 엄청나게 빠른 속도로 이루어진다. 동시에 너무나 빨리 잊히고 사라진다.

오늘날 영화는 다양한 사회적 관계의 연결 속에서 명멸한다. 이제 자본과 기술에 이어 알고리즘에 의해 영화는 인간의 마음을 지배하는 수준에 도달했다. 넷플릭스를 비롯한 OTT 서비스나 유튜브 영상 플랫폼 서비스는 1.25배속, 1.5배속 등 '빠른 배속'과 10초 '스킵' 기능을 제공한다. 시청이 지루하거나 관심 없는 장면은 건너뛰고 무시할 수 있다.

콘텐츠 과잉 공급, 시간 가성비 지상주의가 빨리 감기를 만드는 시대에 영화 보기란 무슨 의미일까?[1] 만약 느린 장면의 느낌과 배우의 순간적 표정을 놓친다면 진정 영화를 보는 것일까?

영화감독 봉준호는 "멈추고 넘길 수 있는 스트리밍과 달리, 극장은 감독이 만든 두 시간의 리듬을 하나의 덩어리로 존재하게 만든다"라고 말했다. 우리는 새로운 질문을 던질 수 있다. 이제 우리는 어떻게 최고의 영화를 고를 수 있을까? 어떻게 사회에 필요한 영화를 만들 수 있을까? 이것이 미래의 영화에 도전하는 새로운 과제가 될 것이다.

영화, 대중문화, 계급의 지배

모든 기술이 그렇듯이 영화를 만든 기술도 계급적 속성을 가지고 있다. 영화는 역사적으로 다른 예술과 마찬가지로 지배계급의 영향력이 강했다. 칼 마르크스가 『독일 이데올로기』에서 말한 대로 "만일 모든 이데올로기 속에서 인간과 인간의 환경이 마치 카메라 옵스큐라에서처럼 위아래가 뒤집혀 보인다면 이러한 현상은 인간의 역사적인 삶의 과정에서 일어나는 것이다."[2]

영화를 포함한 대중문화는 본질적으로 지배계급의 산물이다. 20세기 초반 영화에 대규모 관중이 몰리면서 영화는 산업이 되고, 자본이 모여들었다. 오늘날 영화 제작에는 대부분 거대한 자본이 필요하다. 이런 점에서 영화에는 필요적으로 자본의 힘이 작용하는 이데올로기의 효과가 발생한다. 영화의 사회적 기능을 비판하지 않는다면 모든 영화 비평은 한낱 기술적 비평에 불과하다.

20세기를 거치면서 영화의 영향력이 커지면서 영화는 국가의 후원을 받기도 했다. 소련 영화는 공산주의 이념을 수출했고, 할리우드 영화는 '미국의 꿈'을 전파했다. 그러나 영화의 영역이 넓어질수록 다양한 생각과 견해가 영화 속에서 표현된다. 영화 산업 투자자의 성격도 매우 다양해졌다. 영화 관객의 사회적 균열도 훨씬 복잡해졌다. 심지어 지배계급과 자본주의를 비판하는 영화와 관객도 등장했다. 오늘날 영화는 다양한 계급, 젠더, 지역, 문화, 종교, 성적 정체성을 둘러싼 '상징 투쟁'의 장소가 되었다. 이런 점에서 영화관은 총성 없는 전쟁터이다.

20세기 중반 이후 영화의 제작 규모가 커지고 대규모 자본이 필요해지면서 영화의 제작은 더욱 대중적 성격이 강해지고 상업 영화가 득세하기 시작했다. 대중적 영화는 대중오락이 되고, 많은 사람이 공유하는 서사가 되고, 문화적 사건이 되었다.[3] 시간이 지나면서 영화는 대중이 참여하는 사회적 실천으로서 대중문화의 일부가 되는 동시에 예술 형식으로 새로운 미학적 표현을 추구한다.

19세기 말 프랑스의 뤼미에르 형제와 멜리에스가 만든 영화는 20세기를 거쳐 영상을 통한 예술적 커뮤니케이션의 새로운 시대를 열었다. 뤼미에르의 전통을 따른 사실주의와 멜리에스가 창조한 형식주의라는 두 가지 관점은 여전히 영화 미학의 양대 산맥으로 존재한다. 뤼미에르 방식은 사실적인 드라마 영화와 다큐멘터리 영화로 계승되고, 멜리에스 방식은 예술 영화와 환상적인 SF 영화로 이어진다. 하지만 현대 영화는 두 가지 접근법을 다양한 방법으로 결합하면서 영화 역사상 그 어느 시기보다도 다양한 실험적 장르를 만들어내고 있다.

오늘날 영화는 사실적인 스토리와 서사를 전달하는 데 그치지 않고 인간성의 근본 문제를 미학적으로 표현하는 탁월한 예술 장르로 인정받는다. 거대 자본이 지배하는 산업으로서의 영화 외에, 작가의 영화가 살아 숨 쉬고 있다. 영화관에서 단순한 재미가 아니라 예술가의 숨결이 사라지지 않기를 바라는 사람들이 있기 때문이다.

영화가 예술의 지위를 획득했다고 해서 영화가 단지 개인의 취향을 표현하는 것으로 보기는 어렵다. 감독만을 위한 영화나 관객이 혼자 즐기는 영화는 존재하지 않는다. 영화는 감독과 관객의 관계에 따른 관계가 아니라 사회적 공간에 의해 영향을 받는다. 영화가 감독의 개인적 예술성을 표현하지만, 영화를 만들고 보는 행위는 사회적, 정치적 제약을 받는다. 우리는 이데올로기와 마찬가지로 영화의 사회적, 역사적 맥락과 관계에 대한 검토를 통해서만 부분적, 편파적 분석을 넘어선 전체적인 통찰력을 얻을 수 있다.

영화의 효과는 수많은 대중의 일상적 욕망을 실현하는 수단이 되었다. 동시에 영화는 개인의 문화와 정체성을 형성하고 영화 제작자와 관객의 상호작용은 시대와 사회의 문화적 취향을 만든다. 이런 점에서 영화를 이해하기 위해 사회적 맥락과 권력관계, 이데올로기 차원의 분석이 필요하다.

우리가 나무만 보고 숲을 보지 못한다면, 나무도 제대로 이해할 수 없을 것이다. 영화의 '숲 이론'은 더욱 발전해야 한다. 인간을 제대로 이해하기 위해서는 미시 세계의 양자역학에서 무한대의 우주의 숲까지 우리의 인식의 지평을 넓혀야 한다.

자본의 통제와 저항

2018년 부산 국제영화제에서 이장호 감독은 자본의 통제를 받는 영화계를 지적했다. 군사정부의 사전 검열은 사라졌지만, 이제 자본이 창작자를 제약하고 통제한다. 이장호 감독은 "모든 것이 돈의 논리로 움직이다 보니 창작자가 돈을 사용할 줄 모르면 영화도 만들 수 없는 시대가 됐다"고 말했다.[4]

하지만 모든 영화가 반드시 자본의 통제를 받는 것은 아니다. 미국 영화가 가공할 자본과 기술로 세계 영화를 지배하고 획일적이고 진부한 영화 공식을 전 세계에 확산한다고 해서 모두 '꿈의 공장'의 소비자가 되는 것도 아니다. 저예산의 예술 영화, 작가주의, 독립영화의 전통은 영화를 보는 관객의 안목을 높였다. 상업 영화 속에서 예술적 감각이 수용되고 예술 영화 속에도 대중적 취향을 고려하기도 한다. 이장호 감독도 한국 영화의 미래는 독립영화에 있다고 말했다.

1960년대 서유럽에서 출발한 예술 영화의 전통은 오늘날까지 그대로 계승된다. 예술 영화에 대한 대중적 관심이 증가하는 데는 사회의 변화도 영향을 미쳤다. 1950년대 자본주의 황금기에 '풍요로운 사회'가 등장하면서 사무관리직 등 중산층이 급격하게 증가했다. 새로운 중산층은 대학 교육을 받고 예술과 문화에 대한 세련된 취향을 가진 사람들이 많았다. 그들은 영화가 단지 오락이나 선전이 아니라 예술의 매체로 발전한 사실에 열광했다.

이렇게 예술 영화의 시장이 커지면서 영화 제작사는 예술적 감각을 가진 감독과 작가를 찾기 시작했고, 재능 있는 예술가들이 영화 산업으로 흡수되었다. 대중의 인기를 얻은 소설과 연극이 영화로 제작되는 경우도 늘어났고, 아예 소설가와 극작가가 영화 제작에 뛰어들기도 했다.

그러나 1980년대 이후 예술 영화의 퇴조가 분명해지고 할리우드 영화의 대작주의와 상업주의가 영화 시장을 휩쓸었다. 특히 예술 영화의 고향이라고 할 수 있는 프랑스와 이탈리아에서도 할리우드 영화의 지배력은 거의 4분의 3 수준에 달한다. 대형·영화관의 숫자도 급감하고 영화를 관람할 장소가 사라지고 있다. 하지만 이런 이유로 예술 영화의 종말을 말하기는 어렵다. 예술 영화는 다른 장르에도 커다란 영향을 미치고 있으며, 예술 영화의 스타일이 다양한 상업적 영화에도 적용되는 경우가 많기 때문이다.

미국 영화의 세계 지배는 전 지구적 자본주의 시대에 불가피한 것처럼 보일 수 있다. 1990년대 세계무역기구(WTO)의 등장과 무역 자유화 이후 유럽에서도 미국 영화 점유율이 높아지고 '제3세계 영화'는 사실상 사라졌다. 하지만 중국 영화 시장이 세계에서 가장 크고 인도의 자국 영화 비율은 매우 높다. 2023년 한국 영화의 점유율은

48.3%를 기록했다. 2011년 이래 50%대 점유율로 외국 영화를 앞질렀으나 코로나19 영향으로 30% 수준으로 급격하게 낮아졌다가 다시 회복했다. 해외 영화 가운데 미국 영화가 압도적으로 높다.

하지만 미국 영화라는 정의가 점점 모호해지고 있다. 세계의 통합과 함께 영화의 국경이 약화되고 있기 때문이다. 미국에 다양한 인종과 민족이 몰려오면서 백인과 유럽 중심 영화 이외에 다양한 소재를 다루는 영화가 증가했다. 체 게바라의 일화를 토대로 〈모터사이클 다이어리〉(2004)를 만든 브라질 감독 월터 살레스가 미국 소설이 원작인 〈온 더 로드〉(2012)를 만들었듯이, 서구와 비서구의 경계가 무너지는 경우도 있다. 봉준호의 〈기생충〉(2019)은 한국어 영화인데도 불구하고 미국 아카데미 외국어영화상이 아니라 최우수작품상에 선정되었다. 세계적 문화와 지역 문화가 만나 다양한 '글로컬(glocal)' 문화가 만들어질 가능성이 크다.

영화 불평등

1950년대 텔레비전이 대중화되면서 많은 논쟁을 일으켰다. 문화산업이 만든 대중문화에 비판적이었던 사회학자 테오도어 아도르노는 독일의 방송 프로그램에 나와서 대중매체의 이중성에 대해 지적했다.[5] 그는 텔레비전 자체가 명백하게 이데올로기라고 지적했지만, 텔레비전이 정보를 제공하고 시민 교육에 어느 정도 기여할 수 있을 것으로 보았다. 만약 그가 무조건 텔레비전을 거부했다면 방송 대담 프로그램에 출연하지 않았을 것이다.

오늘날 인터넷 시대에 유튜브와 넷플릭스가 만든 세상도 그렇다.

이런 점에서 지난 수십 년 동안 유튜브를 먹방과 리얼리티쇼로 가득 찬 저속한 대중문화라고 거리를 두었던 지식인과 학자들의 실수는 명백하다. 21세기의 뉴미디어는 텔레비전처럼 명백하게 이데올로기의 성격을 갖지만, 우리가 어떻게 사용하느냐에 따라 달라질 수 있다. 국가처럼 대중매체 역시 행위자인 동시에 구조적 관계로 보아야 한다.

오늘날 영화의 세계에는 여전히 거대한 권력 투쟁의 소용돌이가 멈추지 않고 있다. 20세기 초 할리우드에 거대한 자본과 기술이 몰려들면서 새로운 지배계급의 문화가 제조된 것처럼, 오늘날 구글, 유튜브, 넷플릭스, 아마존이 주도한 플랫폼 혁명의 시대에도 권력관계의 새로운 변화하는 모습에 대해 깊게 조명할 필요가 있다.

1979년 프랑스 사회학자 피에르 부르디외가 『구별 짓기』에서 문화적 취향의 위계질서를 분석하고 '문화자본'이라는 개념을 제시했다.[6] 부르디외에 따르면, 특정 문화 유형이 우월한 힘과 지위를 획득하면서 자본의 형태로 변화한다. 이제 '기술 자본'이 새로운 형태의 권력과 영향력을 획득하면서 사회의 위계질서를 재구성할 가능성이 커지고 있다.

스마트폰의 대중화에도 불구하고 우리는 새로운 기술의 등장으로 사회적 위계가 지속적으로 강화되는 현실을 목격하고 있다. 이제 기술을 잘 활용하는 사람과 그렇지 않은 사람들의 차이가 더욱 벌어질 것이다.

이런 점에서 넷플릭스 영화가 반드시 영화 또는 문화의 민주화를 만들 것이라는 낙관적 기대와 달리, 여전히 '영화 불평등'은 존재한다. 디지털 플랫폼이 전부가 아니다. 지하철에서 스마트폰의 작은 화면으로 영화를 보는 사람, 집에서 노트북으로 영화를 보는 사람, 그리고 대형 텔레비전, 프로젝터와 대형 화면 또는 거대한 홈씨어터와 첨단 음향 시설을 갖춘 부자의 영화 감상에는 커다란 간격이 존재한다. 지나친 노동시간과 일 중독 사회에서는 영화를 볼 수 있는 시간 자체가 부의 결과로 보아야 한다. 소득 빈곤만큼 시간 빈곤이 중요하다. 타임 푸어(time poor)는 영화를 즐길 수 없다. 영화가 반드시 평등한 것은 아니다.

나는 오랜 친구들과 함께 매달 정기적으로 영화관에 간다. 2016년부터 CGV 영화관에 좌석 차등제가 시행되기 시작했다. 이코노미, 스탠다드, 프라임 존으로 구분된다. 가격도 다르다. 이제 대부분 영화관에는 기술, 환경, 콘셉트에 따른 특별관이 존재한다. 요리사가 있는 영화관과 자연 잔디가 깔린 곳도 있다. 가격 차는 더욱 커졌다.

디지털 시대의 영화관은 돈에 따라 차별적 라이프스타일을 제공한다. 밀레니얼 세대와 Z세대는 소유보다 체험을 중시하며 자신이 원하는 경험을 위해 비싼 돈을 지불한다. 부자가 아니어도 력셔리를 즐기고 싶어 한다. 오늘날 영화관은 첨단 기술을 통한 고화질 스크린과 음향 엔터테인먼트를 통해 차별화를 추구한다.

고급화를 추구하는 영화 취향은 영화 관람의 양극화를 가속화시킬 수 있다. 아이맥스, 스크린X, 애트모스, 4DX에 이어, 자연의 분위기를 살린 실내장식, 편안한 소파, 리클라이너 의자, 침대를 갖춘 영화관, 수영장을 갖춘 영화관이 증가할 수 있다. 상류층 취향을 갖춘 폐쇄적 공간, 커뮤니티, 클럽 문화가 더욱 확산될 가능성이 크다.

영화는 문화 지리학의 영토를 바꾼다. 폭력과 섹스가 지배하는 미국식 오락 영화의 홍수 속에서 사회적 약자와 소수집단의 목소리는 묻혀버린다. 거대한 자본, 기술, 유통망을 갖춘 미국 영화의 지배 앞에서 유럽, 아시아, 라틴아메리카 영화는 왜소한 지리적 공간으로 위축된다. 여전히 영화를 제대로 즐길 수 없는 극빈국도 존재한다.

문화의 자유화라는 모토 아래 국경이 무너지면서 모든 것이 허용되는 것처럼 보이지만, 사실상 가난한 나라의 빈곤층에게 자유는 거의 허용되지 않는다. 영화의 세계에는 강력한 지배 권력이 존재하기 때문이다. 사실상 우리가 어떤 영화를 보아야 할지 결정한다는 것은 우리가 어떻게 생각하고, 무슨 행동을 할지 결정하는 것과 다를 바 없다. 이 평범한 진리를 알지 못하고 영화를 보는 사람은 여전히 세상을 모르는 어린아이에 불과하다.

영화의 새로운 역할

독일 사회학자 울리히 벡이 현대 사회를 '위험 사회'(Risikogesellschaft)라고 말한 지 40년이 지났다.[7] 개인의 자유와 소득 배분보다 위험 예방과 안전을 중시하는 사람들이 증가했다. 하지만 위험은 더욱 전면화되고 있다. 21세기 현재 인류가 금융 위기, 불평등 위기, 기후 위기, 자원 고갈, 핵전쟁으로 인한 '다중 위기'의 시대에 살고 있다고 많은 학자가 말한다. 위기의 가속화가 이루어지고 있다. 이 가운데 기후 위기가 가장 심각한 위험이다.

놀랍게도 영화와 방송 산업이 배출하는 온실가스는 항공기, 의류, 반도체 산업이 만든 온실가스를 합친 것보다 많다. 하지만 기후 위기가 심화되면서 영화 산업도 탄소 제로와 환경 지속가능성을 위해 새로운 변화를 모색하고 있다. 1970년대 〈스타워즈〉 제작팀이 장비를

튀니지 사막에 방치했지만, 1990년대 〈매트릭스〉는 후속편에서도 세트장을 재활용했다.

기후 위기의 긴박성과 심각성을 고려해 영화 산업은 최단 시간에 화석연료 대신 대안 에너지를 100% 사용하고, 에너지 효율이 높은 기자재를 쓰고, 이미 만든 세트를 재활용하고, 종이 인쇄물보다 전자 문서를 쓰고, 인원과 장비의 교통 이용을 최소화해야 한다. 영화 산업에도 환경 관리자 또는 최고 환경 책임자(Chief Environment Officer)를 두고, 모든 영화에 탄소 발자국(footprint)을 공개하고, 관객들이 영화를 관람하기 전에 충분히 알 수 있도록 해야 한다. 영화가 환경 파괴의 범죄자라는 오명을 벗어야 한다.

러시아 영화감독 안드레이 타르코프스키Andrey Tarkovsky는 "예술가는 자신이 사는 시대와 세계를 충분히 인식하면서, 현실과의 관계를 이해하거나 표현할 줄 모르는 사람들을 위한 대변자가 되어야 한다"라고 하면서 "예술가가 자신의 재능으로 기여하고, 더 나아가 자신의 민중에게 봉사해야 하는 이유가 여기에 있다"고 말했다.[8] 철학자가 아니라 예술가의 말이기에 더 가슴의 울림이 있다.

영화와 텔레비전을 비롯한 대중매체가 막대한 광고에 의존하면서 사람들에게 자본주의와 소비주의를 설득하고 강요한다는 점에서 기후 위기의 시대에 영화인은 더 커다란 책임을 갖고 있다고 볼 수 있다. 동시에 사람들에게 기후 위기의 진실을 알려주고 기후 정의를 위한 행동에 나서도록 촉구할 수 있는 것도 바로 대중매체이다. 학교 교육과 시민사회의 역동성과 함께 대중매체의 적극적 역할이 중요하다.

사회를 바꾸는 무기

문화의 민주주의는 정치의 민주주의를 위한 중요한 전제 조건이다. 투표와 정부의 교체로만 민주주의가 공고화되는 것은 아니다. 타인을 평등하게 바라보는 문화의 민주화가 없다면 민주주의는 매우 취약해진다. 전통 사회의 예술에서 완벽한 신과 초인적 영웅이 주인공이었다면, 현대 사회에서 상징주의와 사실주의는 보통 사람을 향한 관심에서 문화를 꽃피울 수 있었다. 가난한 농부와 비참한 삶을 살아가는 노동자도 예술의 주인공이 될 수 있다. 이런 점에서 예술과 미학의 민주주의는 모든 사람을 서로 동등한 존재로 인식하게 만든다. 나아가 다른 사람에 대한 공감과 연대감은 투표와 정당 참여뿐 아니라 문화의 민주주의를 통해 강화된다.

현대 사회의 문화 양식 가운데 영화의 영향력이 가장 커지고 있다. 오늘날 세계를 하나로 연결하는 인터넷과 유튜브 시대에 동영상의 영향력이 커지면서 영화가 만드는 메시지, 이미지, 서사의 영향력은 더욱 커지고 있다. 우리는 대중매체를 통해 전달되는 영화를 통해 새로운 가치, 태도, 라이프스타일에 대해 느끼고 공감할 수 있다. 책과 신문이 우리를 이성적으로 설득한다면, 영화와 동영상 드라마는 우리의 감정을 흔들 수 있다. 문화의 민주주의는 감성의 민주주의를 요구한다. 인간의 마음에 논리적, 비판적 사고와 함께 동정과 공감이 없다면 민주주의는 메마른 사막에서 말라비틀어진 채 죽어갈 것이다.

20세기 후반 가장 위대한 사회학자 피에르 부르디외는 사회의 지배 세력의 작동 방식을 폭로하기 위해 〈사회학은 무술이다(Sociology is a Martial Art)〉(2001)라는 제목의 다큐멘터리 영화를 만들면서 지식인의 사회적 책임을 새로운 스타일로 강조했다. 책과 논문, 서명, 시위만으로는 충분하지 않다. 이런 점에서 더 많은 지식인과 활동가들이 영화에 눈을 돌려야 한다. 동시에 사회의 많은 사람이 영화를 보는 눈을 가지도록 적극적으로 노력해야 한다. 문화의 민주주의를 강화하기 위해서는 예술가, 언론인, 학자의 역할이 중요하다. 때로 이들의 긴밀한 협력도 필요하다.

20세기를 거치며 영화가 중요한 예술 형식이 되었지만, 영화감독 자신만 혼자 보는 영화를 만들어야 한다는 것을 의미하지 않는다. 19세기 후반 프랑스에서 뤼미에르 형제가 만든 최초의 영화가 '함께 보는 사회적 행위'로 탄생한 것을 잊지 않는다면, 영화는 언제나 세상을 주의 깊게 관찰하고 더 나은 사회를 지향하는 철학적, 윤리적 질문에 대답할 수 있도록 노력해야 한다. 영화가 곧 사회이기 때문이다.

주

서문_ 영화와 인문학의 만남

1 에밀 뒤르켐, 2021(1895), 『사회학적 방법의 규칙들』, 이른비.
2 김덕영, 2019, 『에밀 뒤르켐: 사회 실재론』, 길.
3 에밀 뒤르켐, 2021(1897), 『자살: 사회학적 연구』, 세창출판사.
4 아르놀트 하우저, 1999, 『문학과 예술의 사회사 4: 자연주의와 인상주의, 영화의 시대』, 창비.
5 발터 벤야민, 2007, 『일방통행론/사유 이미지』, 길.
6 발터 벤야민, 2007, 『기술복제시대의 예술작품/사진의 작은 역사 외』, 길.
7 테오도어 W. 아도르노, 막스 호르크하이머, 2001, 『계몽의 변증법』, 문학과지성사.
8 Stuart Hall and Paddy Whannel, 1964, *The Popular Arts*, Duke University Press.
9 롤랑 바르트, 1997, 『텍스트의 즐거움』, 동문선.
10 카를 만하임, 2012, 『이데올로기와 유토피아』, 김영사.
11 Christopher Lasch, 1979, *The Culture of Narcissism: American Life in an Age of Diminishing Expectations*, W. W. Norton & Company.
12 존 버저, 2012(1972), 『다른 방식으로 보기』, 열화당.
13 Norman K. Denzin, 1995, *The Cinematic Society*, Sage.

1부_ 우리 시대의 질문

1. 탐욕과 자본주의: 왜 우리는 돈을 사랑하는가?

1 Allen Johnson and Timothy Earle, 2000, *Evolution of Human Societies: From Foraging Group to Agrarian State*, Stanford University Press.
2 Richard Borshay Lee, 1979, *The !Kung San: Men, Women and Work in a Foraging Society* (1979), Cambridge University Press, p. 246.
3 이안 모리스, 2016, 『가치관의 탄생』, 반니, 76쪽.
4 카렌 암스트롱, 2020, 『축의 시대: 종교의 탄생과 철학의 시작』, 교양인.
5 애덤 스미스, 2007(1776), 『국부론』, 비봉출판사.
6 애덤 스미스, 2009(1759), 『도덕 감정론』, 비봉출판사.

7   막스 베버, 2010(1905), 『프로테스탄티즘의 윤리와 자본주의 정신』, 길.
8   베르너 좀바르트, 2017(1913), 『사치와 자본주의』, 문예출판사.
9   베르너 좀바르트, 2017(1913), 『사치와 자본주의』, 문예출판사, 51쪽.
10 소스타인 베블렌, 2012(1899), 『유한계급론』, 우물이있는집.
11 장 보드리야르, 2015(1970), 『소비의 사회』, 문예출판사.
12 게오르그 짐멜, 2013, 『돈의 철학』, 길.
13 존 메이너드 케인스, 2010(1936), 『고용, 이자, 화폐의 일반 이론』, 필맥.
14 조셉 슘페터, 2011(1942), 『자본주의, 사회주의, 민주주의』, 한길사.
15 존 메이너드 케인스, 2017(1930), 「손자 세대의 경제적 가능성」, 『설득의 에세이』, 부글북스.
16 프리드리히 뒤렌마트, 2011, 『뒤렌마트 희곡선: 노부인의 방문, 물리학자들』, 민음사.
17 스베틀라나 알렉시예비치, 2024, 『붉은 인간의 최후: 세컨드 핸드 타임, 돈이 세계를 지배할 때』, 이야기장수.
18 테오도어 W. 아도르노, 막스 호르크하이머, 2001, 『계몽의 변증법』, 문학과지성사.
19 클로드 레비스트로스, 1998, 『슬픈 열대』, 한길사.
20 미셸 푸코, 1999, 『광기의 역사』, 인간사랑.
21 자크 데리다, 2010, 『그라마톨로지』, 민음사.

2. 계급과 불평등: 왜 사장님의 가족은 너무 착한가? 왜 을의 전쟁이 벌어지는가?

1   〈연합뉴스〉, 2020.2.14., "정치요? 예술에만 미쳤죠," 봉준호 감독의 우문현답.
2   예란 테르보른, 2014, 『불평등의 킬링필드』, 문예춘추사.
3   토마 피케티, 2020, 『자본과 이데올로기』, 문학동네.
4   토마스 프랭크, 2012, 『왜 가난한 사람들은 부자를 위해 투표하는가』, 갈라파고스.
5   래리 바텔스, 2012, 『불평등 민주주의』, 21세기북스.
6   토마스 프랭크, 2018, 『민주당의 착각과 오만』, 열린책들.
7   존 T. 조스트, 2024, 『체제 정당화의 심리학』, 에코리브르.
8   밴디 리, 2018, 『도널드 트럼프라는 위험한 사례: 미국 최고의 심리학자·정신과 의사 27인이 진단한 트럼프의 정신건강』, 심심.
9   〈연합뉴스〉, 2020.2.12., 미 언론 "'기생충' 투자 CJ에도 주목…이미경 '기생충 18번 봤다'."

10 〈미디어오늘〉, 2020.2.20., "문 대통령 봉준호 만나 기생충 사회의식 '불평등' 공감."

3. 폭력과 죽음 충동: 왜 인류는 서로 죽여야 하는가?

1 진 D. 필립스, 2014, 『스탠리 큐브릭: 장르의 재발명』, 마음산책.
2 스티브 테일러, 2024, 『자아 폭발』, 서스테인, 20~21쪽.
3 이언 모리스, 2022, 『전쟁의 역설』, 지식의날개(방송대출판문화원).
4 리처드 도킨스, 2022, 〈이기적 유전자〉, 을유문화사.
5 *New York Times*, 2023.3.5., "They're Exporting Billions in Arms. Just Not to Ukraine."
6 케네스 왈츠, 스콧 세이건, 2022, 『핵무기 전파, 그 끝없는 논쟁』, 박영사.
7 Walter Isaacson, 2007, *Einstein: His Life and Universe*, Simon and Schuster, p. 494.
8 〈경향신문〉 2024년 10월 9일; Bob Woodward, 2024, *War*, Simon & Schuster.

2부_ 무엇을 알 수 있는가?

4. 날고기를 먹는 사람들: 원시와 문명을 구분할 수 있는가?

1 이기중, 2008, 『북극의 나눅: 로버트 플래허티의 북극 탐험과 다큐멘터리 영화의 탄생』, 커뮤니케이션북스.
2 Franz Boas, 1911, *The Mind of Primitive Man*, The Macmillan Company.
3 클로드 레비스트로스, 1998(1935), 『슬픈 열대』, 한길사.
4 프리드리히 니체, 2021, 『도덕의 계보』, 아카넷.
5 미셸 푸코, 2012(1966), 『말과 사물』, 민음사.
6 자크 데리다, 2010, 『그라마톨로지』, 민음사.
7 한스게오르그 가다머, 2012, 『진리와 방법』, 문학동네.
8 위르겐 하버마스, 2006, 『의사소통 행위이론』, 나남.

5. 사회의 심층 논리와 구조주의: 눈에 보이는 것을 믿지 마라

1 클로드 레비스트로스, 1998(1935), 『슬픈 열대』, 한길사.
2 루이 알튀세르, 2017(1965), 『마르크스를 위하여』, 후마니타스.
3 앙드레 바쟁, 『영화란 무엇인가』, 시각과 언어.

6. 신화와 페미니즘: 숨겨진 구조를 찾아라

1 자크 라캉, 『라캉, 환자와의 대화: 오이디푸스를 넘어서』, 에디투스.
2 르네 지라르, 2001(1961), 『낭만적 거짓과 소설적 진실』, 한길사.
3 수잔 제퍼드, 2002, 『하드 바디: 레이건 시대 할리우드 영화에 나타난 남성성』, 동문선.
4 World Economic Forum, 2023, *Global Gender Gap Report*, WEF.

7. 가상현실과 포스트모더니즘: 꿈속의 세계와 현실의 세계를 어떻게 구분하겠나?

1 프레드릭 제임슨, 2022, 『포스트모더니즘, 혹은 후기 자본주의 문화 논리』, 문학과지성사.
2 장프랑수와 리오타르, 2018, 『포스트모던의 조건』, 민음사.
3 리처드 로티, 2020, 『우연성, 아이러니, 연대』, 사월의책.
4 장 보드리야르, 2001, 『시뮬라시옹』, 민음사.
5 Earnest Gellner, 1992, *Postmodernism, Reason and Religion*, Routledge.
6 위르겐 하버마스, 1994, 『현대성의 철학적 담론』, 문예출판사.
7 위르겐 하버마스, 1994, 『현대성의 철학적 담론』, 문예출판사.
8 앤서니 기든스, 울리히 벡, 스콧 래쉬, 2010, 『성찰적 현대화』, 한울.
9 존 오르, 1999, 『영화와 모더니티』, 민음사.

3부_ 권력은 어떻게 인간을 통제하는가?

8. 지식과 권력: 인간은 어떻게 자발적 노예가 되었나?

1 롤랑 바르트, 1997(1970), 『텍스트의 즐거움』, 동문선.
2 롤랑 바르트, 1995(1957), 『신화론』, 현대미학사.
3 미셸 푸코, 2020(1961), 『광기의 역사』, 나남.
4 미셸 푸코, 2007(1969), 『지식의 고고학』, 민음사.
5 미셸 푸코, 2020(1976), 『성의 역사 1: 앎의 의지』, 민음사.
6 크러스너호르커이 라슬로, 2018(1985), 『사탄 탱고』, 알마.

9. 억압된 본능: 내 삶의 빛, 내 은밀한 몸의 불

1 블라디미르 나보코프, 2013(1955), 『롤리타』, 문학동네.

2 에드먼트 후설, 2016(1936), 『유럽 학문의 위기와 선험적 현상학』, 한길사.
3 모리스 메를로퐁티, 1990, 『의미와 무의미』, 서광사.
4 브로니슬로 말리노프스키, 2017, 『야만 사회의 섹스와 억압』, 비천당.
5 지그문트 프로이트, 2020(1930), 『문명 속의 불만』, 열린책들.

10. 범죄와 낙인: 선악의 기준은 어디에 있는가?

1 Howard S. Becker, 1997, *Outsiders*, Free Press.
2 마리오 푸조, 2003, 『대부』, 늘봄.
3 우선희, 2018, 「범죄 피해 불안과 인구사회학적 요인: 유럽국과의 비교를 중심으로」, 한국보건사회연구원.

4부_ 인류의 미래는 어디로 가는가?

11. 우주 개발과 SF 영화: 인류는 화성으로 이주해야 하나?

1 박영석, 2019, 『21세기 SF영화의 논점들』, 아모르문디.
2 마커스 헌, 2022, 『조지 루카스의 시네마』, 비엘북스.
3 제임스 카메론 등, 2020, 『제임스 카메론의 SF 이야기』, 아트앤아트피플, 23~24쪽.
4 마크 롤랜즈, 2014, 『우주의 끝에서 철학하기』, 책세상; 민경배, 2016, 『SF 영화와 로봇 사회학』, 커뮤니케이션북스.

12. 코로나 이후 사회: 전염병 위기와 각자도생

1 Johns Hopkins University, https://coronavirus.jhu.edu/region/united-states.
2 데이비드 쾀멘, 2021, 『인수공통 모든 전염병의 열쇠』, 꿈꿀자유.
3 울리히 벡, 2006, 『위험 사회: 새로운 근대성을 향하여』, 새물결.
4 옥스팜, 〈2024년 불평등 보고서: 불평등 주식회사〉, 옥스팜인터내셔널
5 가브리엘 가르시아 마르케스, 2004, 『콜레라 시대의 사랑』, 민음사.

13. 지구가 끓고 있다: 모두가 경고했다. 그러나 누구도 듣지 않았다

1 마크 라이너스, 2008, 『6도의 멸종』, 세종.
2 요르고스 칼리스 등, 2021, 『디그로쓰』, 산현재.

3   옥스팜, 2023, 〈기후 평등: 99퍼센트를 위한 지구〉, 옥스팜인터네셔널.
4   장 지글러, 『왜 세계의 절반은 굶주리는가?』, 갈라파고스, 2016.

14. 고독과 자유: 누가 솔로의 시대를 두려워하는가?

1   게오르그 짐멜, 2005, 『짐멜의 모더니티 읽기』, 새물결.
2   울리히 벡, 2006, 『위험 사회: 새로운 근대(성)을 향하여』, 새물결.
3   지그문트 바우만, 2009, 『액체 근대』, 강.
4   에릭 클라이넨버그, 2013, 『고잉 솔로 싱글턴이 온다』, 더퀘스트.
5   왕가위, 존 파워스, 『왕가위: 영화에 매혹되는 순간』, 시네21북스.

5부_ 왜 나는 자유롭지 못한가?

15. 억압과 통제: 책이 사라진 세상, 알고리즘이 통제하는 세상

1   레이 브래드버리, 2009(1953), 『화씨 451』, 황금가지.
2   야콥 슈프랭거, 하인리히 크라머, 2016, 『마녀를 심판하는 망치: 말레우스 말레피카룸, 마녀 사냥을 위한 교본』, 우물이있는집.
3   유발 하라리, 2024, 『넥서스: 석기시대부터 AI까지, 정보 네트워크로 보는 인류 역사』, 김영사.
4   보후밀 흐라발, 2016(1980), 『너무 시끄러운 고독』, 문학동네.
5   〈한겨레신문〉, 2024년 10월 26일, "버려진 책, 살려낸 책."
6   브루스 R. 파워스, 허버트 마셜 맥루한, 2005, 『지구촌』, 커뮤니케이션북스.

16. 권위와 복종: 인간은 왜 권력에 쉽게 복종하는가?

1   Stanley Milgram, 1974, *Obedience to Authority: An Experimental View*, London: Tavistock Publications.
2   뤼트허르 브레흐만, 2021, 『휴먼카인드: 감춰진 인간 본성에서 찾은 희망의 연대기』, 인플루엔셜.
3   필립 짐바르도, 2023, 『필립 짐바르도 자서전』, 앤페이지.
4   미셸 푸코, 2020, 『감시와 처벌』, 나남.

6부_ 어떻게 살 것인가?

17. 저항과 비판: 혁명가여, 카메라를 들어라

1   알베르트 모라비아, 2016, 『경멸』, 본북스.
2   피에르 부르디외, 1997, 『예술의 규칙』, 동문선.
3   피에르 부르디외, 2005, 『구별 짓기: 문화와 취향의 사회학』, 새물결.
4   Pierre Bourdieu and Alain Darbel, 1997, *The Love of Art*, Polity.

18. 유토피아와 디스토피아: 포기하지 말자. 세상을 바꾸자

1   토마스 모어, 2020(1516), 『유토피아』, 현대지성.
2   프랜시스 베이컨, 2002(1627), 『새로운 아틀란티스』, 에코리브르.
3   윌리엄 모리스, 2008(1891), 『에코토피아 뉴스』, 필맥.
4   에브게니 아바노비치 자먀친, 2009(1927), 『우리들』, 열린책들.
5   올더스 헉슬리, 2019(1932), 『멋진 신세계』, 태일소담.
6   조지 오웰, 2003(1949), 『1984』, 민음사.
7   러셀 자코비, 2000, 『유토피아의 종말』, 모색.
8   지그문트 바우만, 2010, 『모두스 비벤디: 유동하는 세계의 지옥과 유토피아』, 후마니타스.
9   프랜시스 후쿠야마, 1997, 『역사의 종말』, 한마음사.
10 마가렛 애트우드, 2008(2003), 『인간 종말 리포트』, 민음사.

에필로그_ 영화의 가능성

1   이나다 도요시, 2022, 『영화를 빨리 감기로 보는 사람들: 가성비의 시대가 불러온 콘텐츠 트렌드의 거대한 변화』, 현대지성.
2   칼 마르크스, 프리드리히 엥겔스, 2015, 『독일 이데올로기』, 두레.
3   그래엄 터너, 1994, 『대중 영화의 이해』, 한나래.
4   〈한국일보〉, 2018.10.8., "이장호 감독 '자본이 지배하는 영화계 안타깝다.'"
5   테오도어 W. 아도르노, 2021, 『성숙을 위한 교육』, 문음사.
6   피에르 부르디외, 2005, 『구별 짓기: 문화와 취향의 사회학』, 새물결.
7   울리히 벡, 2006, 『위험 사회: 새로운 근대성을 향하여』, 새물결.
8   안드레이 타르코프스키, 2021, 『시간의 각인』, 곰출판, 214쪽.